NAPOLÉON III

EN ALGÉRIE.

NAPOLÉON III

EN

ALGÉRIE

PAR

M. OCTAVE TEISSIER

CORRESPONDANT DU MINISTÈRE DE L'INSTRUCTION PUBLIQUE
POUR LES TRAVAUX HISTORIQUES

PARIS
CHALLAMEL, AINÉ, LIBRAIRE,
30, rue des Boulangers, 30.

ALGER	TOULON
BASTIDE, LIBRAIRE,	J. RENOUX, LIBRAIRE,
Place du Gouvernement.	Place Saint-Pierre, 12.

1865

L'Empereur a consacré quarante jours à visiter l'Algérie. Sa Majesté a voulu tout voir, tout savoir : Elle a interrogé les hommes et les choses, et a recueilli ainsi les renseignements les plus complets sur ce beau pays qu'Elle connaît très-bien aujourd'hui.

L'ouvrage que nous offrons au public est l'exposé fidèle de cette enquête impériale.

Pour rendre notre travail plus clair, et pour faciliter l'examen des nombreux documents qu'il renferme, nous l'avons divisé en trois parties :

1º Résumé du voyage impérial.

2º Relation détaillée de la visite de Sa Majesté dans chaque province, dans chaque localité.

3° Divers articles relatifs à la question algérienne, écrits spécialement pour notre livre par les hommes les plus compétents, savoir :

LA COLONISATION, par M. le Dr Turrel, délégué de la société impériale d'acclimatation.

LES BARRAGES-RÉSERVOIRS, par M. F. Granger, ingénieur civil à Alger.

L'ATLAS, par M. O. Mac-Carthy, géographe.

LE CLIMAT DE L'ALGÉRIE, par M. le Dr Agnély, membre fondateur de la société de climatologie algérienne.

ALGER AVANT LA CONQUÊTE, par M. Ad. Berthoud.

MŒURS ARABES, par M. Charles Richard.

LA LANGUE ARABE, par M. F. Dubard.

RÉSUMÉ

DU

VOYAGE IMPÉRIAL.

« Je viens au milieu de vous pour connaître
« par moi-même vos intérêts, seconder vos ef-
« forts, vous assurer que la protection de la
« métropole ne vous manquera pas. »

(Proclamation du 3 mai 1865.)

L'œuvre de la France en Algérie est considérable. Elle serait plus considérable encore si les institutions de la colonie avaient eu un peu plus de stabilité. L'administration intérieure du pays, confiée tour à tour à l'autorité civile et à l'autorité militaire, a subi d'incessantes modifications. En moins de 35 ans, quinze systèmes ont été essayés, sans produire aucun résultat satisfaisant.

Il est nécessaire, pour comprendre la situation actuelle de l'Algérie, et aussi pour apprécier toute l'opportunité du voyage de l'Empereur, de connaître, avec quelques détails, la marche hésitante de ces nombreuses organisations.

Le lendemain de la prise d'Alger (6 juillet 1830), le général en chef, comte de Bourmont, institue une commission de gouvernement, chargée de pourvoir provisoirement aux exigences du service et de proposer un système d'organisation pour la ville et le territoire d'Alger (1).

Trois mois après (16 octobre 1830) le général en chef, « voulant instituer un pouvoir régulateur de l'administration civile, dans ses rapports avec l'armée et avec le pays, » forme un comité de Gouvernement, présidé par un fonctionnaire civil qui prend le titre d'*Intendant du royaume d'Alger*.

L'année suivante, une ordonnance royale place à la tête de l'administration un intendant civil, qui correspond avec le président du conseil et avec les autres ministres. — Les forces militaires sont centralisées entre les mains d'un commandant supérieur. (31 décembre 1831).

Cette organisation qui tendait à une assimilation complète avec l'administration de la métropole et qui donnait des pouvoirs très-étendus à l'Intendant civil, ne dura que deux ans et demi.

Le 22 juillet 1834, une ordonnance royale change le titre de commandant supérieur en celui de gouverneur général, et lui subordonne tous les services civils. — Le gouvernement général est une dictature absolue : toute la société algérienne lui est livrée, sous le contrôle plutôt nominal qu'effectif du ministère de la guerre.

(1) Cette commission était composée : 1º de l'intendant en chef, président ; 2º du maréchal de camp Tholosé ; 3º de M. Firino, payeur général ; 4º de M. d'Aubignosc, lieutenant général de police ; 5º de M. Deval, consul de France ; 6º de M. Edmond de Bussière, secrétaire, et de MM. Gérardin et Lassale, interprètes.

En 1842, sous le gouvernement du général Bugeaud, surgit la pensée de diviser l'Algérie en territoires civils et en territoires militaires. Trois arrêtés, des 3 septembre, 7 novembre et 29 décembre, appliquent ce nouveau système, qui est confirmé par une ordonnance royale, en date du 11 février 1845.

Cette ordonnance divise l'Algérie en trois provinces et chaque province en trois territoires : le *territoire civil*, avec organisation civile complète ; le *territoire mixte*, avec organisation civile incomplète, et le *territoire militaire*, ne relevant que de l'autorité militaire. Le Gouverneur général conserve son omnipotence.

Le 1er septembre 1847, une nouvelle ordonnance royale vient donner un peu plus d'extension à l'administration civile, qui est centralisée à Alger par un directeur général, correspondant, au nom et par délégation du Gouverneur général, avec le ministre de la guerre.

La révolution de 1848 fait obtenir des institutions libérales à l'Algérie.

Dès le 5 mars, un décret du gouvernement provisoire accorde aux algériens le suffrage universel et le droit d'élire des représentants.

Le 16 août suivant, un autre décret érige en communes le territoire civil de l'Algérie. Les conseils municipaux sont élus par tous les citoyens : français, étrangers, musulmans et israélites.

Enfin, par un arrêté du 9 décembre 1848, le général Cavaignac institue des départements dans les territoires civils.

Les préfets correspondent avec les divers ministères ; lls sont assistés d'un conseil général électif.

Cet arrêté était ainsi motivé :

« L'opinion publique, en France comme en Algérie, les sen-
« timents plusieurs fois exprimés par l'Assemblée nationale,
« ont démontré, dans ces derniers temps, qu'il était du devoir
« de l'administration d'introduire d'une manière plus complète
« le régime des institutions françaises en Afrique. »

Telle était la tendance en effet; mais, après le coup d'Etat, tout fut remis en question.

L'article 27 de la constitution du 14 janvier 1852 déclara que le sénat régierait, par un sénatus-consulte, la constitution des colonies et de l'Algérie.

La première conséquence de cette disposition législative fut de priver l'Algérie du suffrage universel.

En 1858, le régime civil reprit faveur. Un ministère spécial fut chargé de l'administration des colonies, et, par un décret du 27 octobre, les avantages suivants furent concédés à l'Algérie : Les attributions des préfets et des conseils généraux, les mêmes qu'en France.—Le crédit foncier autorisé à étendre ses opérations en Algérie.—Les musulmans admis à contracter sous l'empire de la loi française. Les territoires civils, considérablement agrandis (1).

En 1860, à la suite du voyage de l'Empereur à Alger, le

---

(1) Dans la seule province de Constantine plus de 200,000 indigènes passèrent sous l'administration préfectorale, sans qu'il en résultât la moindre difficulté.

ministère spécial est supprimé. — Le maréchal Pélissier, duc de Malakoff, est nommé gouverneur général de l'Algérie, avec les pouvoirs les plus étendus. — Il rend compte directement à l'Empereur de son administration. — La centralisation des affaires civiles est confiée à M. Mercier-Lacombe, conseiller d'Etat, directeur général des services civils. — Le budget de l'Algérie est préparé par le gouverneur général et soutenu au conseil d'Etat par le directeur général.

A la mort du maréchal Pélissier, en 1864, de nouvelles modifications sont apportées à l'organisation administrative de l'Algérie.—Un décret du 7 juillet supprime la direction générale des services civils. — Le ministre de la guerre est chargé de l'établissement définitif du budget, d'en soutenir la discussion au conseil d'Etat, et d'en suivre l'exécution comme budget annexe de celui de son ministère.—Les généraux commandants supérieurs sont chargés, dans chaque province, de la haute direction et du contrôle des services civils ; les préfets leur sont subordonnés.

Voilà bien, si nous n'avons rien oublié, quinze organisations.

Ces changements successifs, en modifiant sans cesse la législation, en bouleversant la division territoriale, et en ne laissant jamais aux fonctionnaires placés à la tête de l'administration de la Colonie, le temps nécessaire pour étudier et connaître les besoins du pays, ont constamment arrêté l'essor de la colonisation.

L'Empereur Napoléon III a voulu se rendre compte de cette situation, et juger, sur les lieux mêmes, du véritable état des choses, afin d'y apporter un remède radical. Il est donc allé en Algérie, et a visité la Colonie dans presque toute son étendue.

C'est la relation de ce voyage que nous avons écrite et que nous publions ci-après ; mais il nous a paru utile d'en résumer au préalable les principaux incidents.

Le 29 avril 1865, à 8 heures du matin, l'Empereur quittait Paris pour se rendre en Algérie. Quelques heures après, il recevait à Lyon un accueil enthousiaste auquel la classe ouvrière prenait une très-large part, voulant ainsi témoigner qu'elle n'avait point perdu le souvenir des mesures si populaires récemment ordonnées par Sa Majesté.

Le lendemain, l'Empereur partait pour Marseille, après avoir eu une entrevue avec LL. MM. l'Empereur et l'Impératrice de Russie, qui venaient de dire un éternel adieu à S. A. I. le grand duc Nicolas, leur fils, mort à Nice peu de jours auparavant (1).

Dans la soirée du même jour, l'Empereur Napoléon III arrivait à Marseille, où l'attendaient le yacht impérial l'*Aigle* et l'escadre cuirassée. Deux jours après Sa Majesté débarquait à Alger.

L'arrivée de l'Empereur en Algérie était un grand événement

---

(1) L'Empereur et l'Impératrice de Russie ont reçu, à cette occasion, à Nice et partout sur leur passage, en traversant la France, les témoignages de la plus respectueuse sympathie. Leurs Majestés en ont été profondément touchées et en ont fait exprimer à plusieurs reprises leur vive gratitude aux habitants de Nice.

dont les conséquences ne pouvaient être que très-heureuses pour la Colonie. La population accueillit donc Sa Majesté avec bonheur; cependant, au milieu de la joie générale qui se manifestait par de bruyantes acclamations, il n'était pas difficile de découvrir une certaine crainte. Le souvenir du voyage de 1860 était présent à la mémoire de tous, et quelques esprits pessimistes faisaient remarquer que, depuis cette époque, l'Empereur à qui on n'avait fait voir que des arabes, avait témoigné une trop grande sollicitude pour les ennemis de la veille, et leur avait fait une trop large part dans cette Colonie à *jamais française*, qu'un document mémorable qualifiait de : *Royaume arabe*.

Mais, dès les premières paroles prononcées par l'Empereur, cette crainte s'évanouit et fit place à la plus grande confiance. « Je viens au milieu de vous, — disait-il aux colons, — pour « connaître par moi-même vos intérêts, seconder vos efforts; « vous assurer que la protection de la métropole ne vous man- « quera pas. »

Joignant les actes aux paroles, et désireux de connaître par lui-même les besoins de la Colonie, l'Empereur commença immédiatement cette enquête minutieuse, qui ne dura pas moins de six semaines, et pendant laquelle Sa Majesté ne se donna aucun répit.

A Alger, l'Empereur travaille chaque jour, pendant plusieurs heures avec le gouverneur général, avec le maire et avec les chefs des divers services; il examine, discute et arrête les projets qui lui sont soumis et prend l'initiative de plusieurs améliorations très-importantes.—Indépendamment des conférences qu'il a avec ces fonctionnaires, et avec les représentants du commerce, de l'industrie et de l'agriculture, l'Empereur veut étudier sur les lieux les questions à résoudre ; il se rend successivement dans les différents quartiers de la ville, dans les établissements publics et sur les chantiers des travaux en cours d'exécution.

Chacun se prête avec un respectueux empressement à cette enquête si remarquable du Souverain d'un grand empire, « qui « traverse les mers et vient de sa personne s'enquérir à cinq « cents lieues de sa résidence, des ressources d'un pays, des « besoins d'un peuple (1) ! »

C'est à qui renseignera le plus complètement l'auguste visiteur sur les progrès accomplis, sur les aspirations, sur les besoins de la Colonie.

Le maire d'Alger lui dit combien sa présence était nécessaire, combien elle était désirée : « Depuis cinq ans nos regards n'ont « point quitté le rivage, et nous avons appelé de tous nos vœux « le retour espéré. »

A la cathédrale, l'éminent prélat qui est à la tête du clergé algérien depuis près de vingt ans, et qui connaît les besoins de la colonisation, profite de cette circonstance solennelle pour rassurer les colons ; il rappelle que « l'Algérie a été proclamée à jamais Française. » Puis, il ajoute : « Grâce à Dieu, grâce à l'Empereur, nous verrons de nos yeux le libre et complet épanouissement de la colonie. Plus confiant que jamais dans son

---

(1) Proclamation de M. Sarlande, maire d'Alger.

avenir, le colon dilatera joyeusement ses entreprises, son travail et sa modeste fortune. »

M. Pierrey, premier président de la cour impériale, exprime les mêmes idées et termine son allocution en signalant l'empressement des musulmans à recourir aux tribunaux français. L'Empereur lui répond : « qu'il remercie la Cour de ses persé-
« vérants efforts pour faire aimer la justice dans ce pays, que
« *lui aussi appelle la France*, et où son séjour apportera, il
« espère, quelques bienfaits. »

Le président de la Société impériale d'agriculture, après avoir fait connaître sommairement à l'Empereur les travaux accomplis, en si peu d'années, par les colons, ne peut s'empêcher de mentionner les accusations injustes dont ils ont été l'objet de la part des ennemis de l'occupation française : « Dans
« les siècles derniers, dit-il, les populations, lorsqu'elles sen-
« taient un malaise, s'écriaient : *Si le roi savait !* — Nous tous,
« colons de l'Algérie, alors que nous étions parfois accusés
« d'impuissance, nous ne cessions de nous dire : « *Ah ! si l'Em-*
« *pereur voyait !* »

Le même jour, l'Empereur adresse aux habitants de l'Algérie une proclamation qui produit la plus vive sensation, et qui doit demeurer, en effet, comme la charte des colons. L'Algérie est à jamais française, il ne peut plus être question d'un abandon même partiel : « Ayez foi dans l'avenir, — dit l'Empe-
« reur, — attachez-vous a la terre que vous cultivez,
« comme a une nouvelle patrie. »

La parole impériale a été entendue, la confiance renaît, et, partout sur son passage, l'auguste visiteur reçoit les témoignages de la plus vive reconnaissance ; partout le colon lui montre ses travaux, ses richesses chèrement acquises, et lui dit : « Sire, voyez ce que nous avons fait, malgré les obstacles nombreux que nous avons rencontrés, jugez de l'avenir qui est réservé à ce beau pays, aujourd'hui que votre puissante protection lui est assurée. »

Le premier centre de population agricole visité par l'Empereur, a été le village de Chéragas. Sa Majesté, qui s'attendait peut-être à voir des terres en friches ou mal cultivées par des colons maladifs, luttant avec peine contre le climat, fut agréablement surprise de rencontrer partout les cultures les plus riches et les plus variées. Ici les céréales, la vigne et le mûrier, là le tabac, le coton, le lin, les orangers, les citronniers, et plus loin, des champs immenses de plantes odoriférantes, que l'industrie locale utilise avec le plus grand succès (1).

Emerveillé du magnifique tableau qui se déroulait sous ses yeux, l'Empereur dit au magistrat distingué qui administre la commune de Chéragas : « Monsieur le maire, si toute

---

(1) Le géranium qui en France végète péniblement et seulement dans certaines expositions choisies, croît à Chéragas avec une abondance extraordinaire en plein champ. — Le géranium et les autres plantes odoriférantes sont distillées à Chéragas et produisent des essences supérieures à celles qu'on fabrique à Grasse et à Nice — Ce n'est pas là le seul produit d'Algérie, qui ait acquis la suprématie sur les produits européens. Il a été constaté à toutes les expositions que les blés durs d'Afrique sont infiniment plus riches en gluten que ceux de Sicile et de Russie. Un fabricant de semoules, M. Brunet, est parvenu à faire proclamer cette supériorité et, aujourd'hui, les pâtes confectionnées avec le blé dur d'Algérie sont préférées à toutes les autres.

« l'Algérie ressemblait à votre commune, il resterait bien peu
« de chose à faire. »

En quittant Chéragas, l'Empereur se rendit à Staouéli, où
les Trappistes ont fondé une des plus grandes et des plus belles
exploitations agricoles de la province d'Alger. Sa Majesté put
ainsi comparer : « Les résultats du travail individuel du père
de famille, cherchant au bout de sa pioche, le pain de ses
enfants, et le succès plus rapide du travail collectif animé par
la foi et la charité (1). »

Il y a vingt ans, les religieux de la Trappe plantaient leur
tente sur l'ancien champ de bataille de Staouéli, dans une
partie du territoire qui n'avait pas été cultivée depuis plusieurs
siècles, et bientôt les palmiers nains, péniblement arrachés,
étaient remplacés par une luxuriante végétation ; des bâtiments
construits par les Trappistes eux-mêmes (2), offraient un asile
aux colons infirmes ou malheureux, qui venaient y réparer
leurs forces épuisées par le travail et par la fièvre.

A Bouffarik, l'Empereur a pu juger de l'énergie et de la persévérance déployées par les colons. « En 1835, la Société de
colonisation offrait un prix à celui qui oserait se rendre au

---

(1) Discours de M. Lecat, maire de Chéragas. Voir ci-après, page 46.
(2) L'existence de ces dignes religieux est extrêmement laborieuse.
Ils se lèvent à une heure, à deux heures ou à minuit, suivant la solennité du jour, et ne se recouchent pas. Les frères convers travaillent de 11 à 12 heures par jour. Le silence est perpétuel entre les religieux, et il n'y a jamais de récréation proprement dite. Chacun doit être sans cesse occupé, soit à lire, soit à prier, soit à travailler. Les permissions de parler sont cependant accordées lorsque l'emploi ou la direction d'un travail l'exige, et l'on peut toujours s'entendre devant un supérieur.

marché arabe de Bouffarik ! — Bouffarik n'était alors qu'un vaste marais infect. — En 1865 Bouffarik est une oasis riante et fleurie, couverte de magnifiques récoltes et de riches cultures. »

Cependant, dans cette localité, où la situation agricole est si encourageante, le colon n'est pas sans crainte, il a besoin d'être rassuré sur son avenir. Le maire le dit à l'Empereur : « Votre visite, Sire, est une superbe espérance, *une garantie certaine de l'avenir*, pour les hardis colons qui ont réalisé cette métamorphose pénible. »

D'ailleurs c'est la même pensée, la même crainte pour l'avenir qui lui est partout exprimée ; Sa Majesté n'a pu se méprendre sur le malaise que l'instabilité des institutions a fait naître et entretient dans tous les esprits.

Et ce malaise a dû d'autant plus préoccuper l'Empereur qu'il était témoin des efforts persévérants des colons, pour tirer tout le parti possible de cette terre vierge, déjà largement fécondée par leurs travaux et bien souvent au péril de leur vie.

C'est encore ce qui lui est dit par le maire du village de l'Oued-el-Alleug :

« En 1851, le territoire de l'Oued-el-Alleug n'était qu'un vaste marais inaccessible, couvert de plantes aquatiques et de broussailles d'une végétation exubérante, repaire des bêtes fauves et des féroces Hadjoutes qui harcelaient le village, incendiaient ses environs, pillaient, massacraient les malheureux colons qui tentaient d'en fertiliser le sol.—Ce tableau, Sire, d'une rigoureuse exactitude, et si différent de ce qui frappe vos regards, doit démontrer à votre Majesté, que si les soldats de la France, venus en Algérie pour y détruire la piraterie, et y implanter la civilisation, ont eu des obstacles à vaincre, les soldats de la seconde heure, les soldats de la paix, les colons, n'ayant pour arme que la charrue, et la plupart, pour ressources, que leur courage, leur énergie et leur persévérance, ont bien mérité de la patrie. »

Le maire de l'Oued-el-Alleug, expose ensuite les besoins de ses administrés et leurs espérances. Il ajoute : « Votre Majesté voudra que les trois voies ferrées projetées soient promptement achevées ; que l'on s'occupe activement de l'aménagement des eaux d'irrigation et de leur répartition sur des zones plus étendues ; que des mesures soient prises pour que la population européenne devienne plus dense ; que l'entretien des voies de communications rurales et vicinales soit l'objet de soins particuliers, qu'enfin les municipalités soient désormais débarrassées des quelques liens qui empêchent leur élan. »

L'Empereur prenait note des vœux qui lui étaient soumis, et demeurait de plus en plus convaincu que la question Algérienne était surtout une question de travaux publics (1).

Après avoir décoré deux colons, MM. Maurice de Franclieu et Arnould, l'Empereur continua son exploration dans la province d'Alger, et visita successivement Koléah, Mouzaïaville, El-Affroun, Ameur-el-Aïn, Bou-Rekika, Marengo, Blidah, Mi-

---

(1) Depuis longtemps déjà cette opinion a été émise par M. Mercier-Lacombe, ancien Directeur général des services civils de l'Algérie. Voir, à l'appendice, l'article : *Colonisation*.

lianah et Médéah.—Sa Majesté ne laissa aucune question sans examen, elle se rendit compte des moindres détails, et par ses paroles bienveillantes, ses dons, ses décisions rendues sur les lieux mêmes, ranima tous les courages.

Les grands travaux publics et les encouragements à accorder à l'agriculture, à l'industrie et au commerce n'ont pas, seuls, attiré l'attention de l'Empereur ; Sa Majesté s'est occupée avec le plus vif intérêt de toutes les questions qui se rattachent au bien-être des populations, et notamment du développement des institutions de prévoyance. Elle a accordé des subventions à toutes les sociétés de secours mutuels et a décoré l'un des présidents de ces associations (1).

Dans la province d'Oran, où la grande culture est plus généralement appliquée que dans les deux autres provinces, l'Empereur a visité les principales fermes, et a appris avec autant de surprise que de satisfaction, que les arabes ne répugnaient pas du tout à s'associer aux travaux des européens. L'indigène n'est point hostile à nos colons ; il se joindrait très-volontiers à eux pour cultiver la terre, s'il n'était retenu par les chefs arabes qui ont tout intérêt à conserver sous la tente des hommes corvéables et taillables.

Le langage des colons de la province d'Oran a été le même

---

(1) Il existe déjà en Algérie, 45 sociétés de secours mutuels secourant plus de 1200 malades par an. Leur avoir disponible, au 31 décembre 1864, était de 86,636. Le nombre des sociétaires s'est accru de 337 membres participants en moins d'un an. — (Ces renseignements sont extraits d'une statistique rédigée par M. Paschalski, qui a bien voulu m'en donner communication.)

que celui des colons de la province d'Alger. Le président du Comice agricole de l'arrondissement, M. Calmels, a exprimé les vœux de la colonisation en termes très-nets : « Sire, vous pouvez seul compléter l'œuvre de la colonisation, en dotant l'Algérie des institutions libérales qui nous feraient retrouver ici la Patrie toute entière. — Que Votre Majesté daigne nous permettre de lui demander dès aujourd'hui des barrages-réservoirs pour nos plaines, des voies de communications pour nos produits agricoles ; des députés au Corps législatif pour nos provinces ; et, pour nous, ses très-humbles et très fidèles sujets des conseils municipaux et des conseils généraux électifs. ».

M. Jules du Pré de Saint-Maur, président de la Chambre d'agriculture, et l'un des colons les plus distingués de l'Algérie, a demandé le rétablissement de la prime du coton, et a plaidé avec éloquence la cause de la colonisation européenne. Il a fait connaître à l'Empereur les entraves apportées au développement de la grande culture, et a signalé à Sa Majesté les mesures qui lui paraissaient de nature à favoriser son essor.

L'Empereur a visité la ferme de Temsalmet, l'une des plus importantes de la province d'Oran, et a été émerveillé de tout ce qu'il y a vu. Les travaux effectués par M. Charles Bonfort, la transformation en riches cultures des terrains jadis couverts de palmiers-nains, la bonne tenue de la ferme, la beauté du bétail, l'emploi de la main-d'œuvre indigène, tout dans cette exploitation intelligente lui a paru digne d'attention. Il a voulut connaître les difficultés que M. Bonfort avait dû surmonter, et notamment celles provenant du fait des chefs arabes qui, pendant longtemps, n'ont pas permis aux indigènes de quitter la tente pour aller s'établir sur les terres de ce colon. (1).

L'Empereur, continuant son enquête s'est rendu à Sidi-Bel-Abbès, où, après avoir traversé de vastes étendues de terrains appartenant aux arabes et laissés en quelque sorte sans culture, il a de nouveau admiré la richesse des cultures européennes. Le *Moniteur du soir* a publié à cette occasion quelques observations très-vraies sur l'incurie du cultivateur indigène ; nous les signalons à l'attention des arabophiles, dont la devise est : *l'Algérie aux Algériens.*

« Je ne saurais vous dépeindre, dit le rédacteur de ce journal, l'effet de transition qui se produit, c'est plus que de l'étonnement, c'est presque de l'émotion. La végétation surgit subitement sans aucune préparation. On passe de l'infertilité apparente à la fertilité la plus robuste ; les champs aux moissons dorées succèdent aux vergers touffus et aux vignobles verdoyants. L'abondance se développe sous toutes ses formes et se manifeste dans les produits les plus divers ; c'est une véritable débauche de végétation, et l'esprit le plus complaisant a peine à se persuader que toute cette richesse agricole, a été créée en quelques années, et qu'elle est l'œuvre de nos braves colons arrivés ici sans autres ressources que les forces brachiales. »

L'Empereur a visité avec la même attention toute la province de Constantine, depuis Philippeville, Bougie et Bône jusqu'à

---

(1) Voir, à la page 143, la relation de la visite impériale à la ferme de Temsalmet.

l'entrée du désert. Les fatigues d'un long et pénible voyage ne lui ont point fait perdre de vue un seul instant le but qu'il s'était proposé. Les populations reconnaissantes l'ont vu s'occuper avec une rare persévérance des moindres détails pouvant l'éclairer sur la situation et les intérêts de la colonisation, interroger les fonctionnaires, les industriels, les commerçants et les agriculteurs; visiter les travaux et décider sur place les questions qui attendaient une solution depuis fort longtemps.

Le président de la Chambre de commerce de Constantine a résumé ainsi qu'il suit les vœux de l'Algérie :

« Le nouveau régime de la navigation que nous devons au gouvernement éclairé de Votre Majesté, facilitera encore nos moyens d'actions; mais les intérêts matériels, comme les intérêts de l'industrie, commandent que tout les produits fabriqués ou manufacturés en Algérie, sans exception, soient accueillis en franchise, en attendant qu'une assimilation plus complète à la Métropole, nous permette de voir l'Algérie convertie en départements français.

« Pour l'agriculture, l'industrie et le commerce, comme aussi pour le développement de la population européenne, il n'est pas de meilleur moyen que de créer des voies de communication de toute nature et de tirer des eaux, qui ne sont pas très-abondante, le plus grand parti possible. Les intérêts généraux nous engagent donc à vous demander, Sire, que des mesures efficaces soient prises en vue de l'achèvement de nos ports et de nos routes, de la prompte exécution de nos chemins de fer, et que, dans l'intérêt de l'agriculture surtout, les chemins vicinaux soient enfin créés. Nous demandons aussi à votre

Majesté que les travaux ayant pour objet l'irrigation des terres soient entrepris sur une vaste échelle et poussés avec activité.

« Le défaut de communications avec Alger a mis plusieurs fois notre commerce en souffrance.

« Par la voie de terre, l'ouverture de la route impériale apporterait la vie et le mouvement dans l'intérieur des deux provinces, en attendant que le réseau de nos voies ferrées, complété par la création de la ligne d'Alger à Tunis, y apporte la richesse et la prospérité. Sur le littoral, un service de correspondance et de transport confié à l'industrie privée, remplacerait avec avantage les bateaux de l'Etat, qui, n'étant pas emménagés pour ce service spécial, n'embarquent aucune espèce de marchandises, tandis que l'insuffisance de 6 places réservées aux passagers, oblige tous les autres voyageurs à endurer sur le pont l'intempérie des saisons. » (1)

Il résulte de ce qui précède, et des documents que nous publions sur le voyage de Sa Majesté l'Empereur Napoléon III, en Algérie :

1º Que le régime administratif et politique de la Colonie a subi de trop nombreux changements.

2º Que la crainte plus ou moins fondée de l'abandon de l'Algérie, a paralysé l'essor de la colonisation.

3º Que les colons ont cependant accompli des prodiges d'é-

---

(1) Adresse de la Chambre de commerce de Constantine, remise à l'Empereur par M. Barnoin. Voir, ci-après, page 191.

nergie et de persévérance et qu'ils ont transformé en riches cultures d'immenses étendues de terrains abandonnés ou laissés en friches par les arabes.

4º Que les vœux des Algériens se résument ainsi : *Stabilité des institutions; — assimilation complète avec la métropole; — franchise des ports de commerce, — grands travaux publics (chemins de fer, barrages, ports etc).*

D'autre part, il résulte des mêmes documents, que l'Empereur a parfaitement apprécié la situation, et qu'il a promis de donner une entière satisfaction aux intérêts de la Colonie.

PROVINCE
D'ALGER.

La province d'Alger est limitée : au nord, par la mer Méditerranée; à l'est, par la province de Constantine; au sud, par le désert du Sahara; et à l'ouest, par la province d'Oran.

Le territoire occupé par cette province faisait partie, du temps des Romains, de la *Mauritanie Césarienne*.

La contenance superficielle de la province d'Alger est de 185,000 kilomètres carrés; et sa population, de 958, 000 habitants, dont 857,000 indigènes et 83,000 européens.

Cette province est divisée, comme les deux autres provinces, en deux territoires : *Territoire civil*, ou *Département* et *Territoire militaire* ou *Division*.

Le département d'Alger se subdivise en trois arrondissemens : *Alger*, *Blidah*, et *Milianah*.

Ces trois arrondissements comprennent 29 chefs-lieux de communes : Alger, Alma, Arba, Aumale, Birkhadem, Blidah, Bouffarik, Chebli, Chéragas, Cherchell, Coléah, Dellys, Delly-Ibrahim, Douéra, Duperré, Fondouk, Kouba, Marengo, Médéah, Milianah, Mouzaïaville, Orléansville, Oued-el-Alleug, Rassauta, Rouiba, Rovigo, Sidi-Moussa, Ténès et Vesoul-Benian.

61 villages sont annexés à ces 29 communes.

Ce qui porte à 90, le nombre des centres de population habités par des Européens, dans la province d'Alger.

Sur ces 90 villes ou villages, il n'en existait que 9 au moment de la conquête. Le bilan de la colonisation européenne est donc de 89 villages créés; et si l'on compte, en moyenne, 1,000 hectares cultivés autour de chaque village, on trouve le chiffre considérable de près de 100,000 hectares défrichés ou remis en culture, en 35 ans.

La division militaire d'Alger comprend six subdivisions : Alger, Dellys, Aumale, Médéah, Milianah, Orléansville ; quinze cercles : Dellys, Dra-el-mizan, Fort Napoléon, Tizi-Ouzou, les Beni-Mansour, Aumale, Médéah, Boghar, Laghouat, Djelfa, Milianah, Cherchell, Teniet-el-Haad, Orléansville et Tenès ; et deux cent soixante trois Kaïdats.

L'Empereur a visité 30 villes, villages ou fermes dans la province d'Alger, a pénétré jusque dans la Kabylie et n'a pas parcouru moins de 1,000 kilomètres, aller et retour.

Nous donnons, ci-après, avec la relation du voyage de l'Empereur dans la province d'Alger, une notice géographique, historique et statistique, sur chacune des localités visitées par Sa Majesté.

ALGER.

La ville d'Alger s'élève en amphithéâtre sur le mont Bouzaréah, dont elle occupe tout le penchant qui fait face à la mer. Elle a ainsi la forme d'un triangle, dont le plus grand côté, lui servant de base, s'appuie sur le rivage. Ses maisons, blanchies et terminées par des terrasses, offrent une masse non interrompue qui s'aperçoit à une grande distance au large. Son port, où l'on pénétrait autrefois avec tant de difficultés, est aujourd'hui parfaitement abrité et d'un accès facile, grâce à deux magnifiques jetées, dont l'une, au nord, mesure 700 mètres, et l'autre, au sud, 1,235 mètres.

Alger a été bâti sur l'emplacement d'une cité romaine, désignée sous le nom d'*Icosium*, qui fut ruinée par les Vandales et réédifiée par les Arabes, vers la fin du xe siècle, époque où elle reçut le nom d'*El-Djezaïr*, dont nous avons fait *Alger*.

La commune d'Alger comprend trois annexes : *El-Biar*, *Bouzaréah* et *Mustapha;* sa population totale est de 58,315 habitants.

Alger, chef-lieu du département et de la division militaire, résidence du Gouverneur Général, siége d'une Cour impériale et d'un Archevêché. station navale commandée par un contre-amiral, est en quelque sorte la capitale de l'Algérie.

Les monuments les plus remarquables d'Alger, sont :

1º La *Casbah*, ou citadelle, dont les derniers deys avaient fait leur demeure, pour tenir la ville en respect, et résister aux émeutes des janissaires. Cette forteresse a été transformée en caserne et n'offre plus aucune trace de son affectation primitive. On y chercherait en vain le célèbre *salon des miroirs*, où quatre-vingts pendules sonnaient midi pendant une heure ; le kiosque où Hussein-Dey insulta notre consul, et tous les appartements luxueux où logeaient les femmes du pacha.

2º Le *palais du Gouverneur Général*, ancienne et belle maison mauresque, restaurée avec goût, à laquelle néanmoins on a su conserver son cachet oriental. Les colonnes de marbre blanc à chapiteaux peints et dorés, qui soutiennent le péristyle intérieur, et les piliers de la salle à manger sont d'une grande beauté ; une étuve mauresque, toute revêtue de marbre de Carrare, et dont le dôme en dentelle de pierre, soutenu par des colonnettes d'albâtre, laisse filtrer le jour au travers des vitraux azurés, se trouve dans un des détours de cette vaste demeure, pleine de réduits mystérieux habilement ménagés. Les plafonds des appartements, sculptés en bois, sont richement coloriés et rehaussés de dorures.

3º La *Grande Mosquée* (Djemâ-Kebir), dont la fondation remonte au XIe siècle. Edifice carré et bas, plus spacieux que beau, précédé d'une galerie en marbre, qui longe l'un des côtés de la rue de la Marine et qui a été bâtie par les Français.

4º La *Mosquée nouvelle* (Djemâ-Djedid), bâtie en forme de croix grecque. On raconte que l'esclave, qui dirigeait les travaux, fut brûlé vif, pour s'être permis de donner à une mosquée la forme d'une croix.

Un assez grand nombre d'édifices ont été construits à Alger depuis la conquête. On y remarque une jolie synagogue et un fort beau théâtre qui fait honneur à l'habile architecte de la ville, M. Chassériau, qui en a donné le plan et surveillé l'exécution. On peut citer également, parmi les œuvres d'art qui décorent la ville, deux statues : l'une érigée en l'honneur du duc d'Orléans, l'autre consacrée à la mémoire du maréchal Bugeaud, dont le souvenir est cher aux Algériens. Les noms de deux autres généraux, non moins aimés, ont été inscrits sur le livre d'or de la reconnaissance publique : le passage *Malakoff* et la place *Randon* rappellent les services rendus à la Colonie par ces éminents capitaines, qui, après avoir largement contribué à la conquête et à la pacification de l'Algérie, n'ont point cessé de porter un vif intérêt à ses destinées.

Séjour de l'Empereur à Alger.

Le 3 mai 1865, à 7 heures du matin, S. M. l'Empereur Napoléon III débarquait sur le quai d'Alger, accompagné de S. A. le prince Murat (1), qui était allé saluer Sa Majesté à bord du yacht impérial (2), de S. Exc. M. le maréchal duc de Magenta, Gouverneur Général, qui s'était porté à sa rencontre, de M. le général Fleury, sénateur, de M. le général de division Castelnau, de M. le colonel comte Reille, et des autres personnes de la Maison de Sa Majesté.

Un immense cri de : *Vive l'Empereur !* sorti de toutes les poitrines, saluait Sa Majesté au moment où Elle posait le pied sur le sol algérien.

M. Sarlande, maire d'Alger, à la tête du conseil municipal (3), après avoir présenté à l'Empereur les clefs de cette ville, lui adressait le discours suivant :

Sire,

« Je viens présenter à Votre Majesté les clefs de la ville d'Alger.

(1) S. A. le prince Murat était en Algérie depuis un mois environ, visitant la colonie en touriste.
(2) Le yacht impérial l'*Aigle*, sur lequel l'Empereur a effectué ce voyage mémorable, était commandé par M. le contre-amiral de Dompierre d'Hornoy. — L'escadre d'évolutions qui a toujours escorté le yacht impérial, avait pour commandant en chef M. le vice-amiral comte Bouët-Willaumez. Cette escadre était composée du vaisseau cuirassé le *Solférino*, commandé par M. le capitaine de vaisseau Robinet de Plas ; et des cinq frégates cuirassées : la *Provence*, commandée par M. de Surville ; la *Couronne*, commandée par M. de Rosencoat, et portant le pavillon de M. le contre-amiral Saisset ; la *Normandie*, capitaine : M. Dangeville ; la *Gloire*, capitaine : M. Miquel de Riu, et l'*Invincible*, capitaine : M. Chevalier.
(3) Le Conseil municipal d'Alger, qui a eu l'honneur d'accueillir l'Empereur, est ainsi composé :
Maire d'Alger : M. Sarlande O. ✶. — Adjoints : MM. Blasselle, ✶ ; Chabert-Moreau ; Bastide, ✶ ; Coudroy, ✶ ; Morin. — Conseillers

« Permettez-moi, Sire, de vous offrir en même temps l'hommage du respectueux dévouement de ses habitants.

« Que Votre Majesté daigne porter les yeux sur cette foule accourue à sa rencontre : la joie peinte sur tous les visages, l'enthousiasme qui anime tous les regards, les acclamations de tout un peuple avide de voir son Souverain, Lui diront, plus éloquemment que je ne saurais le faire, combien la ville d'Alger est heureuse et fière de posséder l'Empereur dans ses murs.

« La visite d'un Souverain est toujours une haute faveur. Celle de Votre Majesté est plus qu'une faveur, elle est un bienfait, et la reconnaissance est une des vertus algériennes.

« Il y a cinq ans, Votre Majesté, Sire, nous a laissé pour consolation de son trop prompt départ, l'espérance d'un retour prochain. Depuis lors, nos regards n'ont point quitté l'autre rivage, et nous avons appelé de tous nos vœux le retour espéré.

« Vous êtes revenu, Sire, nous en remercions Votre Majesté avec toute l'effusion de nos cœurs.

« La Providence, qui règle le sort des empires, avait marqué le jour où la France glorieuse reprendrait parmi les nations le rang qu'elle lui a assigné.

« Ce jour est venu à son temps.

« Le jour où l'Algérie doit occuper sa place dans le monde est également marqué.

« Votre Majesté a traversé les mers pour poser les bases de sa grandeur future.

« Le jour providentiel est arrivé aussi pour nous. »

L'Empereur a répondu qu'Il était heureux de se retrouver

---

municipaux : MM. Ahmed Boukandoura, ✻ ; Alcantara ; Auger, ✻ ; Desvignes ; Gimbert, aîné ; Haïm-Cohen-Solal ; Herpin, ✻ ; Ibrahim-ben-Mustapha-Pacha ; Jacquin, O. ✻ ; Lépine ; Melcion d'Arc, ✻ ; Robinot-Bertrand ; Rocas, ✻ ; Scala ; le baron Vialar, O. ✻ ; Wolters ; — Lefèvre, secrétaire général.

sur cette terre à jamais française. Des circonstances malheureuses L'avaient empêché, il y a cinq ans, de voir comme Il le désirait, ce beau pays. Mais Il avait promis de revenir et Il revenait.

Quant à ces hommes courageux, qui sont venus apporter dans cette nouvelle France, le progrès et la civilisation, ils doivent avoir confiance, et toutes ses sympathies leur sont assurées.

« Au surplus, a ajouté l'Empereur, j'ai, dès à présent, la « satisfaction de leur annoncer qu'une puissante Compagnie « se propose de faire ici de grandes choses, ou plutôt de « continuer les grandes choses qui y ont été commencées. »

Les acclamations les plus vives et plusieurs fois répétées ont répondu à ces généreuses paroles.

Sa Majesté est ensuite montée à cheval, ayant à sa droite S. Exc. M. le maréchal Gouverneur Général, et suivie d'un nombreux et brillant état-major.

Le cortége allait au pas.

Les médaillés de Sainte-Hélène, les membres des Sociétés de secours mutuels, la milice et les différents corps de troupes de la garnison formaient la haie, sur le parcours du cortége, à partir du quai jusqu'au palais du Gouvernement.

Depuis le pied de la rampe du boulevard jusque sur la place du Gouvernement, s'échelonnaient en rangs pressés les élèves du lycée impérial, du collége impérial arabe-francais, et les enfants de toutes les écoles communales et privées, portant des banderoles et faisant entendre sur le passage de l'Empereur de vives acclamations, que Sa Majesté a accueillies avec une bonté toute particulière.

Une foule innombrable se pressait sur toute l'étendue de la place et dans les rues qui y débouchent, sur le boulevard et dans ses galeries, sur les terrasses de la mosquée et des maisons avoisinantes.

Au moment où l'Empereur est arrivé en face de l'hôtel d'Orient et de la maison Lesca, sous les galeries desquels la foule était entassée, tous les fronts se sont découverts, les chapeaux, les mouchoirs se sont agités aux cris mille fois répétés de :

Vive l'Empereur !

Vive l'Impératrice !

Vive le Prince Impérial, *roi d'Algérie !*

A ce moment, dit l'*Akhbar*, auquel nous empruntons ces lignes, il s'est établi un véritable courant magnétique entre cette foule transportée et son Souverain, dont le visage, à l'instant même, s'est épanoui.

Les mêmes acclamations ont accompagné Sa Majesté jusqu'à la cathédrale (1).

Arrivée devant la cathédrale, Sa Majesté a mis pied à terre et a gravi les marches du parvis, où l'attendait Mgr l'Evêque, revêtu des ornements pontificaux et entouré de tout son clergé.

Après la présentation de l'eau bénite et de l'encens, Mgr Pavy s'est exprimé ainsi :

« Sire,

« L'Evêque et le clergé d'Alger ont l'honneur et sont heureux de présenter à Votre Majesté leurs plus respectueux hommages.

« Il y a bientôt cinq ans, vous preniez personnellement, au nom de l'Empire, possession d'une terre proclamée depuis longtemps à jamais française ; et, tandis que, au dehors de cette enceinte, l'enthousiasme des populations vous saluait de ses démonstrations les plus ardentes, ici, la Religion vous offrait une gratitude, un encens, une prière qu'elle était heu-

---

(1) Il s'est produit, pendant la marche du cortége impérial, un incident assez curieux. En montant la rampe du boulevard, l'Empereur s'est senti saisir une jambe. C'était un arabe qui, bondissant de la haie comme une panthère, embrassait sa botte. Demandait-il grâce pour quelqu'un des siens, ou s'abandonnait-il simplement à une de ces démonstrations de dévoûment passionné, dont les arabes sont si prodigues ? Nous ne saurions le dire ; toujours est-il, qu'en un tour de main, la police a subtilisé cet agile personnage et qu'il n'en a plus été question.

reuse de partager entre vous, Sire, et sa Majesté l'Impératrice.

« Aujourd'hui, par un retour inespéré, vous venez étudier de plus près encore, et dans les trois provinces, le problème de notre situation, nos travaux, nos besoins, nos aspirations ; en un mot, toutes les conditions de la prospérité religieuse et matérielle de l'Algérie. Quel souverain se proposa jamais une pareille tâche ? Et qui ne serait ému d'une telle sollicitude, se dégageant, par un long et pénible voyage, de tant de préoccupations d'un ordre supérieur ?

« Déjà, Sire, vous nous aviez donné, par la nomination d'un illustre Maréchal, la preuve de votre entier dévoûment à nos intérêts du présent et de l'avenir ; vous mettez le comble à ce haut témoignage d'une bienveillance non suspecte, en faisant rayonner une seconde fois, au sommet de nos plus légitimes espérances un sceptre également décoré de l'olivier de la paix, du laurier de la victoire et de celui des lettres.

« Aussi, tout en remerciant Votre Majesté, demandons-nous au Tout-Puissant de la couvrir de sa protection souveraine et de répandre, en notre faveur, sur Elle, un rayon de son infaillible sagesse.

« Grâce à Dieu, grâce à vous, Sire, nous verrons bientôt de nos yeux le libre et complet épanouissement de la Colonie. Plus confiant que jamais dans son avenir, le colon dilatera joyeusement ses entreprises, son travail et sa modeste fortune ; désabusé du jeu sanglant des insurrections, l'indigène trouvera dans une soumission honorable, dans le partage de la fraternité civique, en attendant celui de la fraternité religieuse, et dans la paisible jouissance de sa propriété, désormais incommutable, les plus fortes garanties de sa sécurité ; la Religion, enfin, — voyant son doux empire s'accroître, ses enfants se multiplier, ses temples devenir moins indignes du Dieu qu'elle adore, le siége d'Augustin se redresser peut-être à Constantine, et, à Oran, se couronner l'œuvre sainte de Ximenès, — tressaillera d'une reconnaissance égale à sa joie.

« Il est doux, Sire, de faire bénir son nom par les hommes ! Combien ne l'est-il pas davantage de le faire bénir en même temps par le Ciel !!! »

L'Empereur a répondu :

« C'est à moi de remercier le clergé de l'Algérie et vous,
« Monseigneur, de tout le bien que vous faites ici depuis long-
« temps, car, dans les pays lointains surtout, la Religion seule
« répand la véritable civilisation. Aussi je compte beaucoup
« sur vos prières : elles me porteront bonheur, ainsi qu'à la
« Colonie. »

Après le *Te Deum*, Sa Majesté est entrée au palais du Gouvernement, toujours suivie des acclamations de la foule, et les réceptions officielles ont eu lieu immédiatement.

M. Pierrey, premier président de la Cour impériale a adressé à Sa Majesté un discours remarquable, dont la conclusion a fixé surtout l'attention de Sa Majesté : « L'empressement chaque jour plus marqué des populations musulmanes vers nos prétoires — a dit M. le premier président — nous est, Sire, la preuve que nous atteignons le but de notre ambition la plus chère, celle de faire aimer la justice que nous rendons au nom de l'Empereur. »

L'Empereur a remercié la Cour de ses persévérants efforts pour faire aimer la justice dans ce pays « que Lui aussi, ap-
« pelle la France, et où son séjour apportera, Il l'espère,
« quelques bienfaits. »

M. Poignant, préfet d'Alger, a présenté ensuite à Sa Majesté les membres du Conseil général de la province. Après avoir fait ressortir la parfaite entente qui règne entre les membres, de diverses origines, qui composent ce corps délibérant, M. le préfet a ajouté que le Conseil apportait dans la mission qu'il tient de l'Empereur, un dévouement absolu et consciencieux ; — que ses membres comprenaient ainsi Ses bienveillantes intentions pour l'Algérie : développement de la colonisation, assimilation progressive des indigènes à la civilisation européenne et protection de leurs droits ; — que, dans la sphère d'attributions du Conseil, il s'appliquait à se pénétrer de la pensée souveraine et à la réaliser; mais que la pauvreté du budget provincial paralysait ses efforts en retardant la création de ces travaux, de ces améliorations, qui hâtent la marche du progrès et en sont le complément indispensable.

Sa Majesté a accueilli ces paroles avec intérêt.

Au nombre des personnes qui ont eu l'honneur d'être présentées à Sa Majesté, on cite encore M. Robe, président de la Société de secours mutuels la *Famille* et M. Herpin, président de la Société des *Arts et Métiers*.

M. Arnould, au nom de la Société impériale d'agriculture, a adressé à Sa Majesté les paroles suivantes :

« Sire,

« J'ai l'honneur de présenter à Votre Majesté la Société d'agriculture d'Alger, à laquelle l'Empereur a donné une haute marque d'encouragement en l'élevant au titre de Société impériale.

« Dans les siècles derniers les populations, lorsqu'elles sentaient un malaise, disaient : « Si le roi savait! » Nous tous, colons de l'Algérie, alors que nous étions parfois accusés d'impuissance, nous ne cessions de nous dire : « Ah! si l'Empereur voyait? »

« C'est donc avec une profonde émotion qu'est acclamée la présence de Votre Majesté parmi nous.

« Sire, pendant ce voyage, nous solliciterons de l'Empereur une audience, afin que quelques-uns d'entre nous puissent lui exposer respectueusement nos besoins et nos aspirations.

« Nous comprenons, du reste, que la colonisation européenne, dont le large développement doit donner à l'Algérie la richesse et la force, doit avoir pour corollaire indispensable le bien-être des indigènes. C'est la réunion des deux races dans les travaux de la paix, qui permettra à l'Algérie d'apporter à le France un surcroît de grandeur et de puissance, en retour des sacrifices que la mère-patrie a faits pour la Colonie, et nous n'oublions pas que cette grande œuvre aura été préparée, puis assurée par notre glorieuse armée. »

Sa Majesté a accueilli avec bienveillance l'expression de ces vœux, et a répondu qu'Elle recevrait volontiers la Société impériale d'agriculture.

Pendant que les réceptions officielles continuaient au palais du Gouvernement, on affichait dans la ville la proclamation suivante, adressée aux habitants de l'Algérie, qui était accueillie par la foule avec un enthousiasme indescriptible :

« Je viens au milieu de vous pour connaître par moi-même
« vos intérêts, seconder vos efforts, vous assurer que la pro-
« tection de la Métropole ne vous manquera pas.

« Vous luttez avec énergie depuis longtemps contre deux
« obstacles redoutables : une nature vierge et un peuple guer-
« rier. Mais de meilleurs jours s'annoncent. D'un côté, des
« Sociétés particulières vont, par leur industrie et leurs capi-
« taux, développer les richesses du sol, et de l'autre, les Ara-
« bes contenus et éclairés sur nos intentions bienveillantes, ne
« pourront plus troubler la tranquillité du pays.

« Ayez donc foi dans l'avenir, attachez-vous à la terre que
« vous cultivez comme à une nouvelle patrie, et traitez les
« Arabes au milieu desquels vous devez vivre, comme des
« compatriotes. Nous devons être les maîtres parce que nous
« sommes les plus civilisés ; nous devons être généreux, parce
« que nous sommes les plus forts.

« Justifions enfin sans cesse l'acte glorieux de l'un de mes
« prédécesseurs qui, faisant planter il y a trente-cinq ans, sur
« la terre d'Afrique, le drapeau de la France et la croix, y
« arborait à la fois le signe de la civilisation, le symbole de
« la paix et de la charité. — « NAPOLÉON. »

Quand l'Empereur est sorti du palais impérial pour parcourir la ville, la foule reconnaissante se pressait sur ses pas et faisait à Sa Majesté une de ces ovations dont il est impossible de perdre le souvenir. « — Reproduisez tous les détails fournis par les journaux d'Alger, disait-on dans une lettre adressée au *Tou-*

lonnais, ne craignez pas de rien exagérer en racontant ce qui s'écrit sur l'ovation faite à l'Empereur ; le triomphe, — tout autre mot serait trop faible, — le triomphe a commencé dès l'instant du débarquement et la proclamation de Sa Majesté a porté l'enthousiasme jusqu'à sa plus haute expression. »

L'Empereur accompagné du maréchal Mac-Mahon, et de ses aides de camp, MM. Fleury, Castelnau et Reille, s'est promené à pied dans les rues d'Alger. Sa Majesté a paru frappée de la majestueuse beauté du boulevard de l'Impératrice ; Elle a remarqué le splendide hôtel d'Orient et la maison Lesca. L'Empereur descendant ensuite sur le quai, a trouvé que les bureaux des deux compagnies maritimes, la nouvelle douane et certains bastions étaient d'un mauvais effet. En visitant le quartier Bab-el-Oued, Sa Majesté a indiqué la démolition de tous les établissements du génie et de l'artillerie, qui encombrent l'espace compris entre la mer et le nouveau lycée, le jardin Marengo et la porte Bab-el-Oued. Cet immense espace doit être transformé en un admirable jardin public.

Le soir, les édifices publics et la plupart des maisons particulières étaient brillamment illuminés. Une foule compacte, enthousiaste n'a cessé d'encombrer les places et les principales rues jusqu'à une heure fort avancée. L'escadre cuirassée, brillant de mille feux, ajoutait un nouvel éclat au splendide effet que produisait l'illumination de la Mosquée, de la pêcherie et de la place du Gouvernement.

— 4 MAI. — Dans la matinée, l'Empereur a appelé auprès de lui M. Sarlande, maire d'Alger, et s'est entretenu longuement de la situation de la ville, de ses ressources, de ses besoins, des travaux exécutés et de ceux en projet, et lui a demandé les plans des uns et des autres.

Plusieurs autres audiences ont été données par Sa Majesté, qui a travaillé jusqu'à l'heure du déjeuner.

A midi, l'Empereur est monté en voiture pour faire une promenade dans les environs. Sa Majesté a visité successivement le village de Chéragas, la ferme des Trappistes à Staouéli, la baie de Sidi Ferruch, et s'est arrêtée, en rentrant, dans les villages de Guyot-Ville, de la Pointe-Pescade et de Saint-Eugène. Partout, sur son passage, le Souverain a été salué par les populations ; les maisons de campagne étaient pavoisées, les fermes les plus humbles montraient leurs façades ornées de bouquets de fleurs des champs. C'est au milieu de ces ovations non interrompues que Sa Majesté a effectué son retour à Alger.

Le soir, au moment où l'Empereur traversait la cour du palais pour se rendre au dîner, Sa Majesté trouva réunis dans la cour mauresque les orphéonistes et les élèves de l'école arabe-française qui, sous l'habile direction de M. Daniel Salvator, chantèrent avec un ensemble parfait le chœur de la *Muette*. Pendant toute la durée de l'exécution, Sa Majesté resta dans le cour, fort émerveillée de voir réunis les éléments hétérogènes qui composent l'orphéon d'Alger, formé par des français, des musulmans, des israélites indigènes, des maltais, des espagnols et des italiens. Ce n'est qu'après avoir félicité M. Daniel Salvator et les exécutants, que Sa Majesté se retira aux cris mille fois répétés par les orphéonistes de : *Vive l'Empereur !* (1).

— 5 MAI. — M. Sarlande, maire d'Alger, a été reçu de nouveau par l'Empereur et Lui a remis les plans que Sa Majesté avait demandés. M Chassériau, architecte en chef de la ville, qui accompagnait M. Sarlande, a eu l'honneur d'être interrogé par Sa Majesté et de lui fournir de nombreux renseignements sur les travaux en cours d'exécution.

Dans cette même audience, l'Empereur a entretenu le Maire des projets relatifs au square à établir sur l'emplacement actuel de l'arsenal, conformément au tracé fait de sa propre

(1) *Moniteur Universel du soir*, 10 mai 1865.

main, sur le plan qui lui avait été remis. — L'emplacement à choisir pour la construction d'un palais de Justice, a été également l'objet d'une étude spéciale. M. Chassériau a été chargé par Sa Majesté de préparer un projet et un plan.

L'Empereur, voulant se rendre compte par lui-même de diverses autres questions intéressant l'édilité d'Alger, a parcouru dans la matinée les quartiers du bas de la ville. — Sa Majesté est descendue par la rue de la Marine jusqu'à l'Amirauté, d'où Elle est revenue en traversant les quais par les rampes du Boulevard de l'Impératrice. — La foule qui avait reconnu l'Empereur s'est pressée autour de Sa Majesté et l'a suivie jusqu'au palais du Gouvernement, en faisant entendre des vivats enthousiastes.

L'Empereur est allé visiter l'Exposition des œuvres d'art placée sous le patronage de Mme la duchesse de Magenta, et organisée par un artiste algérien, M. Lauret, aîné. Sa Majesté a examiné avec un vif intérêt tous les objets réunis dans cette Exposition, improvisée depuis quelques jours à peine, et a exprimé sa satisfaction à plusieurs artistes. S. Exc. M. le maréchal de Mac-Mahon a appelé l'attention de l'Empereur sur une aquarelle de M. Lauret, aîné, représentant le projet d'un square que M. le Gouverneur Général désirerait créer, sur un vaste emplacement situé entre la marine et la pêcherie. Sa Majesté a trouvé ce dessin fort joli et a manifesté le désir que le square fût exécuté (1).

L'Empereur a visité, dans la soirée, le haut de la ville, *incognito*, accompagné seulement du Gouverneur Général et d'un aide-de-camp, qui étaient comme lui en bourgeois. Il s'est donné le plaisir d'entrer dans un café maure tout primitif, et, prenant leur café, ces messieurs ont écouté la conversation des

---

(1) M. Gudin, célèbre peintre de marine, qui a accompagné sa Majesté dans son voyage en Algérie, avait déjà présenté à l'Empereur le frère de cet artiste, M. François Lauret, et lui avait fait l'éloge de son talent.

habitués. En sortant l'Empereur remit au kaouadj une pièce de 20 fr. — Le prix de la tasse est de 5 c. — Le kaouadj dit assez négligemment *macach monnaie* (je n'ai pas de monnaie). Le Gouverneur lui dit alors : « Tu ne sais donc pas à qui tu parles ? C'est le Sultan. » A ce mot sa stupéfaction fut grande, mais aussitôt il se jette sur la main de l'Empereur pour la baiser, et au bruit qu'il fait pour exprimer son bonheur, tous les nègres, maures et arabes du café et des environs accoururent et font à l'Empereur une ovation de *salamaleks* dont il ne lui est pas facile de se dépétrer. Cette scène a beaucoup amusé l'Empereur.

Dans la matinée du même jour, l'Empereur avait adressé aux Arabes la proclamation suivante :

« Lorsqu'il y a trente-cinq ans, la France a mis le pied « sur le sol africain, elle n'est pas venue détruire la nationa- « lité d'un peuple, mais, au contraire, affranchir ce peuple « d'une oppression séculaire ; elle a remplacé la domination « turque par un gouvernement plus doux, plus juste, plus « éclairé. Néanmoins, pendant les premières années, impa- « tients de toute suprématie étrangère, vous avez combattu « vos libérateurs.

« Loin de moi la pensée de vous en faire un crime ; j'honore, « au contraire, le sentiment de dignité guerrière qui vous a « portés avant de vous soumettre, à invoquer par les armes « *le jugement de Dieu.* Mais Dieu a prononcé ; reconnaissez « donc les décrets de la Providence, qui, dans ses desseins « mystérieux, nous conduit souvent au bien en décevant nos « espérances et en trompant nos efforts.

« Comme vous, il y a vingt siècles, nos ancêtres aussi ont « résisté avec courage à une invasion étrangère, et cependant, « de leur défaite date leur régénération. Les Gaulois vaincus « se sont assimilés aux Romains vainqueurs, et de l'union « forcée entre les vertus contraires de deux civilisations oppo- « sées, est née, avec le temps, cette nationalité française qui, « à son tour, à répandu ses idées dans le monde entier. Qui

« sait si un jour ne viendra pas où la race arabe régénérée
« et confondue avec la race française, ne retrouvera pas une
« puissante individualité semblable à celle qui, pendant des
« siècles, l'a rendue maîtresse des rivages méridionaux de la
« Méditerranée.

« Acceptez donc les fait accomplis. Votre prophète le dit :
« *Dieu donne le pouvoir à qui il veut* » (chapitre II, *de la*
« *Vache*, verset 248). Or, ce pouvoir que je tiens de lui, je
« veux l'exercer dans votre intérêt et pour votre bien.

« Vous connaissez mes intentions, j'ai irrévocablement as-
« suré dans vos mains la propriété des terres que vous
« occupez ; j'ai honoré vos chefs, respecté votre religion ;
« je veux augmenter votre bien-être, vous faire participer de
« plus en plus à l'administration de votre pays comme aux
« bienfaits de la civilisation ; mais c'est à la condition que, de
« votre côté, vous respecterez ceux qui représentent mon
« autorité. Dites à vos frères égarés que tenter de nouvelles
« insurrections serait fatal pour eux. Deux millions d'Arabes
« ne sauraient résister à quarante millions de Français.

« Une lutte d'un contre vingt est insensée ! Vous m'avez
« d'ailleurs prêté serment et votre conscience, comme votre
« livre sacré, vous obligent à garder religieusement vos
« engagements (chap. VIII *du Repentir*, verset 4).

« Je remercie la grande majorité d'entre vous dont la fidélité
« n'a pas été ébranlée par les conseils perfides du fanatisme
« et de l'ignorance. Vous avez compris, qu'étant votre Sou-
« verain, je suis votre protecteur ; tous ceux qui vivent sous
« nos lois ont également droit à ma sollicitude. Déjà, de grands
« souvenirs et de puissants intérêts vous unissent à la Mère-
« Patrie ; depuis dix ans, vous avez partagé la gloire de nos
« armes et vos fils ont dignement combattu à côté des nôtres
« en Crimée, en Italie, en Chine, au Mexique. Les liens formés
« sur le champ de bataille sont indissolubles, et vous avez
« appris à connaître ce que nous valons comme amis ou en-
« nemis.

« Ayez donc confiance dans vos destinées puisqu'elles sont
« unies à celles de la France, et reconnaissez avec le Koran
« que *celui que Dieu dirige est bien dirigé.* (Chapitre VII, *El-*
« *Araf,* verset 177). — « NAPOLÉON. »

— 6 MAI. — L'Empereur quitte Alger à dix heures du matin pour faire une excursion dans la plaine de la Mitidja, et rentre le soir à six heures, après avoir visité Bouffarick, Oued-el-Alleug, Coléah et Douaouda.

— 7 ET 8 MAI. — Un des premiers faits de la journée du 7, a été un grand acte de justice. — L'Empereur a ordonné d'élever, de un million à deux millions et demi, le chiffre des indemnités à payer, dans les trois provinces, aux européens et aux indigènes qui ont éprouvé des pertes par suite de la dernière insurrection.

Sa Majesté est ensuite partie pour Milianah et n'est revenue à Alger que le lendemain, à 5 heures du soir.

Un instant après son retour, Sa Majesté, qui ne paraissait nullement fatiguée du voyage, a fait une promenade à pied dans la ville. Sa Majesté a parcouru plusieurs fois la place du Gouvernement, est descendue à la pêcherie et ensuite est remontée sur le magnifique boulevard de l'Impératrice. Mais bientôt la foule qui acclamait l'Empereur est devenue si compacte, que Sa Majesté s'est vue obligée de rentrer au palais du Gouvernement.

— 9 MAI. — L'Empereur travaille avec S. Exc. le maréchal, Gouverneur Général, et avec les divers chefs de service. Sa Majesté donne ensuite audience à un grand nombre d'indigènes.

L'Empereur a reçu, à 1 heure de l'après-midi, les délégués de la Société impériale d'agriculture d'Alger. Sa Majesté s'est entretenue, avec une très grande bienveillance, des intérêts généraux du pays, pour lesquels Elle a manifesté une sollicitude toute particulière.

A deux heures et demie, les marins de l'escadre cuirassée d'évolutions ont débarqué pour faire une promenade militaire. Les compagnies de débarquement (1), ayant à leur tête la musique du vaisseau amiral le *Solférino*, ont monté la rue de la Marine, suivi les rues Bab-Azoun, Rovigo, d'Isly. Arrivées à la statue du maréchal Bugeaud, elles ont reçu l'ordre de passer sous les fenêtres de l'Empereur et sont revenues par la rue Napoléon, la rue Bruce, la rue Génina, la rue Bab-el-Oued et la rue de la Marine.

A quatre heures et demie, les marins étaient de nouveau sur le point du débarquement, se rembarquaient avec la même rapidité, et quelques minutes après, étaient rendus à leurs bords respectifs.

Des chaloupes à vapeur ont mission de conduire et de reconduire les canots de l'escadre. Rien n'est plus gracieux que le coup d'œil offert aux spectateurs par les évolutions de tous ces canots, attachés les uns derrière les autres, et passant tour à tour devant chaque navire de l'escadre, pour y laisser leur contingent de marins de débarquement (2).

A cinq heures, Sa Majesté, accompagnée de S. Exc. le maréchal de Mac Mahon, est allée visiter les principaux monuments d'Alger.

Sa première visite a été pour la cathédrale, où Mgr l'évêque

---

(1) Ces compagnies, placées sous le commandement supérieur de M. Robinet de Plas, commandant le *Solférino*, sont organisées de manière à pouvoir, dans un très-court espace de temps, faire un débarquement sur un point quelconque. — A cet effet, à bord de chaque navire, les matelots sont désignés pour que, au commandement de leur chef sur ce même navire, ils soient immédiatement prêts à être transportés à terre. — Chaque compagnie se compose de 120 hommes (nombre qui pourrait être augmenté), commandés par un lieutenant de vaisseau ; la réunion des compagnies de deux navires forme un bataillon qui dispose de deux batteries de 6 pièces. — Tous ces mouvements s'exécutent avec une promptitude et un ensemble remarquables. Aussitôt à terre, chaque compagnie se forme en bataille, monte ses pièces de campagne auxquelles s'attèlent 7 hommes et se met en marche sur le point indiqué.

(2) *Moniteur de l'Algérie*, du 10 mai 1865

Pavy, à la tête du chapitre diocésain, a reçu Sa Majesté et a improvisé une allocution qui a été écoutée avec une affectueuse bienveillance par Sa Majesté.

La bibliothèque et le musée ont été ensuite honorés de la visite de l'Empereur. Sa Majesté a examiné dans le plus grand détail la salle des antiquités et celle des monuments arabes, dont M. Berbrugger, conservateur, décrivait les objets les plus remarquables. Les belles statues provenant de l'antique Cæsarea (aujourd'hui Cherchell), ont fixé l'attention de l'Empereur, qui a admiré également le magnifique palais mauresque dans lequel ces collections sont exposées, et qui sera bientôt l'unique échantillon d'une grande habitation indigène, conservée dans toute la pureté du type local. Dans la grande salle de lecture, Sa Majesté a remarqué la lettre originale écrite sur parchemin, par son oncle, Napoléon Ier, au pacha Mustapha, qui a construit et habité la maison où se trouvent aujourd'hui la bibliothèque et le musée.

Dans la salle de lecture où se fait le cours d'arabe, M. Bresnier, professeur à cette chaire, a mis sous les yeux de l'Empereur les plus beaux manuscrits arabes, comme calligraphie et enluminures, de la collection de la bibliothèque.

En sortant du musée, Sa Majesté s'est dirigée vers la maison occupée par la Cour impériale, où Elle a été reçue par M. le premier président Pierrey.

Sa Majesté a visité ensuite les deux principales mosquées, où Elle a répondu aux hommages et aux démonstrations de respect qui lui ont été adressés, par des paroles qui ont vivement touché les assistants.

L'Empereur a terminé cette tournée par une visite au lycée impérial et au collége impérial arabe-français.

M. le recteur Delacroix, entouré des inspecteurs de l'Académie et des fonctionnaires du lycée, a eu l'honneur de recevoir Sa Majesté et de lui adresser l'allocution suivante :

« Sire,

« L'Université fondée par Napoléon Ier, soutenue et affermie par Napoléon III, marche, ici comme en France, vers le noble but qui lui est assigné : éclairer les esprits à tous les degrés de l'échelle sociale pour « élever l'âme de la nation. » D'Alger à Laghouat, de La Calle à Nemours, elle enseigne la crainte de Dieu, l'amour de la patrie, la fidélité au Souverain. Elle répand sur tous indistinctement sa bienfaisante influence, persuadée qu'elle aura puissamment contribué pour sa part à l'œuvre de civilisation entreprise par la France, lorsqu'elle aura réuni sur les mêmes bancs, à côté des européens de tous les pays, les indigènes de tous les cultes et de toutes les races.

« Aujourd'hui, Sire, l'Algérie a peu de chose à désirer pour l'enseignement primaire. L'enseignement secondaire est largement organisé dans ce lycée qui compte cinq cents élèves, et qui n'attend qu'un local plus vaste et mieux approprié pour prendre un nouveau développement. Les colléges des provinces d'Oran et de Constantine sont déjà fréquentés par une jeunesse avide de savoir. La prospérité de la Colonie en fera dans quelques années des lycées impériaux.

« Quant à l'enseignement supérieur, il a été inauguré en 1857, par la création d'une école de médecine, spécialement appelée à étudier les maladies du pays, et à propager l'art de guérir parmi les Arabes qui, depuis plusieurs siècles, n'ont d'autre médecin que le fatalisme.

« D'autres créations seront successivement décrétées, nous l'espérons ; car le Souverain qui regarde l'Algérie comme une nouvelle France, veut que tout émigrant trouve ici pour ses enfants les foyers de lumière qui éclairent et vivifient la métropole.

« Sire, le corps enseignant sait ce qu'il doit à Votre Majesté, et ce qu'il peut attendre encore d'un Prince qui a cultivé avec tant d'éclat les sciences et les lettres.

« Sincèrement reconnaissant, entièrement dévoué à Votre dynastie, il crie avec moi :

« *Vive l'Empereur !*

« *Vive l'Impératrice !*

« *Vive le Prince Impérial !*

Sa Majesté a répondu qu'Elle sait que le corps enseignant est à la hauteur de sa mission par le savoir et le dévoûment, et qu'Elle est heureuse d'applaudir aux résultats déjà obtenus en Algérie sous le rapport de l'instruction.

Puis Elle a passé devant le front des élèves internes et externes rangés en fer à cheval dans la cour, remarquant la bonne mine de « ces enfants d'Alger, » et s'est retirée après leur avoir accordé un jour de congé.

Pendant la visite de l'Empereur, les acclamations des fonctionnaires, des élèves et des dames qui garnissaient la galerie du premier étage ont été si vives et si prolongées, qu'il a fallu les interrompre à plusieurs reprises, pour permettre au recteur de prononcer son allocution et à Sa Majesté d'y répondre.

Cette visite, dont le souvenir se perpétuera au lycée, a montré combien est cher aux enfants de l'Algérie le Prince Impérial, dont le nom a été constamment mêlé aux acclamations qui ont accueilli l'Empereur.

Le soir, Sa Majesté s'est rendue au bal donné en son honneur par le maréchal Gouverneur Général, au palais de Mustapha.

M. Charles Desprez, le spirituel chroniqueur de l'*Akhbar*, a publié sur cette fête splendide quelques lignes charmantes, qui trouvent naturellement leur place dans ce recueil des souvenirs algériens :

« J'ai déjà vu dans ma vie bien des fêtes. Les voyages si féconds en aventures de tout genre, m'ont fait un bagage imposant d'épisodes heureux, de souvenirs poétiques. Je puis bien dire cependant, que nul d'entre eux ne saurait être éclipsé par la fête de Mustapha.

« Quel trajet, quelles perspectives, sur ce chemin prestigieux zigzaguant aux flancs du Sahel, entre les plus riches vergers et les plus magnifiques ombrages qui soient peut-être en Algérie !

« A droite, le vallon d'Isly, avec ses blancs palais de style oriental, les hauteurs pittoresques du Telemli, les crêtes ardues du Fort l'Empereur.

« A gauche, les bosquets de la villa Clauzel, la vaste plage du Hamma, la gracieuse courbe des flots venant mourir sur le rivage.

« Et toutes ces splendeurs éclairées, non plus par le soleil éblouissant qui, trop souvent, nuit à l'effet de nos paysages africains, mais par le plus beau clair de lune qu'il soit possible d'imaginer.

« Dans l'air, pas un souffle ; et néanmoins une délicieuse fraîcheur. Au ciel, pas un nuage ; et tant de clarté, tant d'azur, qu'on eût pu se croire au plein jour de certaines contrées du Nord.

« Nuls jalons n'indiquaient au loin la route, enfouie çà et là sous des massifs de trembles, de lentisques et de caroubiers ; mais on en pouvait, de l'œil, suivre tous les méandres, grâce aux voitures dont les réverbères couraient, se croisaient, se dérobaient et reparaissaient, comme des essaims de lucioles.

« Et puis, autour de nous, c'étaient, à tout moment, nous dépassant, ou dépassées par nous, suivant leur vitesse, suivant notre hâte, des calèches remplies de sociétés parées.

« Ni châles, ni manteaux, avec un air si doux !

« L'ouverture du bal était fixée pour neuf heures, et déjà, dès huit heures, les salons, les galeries, les vestibules du palais étaient remplis d'une foule compacte.

« On a, plus d'une fois, vanté la distinction et surtout l'amabilité toute particulière avec laquelle M. le Gouverneur et madame la Maréchale font les honneurs de leurs salons. Il faudrait renchérir encore ici sur ces éloges. Et cependant, quelle affluence !

« Les dames occupaient les fauteuils et les banquettes placées sur deux rangs le long des murs aux arabesques d'or. On sait le bon goût de nos élégantes ; aussi n'entreprendrai-je pas de décrire des toilettes qui seront bien longtemps, dans nos cercles intimes, un sujet de conversation et peut-être d'envie.

« Les hommes se tenaient debout au milieu du salon. C'étaient nos brillants officiers de terre et de mer, avec leurs épaulettes resplendissantes, leurs croix et leurs rubans de toute forme, de toute couleur ; les fonctionnaires, les employés, aux fracs chamarrés de dorures : les chefs arabes avec leurs longs burnous aux plis majestueux, les caïds, les muphtis, les Maures de distinction, attirant le regard par l'éclat bariolé de leurs ajustements orientaux.

« Une personne étrangère au motif qui réunissait, à cette heure de la nuit, tant de monde, eût certes cherché bien longtemps avant de s'expliquer le but de la fête.

« Pas de musique, pas de danse, pas de jeu, pas de conversation. On ne marchait même pas. Chacun restait en place, immobile, le cou tendu, les yeux tournés vers la porte d'honneur, comme en l'attente d'un événement.

« Les grands arbres du jardin couvraient les allées de leur ombre épaisse. La lune seule éclairait les coteaux voisins, et sa douce lumière tremblotait seule et sans rivale sur les eaux endormies du golfe.

« Tout à coup des applaudissements, des cris de joie se font entendre du côté de la route.

« Et, par les ogives des colonnades, au-delà des massifs d'aloès et de citronniers qui décorent le parterre, on aperçoit, courant à fond de train, une escouade de cavaliers armés de torches fulgurantes, dont la résine pleut dans l'air en gerbes d'étincelles, et coule sur le sol en ruisseaux enflammés.

« C'est le cortége ; c'est l'Empereur.

« Les nobles hôtes du palais se précipitent pour le recevoir.

« Il offre son bras à Mme la Maréchale, et suivi du Gouverneur, il monte majestueusement l'escalier de stuc et de marbre blanc qui conduit au salon du premier étage.

« Qui pourra jamais oublier cette entrée solennelle ! Lui, souriant, heureux, sans doute ; où reçut-il jamais de plus sincères, sinon de plus éclatants témoignages de sympathie ? Elle, parée, éblouissante de pierreries, mais belle surtout de cet air de bonheur répandu partout sur ses traits.

« Ce fut alors comme un enchantement. Aux arbres du jardin

se balancent des fruits de feu ; à l'angle des terrasses, aux corniches des murs se déploient des théories d'arcs-en-ciel.

« De tous côtés, s'élancent dans les airs mille fusées aux courbes gigantesques, aux poussières lumineuses, et dans les coins obscurs, au fond des bosquets ténébreux, jaillissent en embrasements tour à tour bleus, verts, jaunes et rouges, les boîtes de feux de Bengale.

« La montagne elle-même s'emplit d'incendies et d'apothéoses. On dit que MM. Gudin et Durand-Brager accompagnent l'Empereur. Ces deux peintres des grands effets ont sans doute reproduit, dans leurs tableaux de batailles navales, des conflagrations plus intenses, mais ont-ils jamais rien imaginé de plus gracieux et de plus original à la fois, de plus inattendu, de plus féerique surtout, que ces échappées de lumière qui, pendant une partie de la nuit, se sont succédé à divers points des coteaux d'El-Biar, de Mustapha et du Fort-l'Empereur ?

« On croyait voir tantôt des scènes de Norwége avec leurs glaciers irisés et leurs aurores boréales.

« Tantôt de ces grottes d'azur comme en fournit la baie de Naples, au bas des rochers de Capri.

« Tantôt, enfin, des intérieurs d'enfer, tels que le théâtre nous les représente, avec leur atmosphère ignée, leurs rochers de feu, leurs ombrages de pourpre et leurs fleuves de sang.

« Au loin, cependant, et sur les bleues étendues de la mer, se dessinaient, en éclatantes parallèles, les vergues de l'escadre brillamment illuminée.

« Des orchestres placés à divers endroits du palais, ici près du salon des danses, là sous le couvert des ombrages, ajoutaient, au plaisir des yeux, les délectations de l'ouïe.

« C'est au milieu de cette double magie des beautés de la nature et des décorations scéniques, que Sa Majesté ouvrit le bal avec madame la duchesse de Magenta.

« La fête commençait véritablement. Les invités, pressés jusqu'alors dans un seul salon, pour accueillir l'Empereur, se répandirent, qui par les verandas, qui sous les vestibules, qui dans les jardins du palais.

« Et c'était une chose à ravir, que de voir, sous le tamis des ombrages, à travers les embranchements, au bord des corbeilles de fleurs, ces groupes élégants de femmes et de cavaliers que pailletaient, qu'enveloppaient, qu'inondaient de lumières, tantôt les pâles rayons de la lune, et tantôt le reflet ardent des girandoles.

« Le souper fut splendide. Nul n'ignore ce que peuvent, en fait de gastronomie, nos Véfour algériens (1).

« Après le couvert de l'Empereur, vint celui des dames, que suivit, toujours abondant, toujours succulent, celui des autres invités.

« Il était tard, ou plutôt de bonne heure, que l'éclat des lumières et les ritournelles des quadrilles retenaient encore au palais les élus fortunés de cette nuit merveilleuse.

« Par les riches campagnes qu'il a déjà visitées dans le Sahel et dans la Mitidja, l'Empereur a pu apprécier la valeur matérielle de notre colonie méditerranéenne ; la fête de Mustapha sera pour lui comme un échantillon de l'attrait puissant, invincible, que l'Algérie exerce sur tous ceux qui l'ont une fois abordée. »

— 10 MAI. — Après avoir passé la journée à s'occuper des intérêts de la Colonie, l'Empereur est sorti du palais, vers trois heures pour faire sa promenade accoutumée. Sa Majesté

---

(1) Tous les journaux de la métropole et de l'Algérie ont signalé le menu de ce souper qui mérite, en effet, de fixer l'attention des gourmets. Nous le reproduisons ci-après :

Potages de tortues du Boudouaou. — *Relevés* : Porc-épic garni de rognons d'antilope ; quartiers de gazelle de l'Ouargla ; filets de marcassins de l'Oued-Allouf. — *Entrées* : Salmis de poules de Carthage ; côtelettes d'antilope ; pains d'outardes des Chotts. — *Rôtis* : Autruche de l'Oglat-Nadja ; jambons de sangliers. — *Entremets* : Sciquiums du Hammah ; œufs d'aütruche à la coque ; gelée de grenades à la Staouéli.
— *Pâtisseries arabes* : Onidax, macroûdes, scerakboraches, oribias.

est descendue le long de la rampe sud du boulevard de l'Impératrice non encore livrée à la circulation, a traversé les chantiers de sir Morton Peto et a suivi le tracé du chemin de fer le long de la manutention, jusqu'aux chantiers des formes de radoub. Arrivée à ce point, Sa Majesté a trouvé MM. de Serry, ingénieur en chef de la province, et Lebiez, ingénieur du port. Elle a daigné examiner avec intérêt les travaux de radoub des deux navires mis en réparation dans la petite forme et le bateau *porte* dont une des faces est dans le vide. Puis, Elle a visité les machines d'épuisement et la grande forme de radoub, se faisant rendre compte des dispositions adoptées pour ce dernier ouvrage et des procédés employés dans sa construction.

Après cette visite, qui a duré près de trois quarts d'heure, et pendant laquelle Sa Majesté a témoigné à plusieurs reprises sa satisfaction, l'Empereur est remonté en voiture et a gagné, par la rampe Bab-Azoun, la route de Constantine pour se rendre au Jardin d'acclimatation (1).

Sa Majesté a été reçue par le directeur, accompagné du personnel de l'établissement.

L'Empereur s'est d'abord fait donner des renseignements sur les espèces animales entretenues dans les parcs, et a arrêté un instant son attention sur les avantages que peut présenter la domestication de l'autruche, qui devient de plus en plus rare à l'état sauvage. Il a exprimé le désir que quelques espèces zoologiques, pouvant présenter un caractère d'utilité particulièrement appropriée au pays, fussent ajoutées au noyau qui existe déjà.

---

(1) Le jardin d'essai est une pépinière dont le savant directeur, M. Hardy, a su faire, en dehors de son utilité incontestable, la plus belle promenade des environs d'Alger. « Une avenue plantée alternativement de palmiers et de lataniers, s'étendant jusqu'à la mer, des massifs de bananiers, d'orangers, de citronniers, des plantes exotiques en pleine terre ou en serre, font du jardin d'essai un endroit vraiment enchanteur. » (L. Piesse. *Itinéraire de l'Algérie*.)

Sa Majesté a admiré l'effet pittoresque produit par divers groupes de palmiers, et surtout par la longue allée qui s'étend jusqu'à la mer. Elle a remarqué l'avenue de bambous, la dimension des nombreuses tiges de ce végétal et le parti avantageux que l'on peut en tirer dans l'économie rurale. Son intérêt n'a pas été moins excité à la vue de ces beaux spécimens d'arbres conifères de l'Australie connus sous le nom d'arhaucaria. Elle s'est enquis de la possibilité de multiplier ces précieux végétaux et de les employer un jour pour le reboisement de nos montagnes. Elle s'est fait donner des renseignements sur les autres arbres d'essence forestière dont l'acclimatation a été tentée.

Sa Majesté a été particulièrement frappée des propriétés que présente le pin des Canaries; Elle a manifesté l'intention de faire venir des graines de cette espèce pour l'essayer dans les Landes. Elle a porté son attention sur les eucalyptus qui bordent la route et qui, plantés le 15 décembre 1863, ayant 1 mètre 20 centimètres de hauteur, ont maintenant 9 à 10 mètres d'élévation. La croissance rapide de cet arbre n'exclut pas la solidité du bois, qui peut être employé à tous les usages.

Sa Majesté s'est fait rendre compte des mesures prises pour la multiplication de cet arbre utile et sa diffusion sur une large échelle en Algérie. Sa Majesté a vu favorablement les plantations nouvelles d'espèces exotiques qui environnent la pièce d'eau, et dont la disposition en groupes par familles est la plus avantageuse pour l'instruction du public.

Des tiges fibreuses de l'ortie de Chine ou China-Grass ont été mises sous les yeux de Sa Majesté, qui s'est fait rendre compte des conditions économiques dans lesquelles ce produit s'obtient. Le commerce anglais en fait venir des quantités importantes de l'extrême Orient, et l'industrie s'efforce, non sans succès, d'en faire un succédané du coton.

Sa Majesté a appris avec intérêt que la culture de ce précieux textile que l'on va chercher si loin pouvait être répandue en Algérie sur une large échelle, en utilisant de préférence les terrains marécageux dans lesquels cette plante se plaît. Elle a porté aussi sa bienveillante attention sur ce fait qu'outre le lin, le chanvre, le coton et l'ortie de Chine, l'Algérie pouvait cultiver et produire une multitude d'autres espèces textiles qui peuvent être utilisées de diverses manières. Elle a essayé, Elle-même, la force des fibres textiles qui croissent à la surface de la tige d'un palmier de la Chine, le *chamœrops excelsa*, fibres avec lesquelles les Chinois fabriquent d'excellents cordages et des toiles grossières, mais très-solides.

Sa Majesté s'est fait donner des renseignements sur l'introduction des plantes alimentaires, sur les plantes fourragères les plus utiles pour le pays, sur les conditions qui conviennent aux arbres fruitiers d'Europe et à ceux des pays tropicaux. Elle a appris avec intérêt que la culture du bananier s'étendait tous les jours et que le produit d'un hectare pouvait être évalué 5 ou 6,000 fr., par an. On lui a apporté deux belles cannes à sucre, l'une violette, l'autre jaune qu'Elle a goûtées, et a paru frappée de la possibilité de produire avantageusement du sucre en Algérie, dans certaines circonstances.

Sa Majesté s'est retirée à six heures et demie après une promenade dans les diverses parties du service, qui a duré près d'une heure.

Elle a témoigné au directeur, M. Hardy, et à ses collaborateurs, sa satisfaction sur l'importance des collections végétales réunies et sur la tenue de l'établissement (1).

Le soir, Sa Majesté s'est rendue au théâtre impérial, au moment où le rideau venait de se lever sur le second acte de *Rigoletto*. Une foule nombreuse stationnait aux abords de la salle de spectacle, dont la façade était brillamment illuminée. Des vivats prolongés ont accueilli Sa Majesté, et ont éclaté de toutes parts, lorsqu'Elle a pénétré dans la loge de S. Exc. le Gouverneur Général.

Les artistes de la troupe italienne, agités d'une visible émo-

---

(1) *Moniteur universel du soir* du 20 mai 1865.

tion, ont fait de leur mieux pour interpréter l'œuvre de Verdi. Sa Majesté a daigné donner, à plusieurs reprises, le signal des applaudissements.

— 11 MAI. — Départ de l'Empereur pour Blidah et Médéah.

— 12 MAI. — Sa Majesté rentre à Alger à 3 heures 1[2 du soir. Illuminations générales.

— 13 MAI. — L'Empereur quitte Alger à 7 heures du soir, pour se rendre à Oran. L'escadre exécute, sous vapeur, le salut impérial.

« L'Empereur, dit une correspondance, a consacré cette journée à travailler avec les chefs de service et à visiter divers établissements publics. — Sa Majesté est d'une infatigable activité. »

— 23 MAI. — Retour de l'Empereur à Alger. L'escadre fait son entrée dans le port à six heures du matin, en exécutant de nouveau l'imposant salut impérial. A sept heures Sa Majesté débarque au milieu de toute la population qui l'accueille avec le plus grand enthousiasme.

L'Empereur est monté immédiatement en voiture découverte pour se rendre au palais du Gouvernement, en suivant la rampe Chasseloup-Laubat. A mesure que le cortége s'approchait de la place du Gouvernement, la foule devenait plus compacte et les vivats redoublaient de chaleur et d'énergie : c'est au milieu d'une véritable ovation que Sa Majesté est arrivée à la résidence impériale.

« Jamais, dit le rédacteur du journal l'*Akhbar*, l'Empereur ne nous a paru se mieux porter. Dieu est avec l'Algérie, car il veille sur la précieuse santé du Souverain. Des fatigues inévitables ne l'altèrent point. L'Empereur accomplira sa glorieuse tâche jusqu'au bout. Il ne quittera l'Algérie qu'après avoir tout vu et tout jugé par lui-même ; il ne quittera l'Algérie que la connaissant bien. Ayons donc en lui une confiance absolue. »

Dans l'après-midi, Sa Majesté est allée faire une promenade dans les environs d'Alger, du côté de Hydra, et le soir la ville brillamment illuminée, offrait un spectacle magique.

— 24 et 25 MAI. — Excursion dans la Kabylie.

— 26 MAI. — L'Empereur a travaillé pendant plusieurs heures avec S. Exc. M. le maréchal duc de Magenta, avec M. le général Desvaux, sous-gouverneur et avec M. Lapaine, secrétaire général du gouvernement. — C'est dans cette réunion que l'Empereur a approuvé en principe les projets relatifs aux deux barrages à exécuter dans la province d'Alger, avec le concours de l'industrie privée : l'un sur le Hamis, l'autre sur le Boudouaou.

A quatre heures, Sa Majesté est allée visiter l'escadre italienne et l'escadre française. L'escadre italienne, arrivée la veille avec la mission de complimenter l'Empereur, était composée de la manière suivante :

Italia, frégate à vapeur, portant le pavillon de M. le contre-amiral Vacca, commandant de la division, armée de 58 canons, montée par 638 hommes d'équipage et commandée par M. Del Caretto, capitaine de vaisseau.

Maria-Pia, frégate cuirassée, armée de 24 canons, montée par 450 hommes d'équipage et commandée par M. Pocci, capitaine de frégate.

San-Martino, frégate cuirassée, armée de 26 canons, montée par 400 hommes d'équipage et commandée par M. Brochetti, capitaine de frégate.

Castel-Fidardo, frégate cuirassée, armée de 26 canons, montée par 469 hommes d'équipage et commandée par M. de Bruno, capitaine de frégate.

Peloro, aviso à vapeur italien, armé de 2 canons, monté par 60 hommes d'équipage et commandé par M. Samminatelli, lieutenant de vaisseau.

Au moment où Sa Majesté montait en canot, une salve générale a été tirée par les deux escadres. Les matelots, debout sur les vergues, poussaient les plus énergiques hourrahs.

A mesure qu'il passait devant chaque navire, les équipages massés sur les vergues le saluaient des cris de : *Vive l'Empereur!* Sa Majesté étant arrivée à bord du *Solférino*, M. le vice-amiral Bouët-Willaumez, commandant en chef de l'escadre, est venu La recevoir au bas de l'échelle. Les contre-amiraux étaient à la coupure, l'épée nue au côté, et tous les états-majors étaient groupés sur l'arrière. A ce moment la musique a joué l'air national de la reine Hortense, et les mâles poitrines de nos vaillants matelots ont fait retentir l'air du cri sept fois répété de : *Vive l'Empereur!* Certes, s'il est une réception qui doive laisser un souvenir profond dans le cœur de Sa Majesté, c'est celle qui lui a été faite à bord du *Solférino*, car l'enthousiasme que sa présence a fait éclater au milieu des états-majors et des équipages est au-dessus de toute description.

Lorsque l'Empereur fut arrivé sur l'arrière du bâtiment, M. le vice-amiral Bouët-Willaumez lui présenta les officiers et les hommes auxquels Sa Majesté devait donner des récompenses. Cette présentation terminée, il lui adressa le discours suivant :

« Sire,

« C'est la première fois qu'un Souverain traverse les mers et visite au milieu des fatigues de tout genre, pendant de longues semaines, une province éloignée de son empire, pour la vivifier de sa présence; et c'est aussi la première fois qu'une flotte bardée de fer, due au génie de ce Souverain, l'accompagne, formidable escorte d'honneur, avec une vitesse que nos pères n'auraient pas osé rêver pour leurs vaisseaux de combat. Sire, tous les officiers de cette flotte sont aussi fiers d'avoir coopéré à ce grand acte du règne de Votre Majesté, qu'ils sont heureux des récompenses que veut bien leur accorder l'Empereur.

« *Vive l'Empereur!*

« *Vive l'Impératrice!*

« *Vive le Prince Impérial!* »

Sa Majesté a répondu :

« Amiral,

« Les récompenses que j'apporte sont peu de chose en raison
« des services rendus par la flotte. Je suis heureux de vous
« exprimer mes sentiments et ma reconnaissance pour les ser-
« vices que la marine a rendus au pays, et de vous dire qu'elle
« a toutes mes sympathies. Je suis heureux d'avoir navigué
« avec cette belle escadre, et je suis sûr que si des circonstan-
« ces plus graves venaient à se présenter, elle se montrerait
« digne de la haute réputation de la marine française. »

Sa Majesté a quitté le *Solférino* à cinq heures, acclamée par les équipages sur les vergues et au bruit de l'artillerie de tous les navires sur rade. De là, Elle s'est rendue à bord de la frégate *Italia*, où elle a été reçue par l'amiral et tous les états-majors de l'escadre italienne. Complimentée par M. l'amiral Vacca, Sa Majesté a répondu en témoignant de sa sympathie pour la flotte du roi Victor-Emmanuel.

Le soir, il y a eu grand diner chez l'Empereur. Sa Majesté a reçu à sa table, S. Exc. M. le maréchal Gouverneur Général, M. le sous-gouverneur, M. le général de Wimpffen, M. le secrétaire général du gouvernement, M. le Préfet, M. le Maire et de nombreux invités. La ville et les escadres étaient illuminées et une foule immense encombrait les rues et les places et se pressait devant la résidence impériale..

— 27 MAI. — M. le Maire fait afficher la proclamation suivante :

« Chers concitoyens,

« Le plus ardent de nos vœux est exaucé...... L'EMPEREUR EST VENU.

« Ainsi que nous l'espérions, l'Empereur a vu de ses yeux, il a touché de son doigt. L'Empereur a vécu au milieu de nous ; Il nous connaît maintenant.

« Exemple unique, dans l'histoire, d'un souverain qui traverse les mers et vient de sa personne s'enquérir, à cinq cents lieues de sa résidence, des ressources d'un pays, des besoins d'un peuple !

« Vous avez vu l'Empereur, oubliant la Majesté impériale, descendre parmi nous, et se faire, avec la plus touchante simplicité, citoyen de notre ville.

« Tous ceux qui ont eu l'insigne honneur d'approcher Sa Majesté, garderont à tout jamais le souvenir de l'accueil le plus bienveillant, de la plus encourageante bonté.

« Réjouissons-nous donc, chers concitoyens. Sous le regard puissant de notre auguste Souverain, l'horizon s'est éclairci, une ère nouvelle s'est ouverte pour notre chère Algérie.

« Aujourd'hui, notre terre est bien française ; l'Empereur, qui veut la grandeur de son Empire et la prospérité de son peuple saura créer la nôtre.

« Confiance donc et courage ! Et qu'un cri unanime de reconnaissance et de bénédictions accompagne à son départ notre auguste Bienfaiteur, jusqu'au moment où les cris d'allégresse de nos frères salueront son retour sur l'autre rive.

« *Vive l'Empereur !*

« *Vive l'Impératrice !*

« *Vive le Prince impérial !*

« *Le Maire d'Alger*, J. SARLANDE. »

Avant de quitter Alger, l'Empereur a voulu s'entretenir une dernière fois avec M. le Maire et l'a fait appeler, ainsi que M. Chassériau, architecte en chef de la ville.

Dans cette dernière audience qui a précédé d'un quart d'heure le moment où l'Empereur est monté en voiture, M. Chassériau a soumis à Sa Majesté le plan par lui proposé pour le palais de justice, dont l'emplacement a été définitivement fixé place Napoléon.

L'Empereur, après avoir examiné ce projet, et s'être fait donner par M. Chassériau toutes les explications utiles, a approuvé et signé le plan, et a adressé des éloges à cet habile architecte, qui déjà avait eu l'honneur d'être présenté à Sa Majesté et de travailler avec Elle (1).

Pendant son séjour à Alger, l'Empereur a été d'une bonté parfaite pour M. Sarlande. Sa Majesté lui a fait l'honneur de l'inviter très-souvent à sa table et de l'entretenir, chaque fois, avec une bienveillance toute particulière et une affabilité constante, des intérêts de la ville et des améliorations à réaliser.

Dans les diverses audiences que l'Empereur a accordées à M. le Maire d'Alger, Sa Majesté est entrée dans les plus petits détails et s'est rendu compte du mouvement de la population, de ses progrès, du nombre des enfants fréquentant les établissements d'instruction publique ; enfin rien de ce qui peut intéresser la prospérité de la commune n'a échappé à son attention.

L'Empereur a quitté Alger, à 11 heures, pour se rendre dans la province de Constantine.

Dès six heures du matin, une foule immense encombrait les abords de la place du Gouvernement, et les quais de la marine.

Partie, à neuf heures et demie, du Palais, Sa Majesté est descendue par les rampes du boulevard de l'Impératrice, où se trouvaient réunis et formant la haie, jusqu'à l'embarcadère, tous les enfants des écoles communales, filles et garçons et des établissements privés auxquels s'étaient joints les élèves du lycée impérial et du collége Arabe.

Lorsque l'Empereur est arrivé sur les points où les enfants stationnaient, à rangs pressés, une pluie de bouquets est tombée dans sa voiture. Sa Majesté était visiblement émue. Les enfants, qui étaient, dit-on, au nombre de 12,000, criaient avec enthousiasme : *Vive le Prince Impérial !*

(1) Dans une précédente audience, M. Chassériau présenté à l'Empereur par M. le Préfet et par M. le Maire, avait soumis à Sa Majesté le plan de la façade du boulevard de l'Impératrice, dont il est l'auteur ; Sa Majesté avait daigné féliciter M. Chassériau et lui dire que ce travail lui faisait honneur.

Sur le quai une charmante enfant de six ans, a présenté à l'Empereur un bouquet noué avec des rubans blancs, sur lesquels étaient brodés : *Vive l'Empereur! Vive l'Impératrice! Vive le Prince Impérial!* L'Empereur a reçu le bouquet des mains de l'enfant et l'a embrassée en la remerciant.

Arrivé au pavillon, l'Empereur a mis pied à terre et a serré la main aux personnes qui l'entouraient. En recevant les adieux de M. le Maire d'Alger, l'Empereur lui a dit :

« Remerciez la population d'Alger de l'accueil qu'elle m'a fait, je ne l'oublierai pas ; dites-lui qu'elle peut compter sur moi comme je compte sur elle. Il ne tiendra pas à moi que votre magnifique pays obtienne toute la prospérité qu'il mérite.

« *Je pars avec une confiance entière dans l'avenir de l'Algérie et avec une foi profonde dans sa prospérité future.* »

Au moment où Sa Majesté mettait le pied dans le canot impérial qui devait la conduire à bord de l'*Aigle*, toutes les batteries ont salué de 101 coups de canon. Les escadres française et italienne ont exécuté, sous vapeur, le salut impérial, qui consiste en trois salves successives de toute l'artillerie, tirées par feux de file.

A 11 heures et demie, l'*Aigle* sortait du port et passait entre les deux lignes formées par les escadres, qui tiraient leur dernière salve.

« Peu après, ajoute le rédacteur du journal l'*Akhbar*, à qui j'emprunte ces détails, les navires doublaient le cap Matifou et disparaissaient à nos regards, ne laissant après eux, dans les airs, qu'un léger nuage de fumée. Mais nos cœurs conservent le souvenir de la visite la plus désirée et la plus remplie d'espérances qu'Alger ait jamais reçue (1). »

---

(1) M. Joseph Guérin, auteur de ces lignes si bien senties, a publié, dans l'*Akhbar*, une relation complète du voyage de l'Empereur dans les trois provinces. J'ai dû copier bien souvent son travail ainsi que les comptes-rendus du *Moniteur de l'Algérie*, du *Moniteur Universel du soir*, et du *Courrier de l'Algérie*. Je prie MM. les rédacteurs de ces journaux de vouloir bien me pardonner les nombreux emprunts que j'ai faits à

Avant de quitter Alger, l'Empereur a fait remettre 3,000 fr. à la Société de secours mutuels la *Famille*; 3,000 fr. à la Société des *Arts et Métiers*; 500 fr. à la Société de *Saint-François Xavier*; 3,000 fr. au bureau de Bienfaisance musulman; 1,000 fr. à la Société des Dames de charité. Sa Majesté a versé, en outre, entre les mains de M. Poignant, préfet du département, une somme importante destinée à venir en aide aux diverses personnes qui lui avaient adressé des demandes de secours.

Pendant son séjour en Algérie, l'Empereur a fait plusieurs promotions dans la Légion d'honneur. Voici celles qui intéressent plus particulièrement la ville d'Alger :

COMMANDEURS :

MM.

BERBRUGGER, (Louis-Adrien,) colonel-commandant la milice, conservateur de la bibliothèque et du musée d'Alger.

BELLOT (Jean-Baptiste-Joseph de), trésorier-payeur de la province d'Alger.

LEBASTEUR, inspecteur général des Ponts et Chaussées, chargé de l'inspection générale des travaux publics en Algérie.

OFFICIERS :

MM.

ARNAUD, (Jean-Jacques), ingénieur en chef des chemins de fer Algériens.

ROBINET DE CLÉRY, procureur général près la Cour impériale d'Alger.

PAVY (l'abbé), vicaire général d'Alger.

URBAIN, (Ismaïl-Thomas), conseiller rapporteur au conseil de

---

leurs articles. Mon excuse est dans le désir que j'ai eu d'être parfaitement exact. Je ne pouvais, en effet, recourir à de meilleures sources. J'ai d'ailleurs signalé presque toujours l'origine de mes citations, et je suis persuadé que ces messieurs m'absoudront volontiers, car nous avons tous le même but : celui de faire connaître le plus exactement possible les diverses circonstances du mémorable voyage de l'Empereur Napoléon III.

gouvernement, attaché à l'Empereur pendant le voyage de Sa Majesté en Algérie.

VILLE, (Ludovic), ingénieur en chef des mines, chef du service de la province d'Alger.

CHEVALIERS :
MM.

ANTOINE, (Auguste), inspecteur des lignes télégraphiques, à Alger.

ARNOULD, (Ovide-Arthur), président de la Société impériale d'agriculture, membre du conseil général de la province d'Alger.

BARNY, (Jacques-Armand), conseiller à la Cour impériale d'Alger.

DEROSTE, président du tribunal civil d'Alger.

DURAND, avocat général près la Cour impériale d'Alger.

HADJI AHMED BEL HADJ MUSTAPHA, muphti de la ville d'Alger.

HENRI, (Alexandre), président de la Chambre de commerce d'Alger.

HERPIN, (Auguste Etienne), président de la Société de secours mutuels des Arts et Métiers, à Alger.

JOURDAN (Louis-Edouard), inspecteur principal des douanes à Alger.

LE MAUFF (l'abbé), chanoine titulaire d'Alger.

MAC-CARTHY, (Louis-Dominique-Alfred-Oscar), ingénieur civil à Alger.

NEVEU-DÉROTRIE, (Eugène-Marie-Armand-Henri), ingénieur des Ponts et Chaussées à Alger.

NIBEL (Philippe), payeur particulier, chef de la comptabilité du trésor à Alger.

NŒTINGER, (Gustave Emile), conseiller de préfecture à Alger.

RÉGNAUD, (Etienne-Pierre), sous-chef de bureau au secrétariat général du gouvernement à Alger.

ROCAS, (Marius Zéphir), chef de bataillon de la milice, conseiller municipal d'Alger.

Si hassen ben Brimats, directeur de la medérsa d'Alger, membre du conseil général.

Sudré, (Antoine-Philippe), inspecteur de l'enregistrement et des domaines à Alger.

Tixier de La Chapelle, conseiller à la Cour impériale d'Alger.

Vignally, inspecteur de l'Académie d'Alger.

CHÉRAGAS.

Chéragas, situé à l'entrée de la plaine de Staouéli, à 14 kil. d'Alger et à 12 kil. de Sidi-Ferruch, est le chef-lieu d'une commune, composée de quatre annexes : *Guyot-Ville, Baïnen, Sidi-Ferruch et Staouéli*. La population de cette commune est de 2,300 habitants.

Le territoire sur lequel Chéragas a été construit, était occupé par une tribu qui émigra en 1840. Deux ans après (22 août 1842), des colons s'y établissaient et formaient un hameau, qui a été constitué en commune le 31 décembre 1856.

La culture des plantes odoriférantes apportée par M. Mercarin, et par divers autres cultivateurs du département du Var, a été une source de richesse pour ce centre agricole, qui a prospéré et qui est aujourd'hui un des villages les plus jolis et les plus riches de l'arrondissement d'Alger. On y remarque une belle place sur laquelle s'élève une élégante fontaine, ornée du buste en bronze du maréchal Pélissier, duc de Malakoff.

Les terres de Chéragas sont fertiles et bien cultivées. Mais ce qui a surtout contribué au développement de ce village, c'est la double industrie de la distillerie du géranium et la fabrication du crin végétal, dit crin *Averseng* du nom de l'inventeur.

Le géranium qui en France végète péniblement et seulement dans certaines expositions choisies, où il donne une seule coupe par an, croît à Chéragas avec une abondance extraordinaire en plein champ, sans autre soin que quelques binages, et même sans irrigations. Cette plante peut donner jusqu'à trois coupes ; en mai, en septembre et en décembre ou janvier.

L'essence de géranium qui remplace dans la parfumerie, pour la confection des pommades, savons et huiles, l'essence de roses, valait il y a vingt ans jusqu'à 130 fr. le kilogramme à Grasse ; la concurrence de Chéragas et la plus grande facilité de production l'ont fait tomber, il y a quatre ou cinq ans jusqu'à 55 fr. Maintenant, par les progrès de la consommation et la demande de Paris et Londres, les prix se sont élevés à 75 et 80 fr. ; ce qui donne encore une assez belle marge.

Cette industrie occupe dans la commune de Chéragas, y compris la Trappe, plus de 100 ouvriers et donne pour plus de 200,000 fr. de produits. Elle est d'ailleurs très-utile à la colonisation, en ce sens qu'elle oblige les distillateurs à faire opérer des défrichements, pour se procurer le combustible nécessaire au chauffage des alambics ; on peut donc ajouter les défricheurs au nombre de ceux que le géranium fait vivre (1).

L'autre industrie, celle qui utilise le palmier nain, n'intéresse pas moins la colonisation.

Le palmier nain (*chamœrops humilis*) a fait longtemps, par la profondeur, la ténacité et l'inextricable lacis de ses racines, le désespoir des cultivateurs en Algérie. Les frais de défrichement d'un hectare de terre, couvert de palmiers nains, pouvaient coûter 300 et 400 francs, très-faiblement compensés par le prix des racines comme combustible ou pour la fabrication du charbon. De fortes primes étaient accordées à son extirpation. On voyait cependant les indigènes employer ses feuilles et ses

---

(1) Ces renseignements nous ont été fournis par M. Vial, l'un des colons de Chéragas, qui se sont occupés avec le plus d'intelligence et de succès de la culture et de la distillation du géranium

tiges, mêlées au poil de chameau et à la laine, à fabriquer l'étoffe des tentes. Ils en faisaient des paniers, des nattes, des corbeilles, des chapeaux, des éventails, des sacs et généralement tous les ouvrages de sparterie, de corderie, de tapisserie, en commun avec l'alfa et le diss.

Ces applications inspirèrent l'idée de travailler le palmier nain pour en obtenir un crin végétal, ou crin d'Afrique; cette exploitation a donné lieu à des établissements importants, munis de brevets, dont les principaux sont ceux de MM. Averseng et Cie, à Toulouse, et de M. Bénier à Alger.

A ces renseignements qui sont extraits du *Catalogue spécial des produits de l'Algérie à l'exposition de Londres*, nous joignons quelques détails fournis par M. Averseng, fondateur de cette industrie et conseiller municipal de la commune de Chéragas.

L'industrie du crin végétal a pris naissance à Chéragas. Une maladie grave obligea l'inventeur à rentrer en France. Il trouva à Toulouse quelques faibles capitaux pour commencer son exploitation et faire apprécier ses produits; mais, en 1859, il vint s'installer de nouveau à Chéragas où il créa un grand établissement, qui a donné les meilleurs résultats (1).

Cette fabrication s'élève aujourd'hui à trois millions de kilogrammes environ.

M. Averseng, qui achète le produit du travail des peigneurs des divers villages du Sahel, soit en moyenne 3,000 kilog. par jour, fait vivre près de 1,000 personnes, plus le personnel de la fabrique, qui se compose de 60 ouvriers tant européens qu'indigènes.

(1) L'avantage du crin végétal sur toutes les autres matières propres à la garniture des meubles et voitures, consiste : 1º dans le bon marché, puisqu'il ne coûte, en moyenne, que le 10e du crin animal ; 2º dans sa légéreté: à volume égal, il ne pèse que moitié du crin ordinaire ; 3º il est d'un travail plus facile ; 4º il n'a pas l'inconvénient qu'a le crin animal de produire la vermine dans les meubles.

L'Empereur à Chéragas.

Dès le lendemain de son arrivée à Alger, l'Empereur voulut se mettre en route pour visiter les villages de l'arrondissement, et voir, par lui-même, l'état de la colonisation.

Sa Majesté, accompagnée de M. le maréchal de Mac-Mahon, gouverneur général, de MM. les généraux Fleury et Castelnau ses aides de camp, de M. le général Wimpffen, commandant de la province et de M. Poignant, préfet du département monta en voiture à onze heures et demie. Trois quarts-d'heure après, Elle était reçue à Chéragas, par tous les habitants de cette commune, ayant à leur tête M. le Maire et MM. les membres du conseil municipal (1).

M. Lecat, maire de Chéragas, a eu la bonté de nous envoyer un récit détaillé de cette visite impériale, la première qui ait mis le Souverain de la France en relation directe avec les pionniers de la colonisation. Nous ne supprimerons aucun détail; nous ne changerons rien à ce récit qui, dans sa simplicité, est une des peintures les plus vraies et les plus éloquentes du voyage impérial et qui fait mieux connaître, que les écrits les plus soignés, le véritable caractère de cette grande manifestation, par laquelle l'Empereur Napoléon III, a voulu accorder un témoignage éclatant de sa sollicitude pour la colonisation européenne. Nous cédons la plume à M. le Maire de Chéragas.

Toute la population, la municipalité et le curé en tête, l'école des garçons, celles des filles, l'asile communal dirigé par les sœurs de la doctrine chrétienne, les orphelins protestants avec leur pasteur, étaient venus se ranger en haie sous la ma-

---

(1) L'administration de la commune de Chéragas est ainsi composée : M. Lecat, maire, MM. Vial, 1er adjoint ; Marguerite, adjoint à Guyot-Ville; Martin adjoint à Sidi-Ferruch, Guillot, adjoint à Staouéli et Colson, adjoint à Zéralda, MM. Bidart, Pierre, Averseng, Woelff, Medd ben Meïche Douadi, et Médinger, conseillers.

gnifique avenue de trembles qui précède l'entrée du village et forme comme un immense arc de triomphe naturel.

Les indigènes de la commune prévenus un peu tard, et occupés des préparatifs de leur fête de l'Aït-Kebir qui avait lieu le lendemain, n'étaient venus qu'en petit nombre.

Vers midi, le son de la cloche et la détonation d'une boîte d'artifice, signalèrent l'arrivée de Sa Majesté et de sa suite, qui furent accueillies par un formidable cri de : *Vive l'Empereur!*

Avant même que la voiture ne fût arrêtée complètement, Sa Majesté, qui paraissait être sous l'influence des plus heureuses impressions, daignait dire au maire qui s'avançait pour lui présenter son Conseil : « Monsieur le Maire, si toute l'Algérie « ressemblait à votre commune, il nous resterait bien peu de « chose à faire. »

Le maire s'approchant de la voiture Impériale prononça le discours suivant :

Sire,

« Les habitants de la commune de Chéragas et sa municipalité, sont heureux d'être les premiers à saluer votre passage dans notre belle colonie. Le territoire que vous parcourez aujourd'hui a été arrosé, le premier, du sang de nos braves soldats dans cette glorieuse étape, qui, par les victoires de Sidi-Ferruch, de Staouéli et de Sidi-Khalef, les conduisit jusque sous les vieux remparts d'Alger.

« Peu après, il fut arrosé aussi des sueurs d'hommes non moins vaillants qui, par la charrue, voulaient fixer à jamais sur ce sol l'étendard de la civilisation.

« Le glorieux Maréchal qui nous gouverne, les récompense aujourd'hui de leurs fatigues, en les présentant, également les premiers, à Votre Majesté.

« Vous avez voulu tout voir, Sire, tout toucher par vous-même ; vous trouverez ici une population qui, quoique de race et d'origines différentes, s'est ralliée sous un seul drapeau, celui de la France, et ne connait qu'un Souverain qu'elle acclame en ce moment ; vous trouverez des indigènes qui sont nos auxiliaires dans tous nos travaux, qui ont accepté sans répugnance les charges de la société communale, et ne regrettent nullement un passé où tout pour eux n'était qu'arbitraire et tyrannie.

« Vous pourrez comparer, Sire, près de nos villages, les résultats du travail individuel du père de famille, cherchant, au bout de sa pioche, le pain de ses enfants, et, dans le magnifique établissement de la Trappe de Staouéli, le succès plus rapide du travail collectif animé par la foi et la charité.

« Ce que vous verrez partout sur votre route, ce sont de braves colons qui n'ont qu'un cœur et qu'une voix pour crier avec nous :

« *Vive l'Empereur !!!*

« *Vive l'Impératrice !!!*

« *Vive le Prince Impérial !!!* »

Sa Majesté remercia par quelques mots pleins de bonté, le Maire et les habitants du bon accueil qu'on lui faisait, et les félicita du progrès de leur culture. Alors Son Excellence M. le Maréchal, prenant la parole avec la vivacité toute militaire qu'on lui connaît, dit : « Oui, Sire, ce sont de braves colons ; depuis longtemps, ils ont défriché et cultivé toutes leurs terres et maintenant ils plantent de la vigne ; ils font du vin et de bon vin, on m'en a déjà fait goûter. »

Ceci donna l'occasion à Sa Majesté de s'enquérir des autres cultures ; on lui répondit qu'outre les céréales de toute espèce, les jardins maraîchers, le tabac, le coton et les mûriers, la commune possédait une industrie toute spéciale, celle de la distillation des essences. L'adjoint M. Vial, put donner sur la culture du géranium et l'emploi dans la parfumerie des essences de cette plante, des détails intéressants.

On signala aussi à Sa Majesté, l'industrie du crin végétal et la fabrique de M. Averseng, conseiller municipal à Chéragas ; c'est alors qu'Elle manifesta le regret de n'avoir pu s'arrêter devant la petite exhibition qu'Elle avait rencontrée sur la route avant d'arriver au village.

Puis, l'Empereur s'informa du chiffre de la population et de la proportion des naissances et des décès. Il lui fut répondu que la commune tout entière avait 2,300 habitants, dont 700 indigènes, demeurant sous le gourbi, dans de véritables petits villages, avec arbres, vignes et jardins ; que le chef-lieu était peuplé de 650 européens, dont le chiffre croissait tous les ans par un excédant extraordinaire de naissances sur les décès ; qu'en 1864, au 1er avril, on avait, y compris les indigènes voisins de Chéragas, pour une population de 1,100 habitants, 20 naissances et seulement 2 décès ; que cette année au 4 mai on avait déjà 15 naissances, et seulement 3 décès européens, dont une femme de 92 ans ; mais que les indigènes avaient un peu payé leur tribut aux rigueurs de l'hiver ; qu'en somme, chaque année les naissances étaient toujours plus que doubles des décès.

On put présenter à Sa Majesté 4 médaillés de Sainte-Hélène, reste des 7 que Chéragas comptait lors de la création de la médaille. C'est alors que l'un d'eux, à qui l'Empereur demandait s'il cultivait la vigne, répondit par cette saillie assez heureuse : « Croyez bien, Sire, que je ne me serais pas retiré ici, si l'on n'y faisait pas de vin ».

Sa Majesté avisant un drapeau et plusieurs officiers, demanda au maire : « Vous avez donc une milice ici ? » Le maire répondit que dans une commune aussi étendue, il était bien difficile de la réunir tout entière, mais que du moins le chef-lieu avait un petit corps de pompiers, qu'il regrettait de ne pouvoir présenter en uniforme. Sa Majesté voulut bien répondre en souriant : « Ils n'ont pas besoin d'uniforme, pourvu qu'ils sachent se servir de leurs fusils. »

Après avoir fait remettre au Maire 200 francs pour les pauvres de Chéragas, européens et indigènes, Sa Majesté donna l'ordre de faire avancer les voitures jusque sur la place du village où étaient préparés les relais. Ce petit trajet se fit au pas, au milieu d'une foule enthousiaste et cependant respectueuse. Sur la place, ornée d'une belle fontaine que surmonte le buste du regretté maréchal duc de Malakoff, l'un des bienfaiteurs de la commune, l'Empereur s'entretint encore familièrement avec toutes les personnes qui entouraient sa voiture, demandant de nouveaux détails sur les cultures, sur la salubrité du pays, sur l'abondance des eaux, jusqu'au moment où tous les attelages étant renouvelés, on donna le signal du départ qui eut lieu aux cris répétés de *vive l'Empereur !* *vive l'Impératrice! vive le Prince Impérial!* accompagnés du son des cloches, et d'une décharge générale de la petite artillerie communale.

Le surlendemain, en revenant de Coléah, l'Empereur s'arrêta de nouveau à Chéragas, après avoir traversé le village de Zéralda.

M. Colson, adjoint de la section de Zéralda, avait présenté la population de ce centre à l'Empereur, et avait adressé à Sa Majesté des remercîments pour les bonnes paroles et les encouragements apportés par sa mémorable proclamation, ajoutant que sa visite dans les moindres hameaux prouvait aux colons qu'on ne les oubliait pas.

Le curé de la paroisse de Zéralda, se comparant au vieillard Siméon, lut un discours dans lequel se révélaient un grand bonheur et un vif espoir des résultats du voyage de Sa Majesté.

L'Empereur remit de sa main à l'adjoint ce qu'il voulait faire distribuer aux indigents, et fit un don particulier à un malheureux arabe, estropié par suite d'une chûte de cheval; puis le cortége reprit la route d'Alger.

A Chéragas, les habitants qui avaient eu cette fois un peu de temps pour se préparer, avaient dressé spontanément à l'entrée du village du côté de Coléah, nous ne dirons pas un arc de triomphe, mais un trophée agricole et industriel surmonté de cette légende :

A SA MAJESTÉ NAPOLÉON III,
LA COMMUNE DE CHÉRAGAS RECONNAISSANTE !

A droite de ce berceau de verdure et de fleurs, étaient les attributs de l'agriculture : instruments de toutes sortes et produits ; à gauche, ceux de nos industries locales : des balles de crin végétal, des alambics, des tonneaux, etc. Tous les arbres de la rue qui monte à la fontaine Malakoff, étaient reliés par des guirlandes de feuillage ; on peut dire que la manifestation de Chéragas, qui est le pays des fleurs, fut surtout la *fête des fleurs*.

La voiture de Sa Majesté fut littéralement encombrée d'énormes bouquets ; on en remit à toutes les personnes de sa suite, et on hissa, sur le devant de la calèche, une magnifique couronne impériale faite uniquement de fleurs à essences, telles que l'oranger, le citronnier, la rose et le géranium. Sa Majesté accepta tout avec le plus grand plaisir ; mais ce qui parut surtout la charmer et qui était fort à propos, ce fut un bouquet de douze énormes oranges, sur un seul petit brin, qui lui fut offert avec une corbeille de citrons, par le sieur Guignon, colon à Chéragas. Le cadeau arrivait en son temps ; car les voyageurs étaient un peu fatigués par la chaleur et par la poussière ; il fut immédiatement partagé entre les hôtes de la voiture, qui y firent honneur séance tenante.

La visite, cette fois, n'était pas officielle, elle n'en fut que plus familière ; il faudrait dire amicale. La foule était plus nombreuse que la première fois. Tous les adjoints, curés et conseillers qui, l'avant-veille, avaient dû attendre Sa Majesté, chacun dans sa section, étaient au grand complet, suivis des habitants ; les libéralité du jeudi avaient été réparties et on peut juger de l'enthousiasme.

Ce n'était plus un souverain, mais un père au milieu de ses enfants, reconnaissant ceux avec qui il s'était entretenu le premier jour ; demandant à l'un s'il avait une nombreuse famille ; depuis combien de temps il habitait l'Algérie, s'il s'y plaisait etc., etc.

Enfin on donna pour la dernière fois le signal du départ et Sa Majesté rentra à Alger par les pentes de la Bouzaréak.

STAOUÉLI.

Le village de Staouéli, situé à 18 kilomètres d'Alger, entre Chéragas et Sidi-Ferruch, a été fondé le 25 mars 1855, sur l'emplacement même où l'armée française, qui venait de débarquer, livra, le 19 juin 1830, sa première bataille contre les troupes du Dey d'Alger.

Créé depuis dix ans à peine, ce centre de population compte déjà plus de 300 habitants. Son territoire est cultivé en grande partie, et tous les jours les défricheurs font de nouvelles conquêtes sur les broussailles et les palmiers nains.

A deux kilomètres S. du village, s'élève le vaste établissement des Trappistes, qui fera l'objet d'une description particulière.

L'Empereur à Staouéli.

Le 4 mai 1865, l'Empereur revenant de Sidi-Ferruch, fit arrêter sa voiture à l'entrée du village de Staouéli, où M. l'adjoint vint le recevoir à la tête de tous les colons. Après avoir écouté avec bienveillance le discours de M. l'adjoint et y avoir répondu avec bonté, Sa Majesté allait poursuivre sa route, orsque un jeune italien, s'approchant de Sa Majesté, lui dit qu'il voulait se faire zouave, mais qu'on ne voulait pas l'accepter. L'Empereur l'interrogea dans sa langue, et il résulta de ses explications qu'il désirait non pas simplement s'engager, mais remplacer, afin, disait-il, d'acheter pour sa mère une concession qu'il reviendrait cultiver plus tard. M. le maréchal de Mac-Mahon, qui était auprès de Sa Majesté, dit au jeune homme qu'il n'avait que peu de temps à attendre, car bientôt tous les étrangers seraient naturalisés, et pourraient servir la France laussi bien que les Français.

Les habitants du village avaient exprimé à Sa Majesté le désir d'avoir une école. Il fut pris note de leur demande et, huit jours après, le conseil municipal de Chéragas, dont Staouéli dépend, votait les fonds nécessaires pour le traitement d'une institutrice et le loyer d'une école.

LA TRAPPE DE STAOUÉLI.

Par un arrêté du 11 juillet 1843, quelques Trappistes, venus en Algérie avec le R. P. Régis, furent autorisés à fonder un établissement agricole dans la plaine de Staouéli.

Le 19 août de la même année, ils plantaient leur tente sur la concession de 1020 hectares qui leur avait été accordée, et le lendemain, ils célébraient sur un autel de gazon, la mémoire des guerriers tombés glorieusement sur le champ de bataille de Staouéli. Puis, ils commençaient, à leur tour, à livrer d'autres combats, ceux du travail, tout en priant, et en faisant la charité (1).

La ferme de Staouéli est aujourd'hui une des plus belles et des mieux cultivées de la province d'Alger. Un mur de clôture, de plusieurs kilomètres de longueur, entoure les bâtiments et les jardins, qui occupent une superficie de 50 hectares environ. En dehors, plus de 500 hectares ont été défrichés et sont ensemencés en céréales et autres cultures, parmi lesquelles on remarque le géranium, le sorgho, la betterave, les patates douces. Des vignes, qui donnent un excellent vin, et de magnifiques plantations d'arbres ont remplacé les palmiers nains. Le mûrier fournit de la feuille en quantité pour l'éducation

(1) L. PIESSE. *Itinéraire de l'Algérie.* p. 71.

des vers à soie. Les orangers réussissent parfaitement; ils ont produit, l'année dernière, plus de 100,000 oranges.

Les Trappistes emploient un grand nombre d'ouvriers civils. Ils reçoivent tous ceux qui manquent de travail, accueillant avec le même empressement les hommes valides comme les infirmes et les convalescents, auxquels ils prodiguent des secours et des consolations. Ils font le bien et donnent l'exemple salutaire du travail, du dévouement et de l'abnégation. « A vos portes, disait un jour M. le baron Dupin, écrivant à M. le Maire d'Alger, à vos portes, cent cultivateurs cénobites ont fait une œuvre si grande, qu'il n'existe rien de supérieur dans toute la chrétienté. Etablissez des *staouélis* jusque dans les oasis les plus lointaines. Il ne s'agit plus de renouveler dans les thébaïdes l'ascétisme des contemplations inoccupées, mais d'ajouter à la prière les miracles du travail, appliqués à la nourriture des pauvres et des malheureux. »

Visite de l'Empereur à la Trappe.

En quittant Chéragas, l'Empereur se dirigea vers le couvent des Trappistes. Le trajet, qui est de 5 kilomètres, se fit rapidement. Tout le long de la route, les ouvriers des champs, les mineurs des carrières, les femmes, les enfants des maisons isolées venaient se grouper sur les bords, pour saluer le passage du cortége impérial.

Avertis, dès la veille, de la visite de l'Empereur, les Pères Trappistes s'étaient empressés de faire les préparatifs de la réception. En quelques heures, la grande avenue avait été garnie d'orangers en fleurs, de lauriers-roses, de géraniums et de palmes. Des guirlandes de fleurs couraient à travers les feuillages des arbres, et deux arcs de triomphe s'élevaient, l'un sur l'allée extérieure et l'autre à l'entrée du monastère, dont la façade était déjà pavoisée de drapeaux aux couleurs nationales.

Une plantation de lauriers était simulée à droite et à gauche de la route, et tout le chemin que devait parcourir Sa Majesté jusqu'à l'église, était tapissé de verdure, de géranium et d'autres plantes aromatiques, exhalant leurs parfums, dont l'air était tout embaumé. Enfin, on avait orné de guirlandes, de couronnes et de palmes, le buste et la récente proclamation de l'Empereur, apposés au frontispice du monastère, et surmontés d'un plein-cintre, où on lisait en brillants caractères : *Domine salvum fac imperatorem nostrum Napoleonem*. Les statues de la Sainte-Vierge, de saint Joseph et de saint Augustin achevaient le tableau.

A une heure, les cloches mises en branle annonçaient aux religieux que la voiture impériale était en vue.

Aussitôt les Trappistes, ayant à leur tête le révérend père dom Marie Augustin, abbé de Staouéli, revêtu des ornements pontificaux, crosse en main et mitre en tête, vinrent se ranger dans la cour, sur deux lignes, près de la porte d'entrée (1). Mgr Pavy, évêque d'Alger, qui était arrivé dès le matin, alla recevoir Sa Majesté à la portière de sa voiture, et La conduisit sous le péristyle, qui était orné de guirlandes et de fleurs.

Après avoir offert à l'Empereur l'eau bénite et l'encens, le révérend père Abbé adressa à Sa Majesté le discours suivant :

Sire,

« Votre Auguste présence produit sur l'Algérie les mêmes effets qu'opère, actuellement, le soleil sur toute la nature. Partout où Votre Majesté se montre, elle ranime, réjouit, fortifie et rassure tous les colons dans l'œuvre pénible qu'ils ont entreprise. Votre Majesté, dans son extrême bonté, n'a pas voulu que même la Trappe de Staouéli fût privée de la faveur de cette inappréciable visite.

« Sire, soyez-en béni et béni mille fois. Par là, vous mettez

---

(1) Le R. P. Abbé avait à ses côtés le R. P. dom Gabriel, abbé d'Aiguebelle (Drôme) et père immédiat de Staouéli, visitant d'office ce monastère.

le comble à tous les bienfaits que ce monastère a déjà reçus de votre gouvernement.

« Cette faveur insigne restera à jamais gravée dans le cœur de ses habitants. Ils rediront à leurs successeurs : « le 4 mai 1865, l'Empereur Napoléon III, après avoir rempli l'univers de la gloire de son nom, est venu prier sur les dalles de notre sanctuaire, a parcouru notre cloître, nos jardins et nos champs, a daigné nous adresser quelques paroles d'encouragement et peut-être de satisfaction, de voir ainsi transformé le premier théâtre de la bravoure française en Algérie, où notre bien-aimé et vaillant Maréchal, ici présent, a si noblement débuté dans la carrière militaire.

« Avec quelle ardeur nouvelle allons-nous poursuivre nos améliorations et nos travaux agricoles ! quelle ne sera pas notre ferveur à prier pour la prospérité et la longue durée de votre règne, pour notre Auguste et Gracieuse Impératrice, pour le Prince Impérial, l'espoir de la France et de la Religion.

« Enfin, comme toutes les gloires et les couronnes de ce monde ne sont rien, si l'on vient à perdre son âme, nous ferons aussi les vœux les plus ardents pour que, dans le ciel, vous soyez aussi grand que vous aurez été puissant et illustre sur la terre. »

L'Empereur répondit avec une grande bienveillance : « Qu'il
« était touché de ces bonnes paroles ; qu'il n'aurait pas voulu
« passer en Algérie sans visiter Staouéli et remercier les Pères
« de la Trappe, d'avoir ainsi transformé ce glorieux champ de
« bataille, et d'y avoir fondé un établissement qui a toutes ses
« sympathies et auquel Il porte le plus vif intérêt. »

Sa Majesté fut ensuite conduite processionnellement à l'église, au chant du *Te Deum*. Elle ne consentit qu'après de vives instances à marcher sous le dais qu'on lui avait préparé.

Durant cette procession, l'Empereur remarqua à sa gauche un groupe d'indigènes, ayant une tenue de travail uniforme et accompagnés de quelques militaires. Il demanda quels étaient ces hommes? on lui répondit que c'étaient de malheureux arabes prisonniers de la maison centrale de l'Harrach, à qui on faisait subir leur peine en les initiant aux travaux agricoles, au lieu de les laisser se corrompre dans les prisons. Sa Majesté parut satisfaite.

Au sortir de l'église, l'Empereur introduit dans la salle du chapitre, où les religieux étaient déjà réunis, s'informa avec beaucoup de bonté du nombre des membres de la communauté. Ce n'est pas sans quelque étonnement qu'il apprit qu'il y avait un certain nombre d'anciens militaires, dont au moins une douzaine ayant appartenu à la garde impériale. C'est alors que le général Fleury voulut lui présenter un de ses anciens guides, du nom et de la descendance de Godefroy de Bouillon, que le matin même, il avait reconnu dans le frère commissionnaire qu'il avait rencontré à Alger. L'Empereur lui dit quelques bonnes paroles, et, entre autres choses, lui demanda s'il était content à la Trappe. — Très-content, Sire, répondit d'un air convaincu l'ancien guide. l'Empereur parut surpris. Il l'eût été bien plus si le matin même il eût entendu la conversation de cet ex-guide avec son ancien colonel, le général Fleury. — Comment lui disait celui-ci, vous est venue l'idée d'entrer à la Trappe ? Je ne me serais jamais douté que du régiment de guides on passât dans le cloître. Ce n'est certainement pas moi qui vous ai inspiré cette vocation ? — Je vous demande pardon mon général, c'est vous qui me l'avez donnée. — Comment moi ! et comment celà ? — Vous m'avez si bien appris à obéir que la discipline du cloître ne m'a pas paru au-dessus de mes forces. Le brave général riait de bon cœur d'avoir ainsi été, sans s'en douter, un aussi bon maître de novices.

L'Empereur a demandé son âge et son pays à un jeune frère convers, et a continué sa visite en se rendant au réfectoire, où on lui a présenté les mets de la communauté ; c'était ce jour-là du riz et une soupe au sel et à l'eau. Le père Abbé a fait observer à Sa Majesté que, bien que ces mets ne fussent pas assaisonnés, ils ne laissaient pourtant pas que d'être toujours trouvés bons, parce qu'ils sont préparés avec beaucoup de soin par deux grands cuisiniers : le Jeûne et le Travail. Monseigneur, en avez-vous goûté, a dit alors L'Empereur, en se tournant vers l'Évêque d'Alger ? — La réponse de Sa Grandeur a produit un mouvement d'hilarité et on a passé outre, en lisant la sentence qui se trouvait en face et qui est ainsi conçue :

> Goûtez les choses d'en haut
> Et non celles de la terre.

Du réfectoire, l'Empereur est monté au dortoir, d'où, après avoir palpé de la main la dûreté des couches, Sa Majesté a vu une partie des cultures, des vignes, des jardins et des orangeries, l'étendue du mur d'enceinte, le champ de bataille de 1830, l'emplacement du camp de Staouéli et la redoute qui le domine, aujourd'hui convertie en cimetière, l'œil s'étendant de là jusqu'à la mer et jusqu'à Sidi-Ferruch, point du débarquement.

L'Empereur s'est ensuite rendu dans les appartements de Monseigneur, où il a pu voir parmi plusieurs autres tableaux, une copie assez fidèle du *Zouave Trappiste* par Horace Vernet et un portrait de Pie IX, œuvre d'un frère convers de la Trappe d'Aiguebelle.

Des appartements de Monseigneur, l'Empereur est passé dans le cabinet particulier du révérend père Abbé; là, on lui a montré le magnifique bureau sur lequel a été signé, en 1830, l'abdication du Dey d'Alger et la cession de l'Algérie à la France. Ce beau meuble a été donné autrefois, en vue de sa conservation, au révérend père dom François-Régis, fondateur et premier Abbé de Staouéli, actuellement Procureur Général de l'ordre auprès du Saint Siége. En traversant la cour extérieure, Sa Majesté avait déjà remarqué le superbe groupe de palmiers qui la décore, groupe qui ne compte pas moins de dix tiges sur une même souche et sous lequel le Généralissime des troupes du Dey d'Alger avait planté sa tente, lors du débarquement de l'armée française, à 7 kilomètres de là. Les indigènes ont ce bouquet de palmiers en grande vénération et l'on a vu des femmes arabes venir en procession en baiser les tiges avec respect. En 1843, les pères de la Trappe ont pris possession de

Staouéli en disant leur première messe sous les palmiers, sans autres chandeliers que les tronçons de leurs palmes, après y avoir planté, en forme de croix, le bâton de voyage, qui leur avait été remis par Monseigneur Dupuch, premier évêque d'Alger, à leur passage en cette ville.

L'Empereur est ensuite entré à la bibliothèque, où on lui avait préparé une modeste et frugale collation, se composant de beurre frais, rayon de miel, dattes, oranges sanguines, bananes, nèfles du Japon et autres fruits ou produits du monastère. Après avoir goûté légèrement au vin qui lui avait été servi, Sa Majesté s'étant informé s'il était capiteux, Elle s'est empressée, sur la réponse affirmative du père hôtelier, d'y mêler quantité d'eau, en se demandant agréablement ce qu'on dirait d'Elle, si on La voyait revenir de la Trappe en ayant trop pris. Sa Majesté s'est, du reste, montrée très-satisfaite de la qualité des vins de l'établissement. Elle a surtout admiré ses oranges et ses amandes, à cause de leur grosseur prodigieuse et vraiment phénoménale. Ici comme ailleurs et pendant le cours de sa visite, Sa Majesté a été d'une grâce et d'une gaîté ravissante, on pourrait dire, d'une bonté paternelle.

A l'issue de la petite collation, l'Empereur a bien voulu honorer les Pères de sa signature, en tête d'un grand registre, préparé à cet effet. La signature de Sa Majesté a été contresignée par Monsieur le maréchal de Mac Mahon, duc de Magenta Gouverneur Général de l'Algérie.

L'Empereur était accompagné de son grand Écuyer, de son premier Aide de Camp, de son premier Secrétaire, de plusieurs autres grands personnages et d'un nombreux état-major.

En parcourant les cloîtres et autres lieux réguliers du monastère, Sa Majesté a lu plusieurs sentences, entr'autres celles-ci :

> Le plaisir de mourir sans peine,
> Vaut bien la peine de vivre sans plaisir.

> Mieux vaut une nourriture simple, dans une maison de paix,
> Qu'une table bien servie, où règne la discorde.

> S'il semble dur de vivre à la Trappe,
> Il est bien doux d'y mourir.
>
> Que sert à l'homme de gagner l'univers,
> S'il vient à perdre son âme.
>
> Celui qui n'a pas le temps de penser à son salut,
> Aura l'Eternité pour s'en repentir.

L'Empereur a ensuite parcouru les alentours du monastère, en passant devant les ateliers et près de la ferme, où l'on avait retenu tous les troupeaux, à dessein de les lui montrer ; mais on n'y a plus pensé, Sa Majesté absorbant toutes les intentions et toutes les attentions. Ces troupeaux, se composent de 115 têtes de gros bétail : bœufs, vaches, génisses ; de 400 moutons mérinos et d'autant de porcs ; de 16 chevaux ou mulets et d'un petit troupeau de chèvres d'Angora, donnant le cachemire. Non loin de là, se trouve une vaste garenne où l'on élève quantité de lapins, une grande basse-cour pour la volaille et un rucher qui compte près de 200 ruches. Quand aux ateliers que Sa Majesté a vus en passant, ils consistent en forge, ferblanterie, charronnage, menuiserie, pharmacie, avec alambic pour la distillation des plantes pharmaceutiques, tannerie, cordonnerie, bourrellerie, reliure, buanderie, boulangerie, un atelier de tourneur, laiterie, fromagerie, un atelier de peinture, magnanerie, distillerie de 9 alambics pour les essences et les alcools, tonnellerie et trois caves, dont une voûtée avec grenier au-dessus, de 65 mètres de long sur 12 mètres de large, recevant annuellement quinze cents hectolitres de vin blanc et rouge, produit actuel de 50 hectares de vignes, dont les deux tiers en plein rapport. — Les moulins sont plus éloignés.

L'Empereur s'étant informé des moyens de subsistance de la communauté, le révérend père Abbé lui a répondu que les religieux vivent du travail de leurs mains, et que le produit de ce travail étant désormais plus que suffisant pour l'entretien des Frères et des nombreux employés du monastère, les pauvres pourraient être plus dignement assistés.

Aujourd'hui, en effet, toutes les bâtisses sont à peu près

terminées : Staouéli a son monastère, ses cloîtres, sa chapelle, sinon son église, son hôtellerie, sa ferme, ses granges, ses étables, son mur d'enceinte, ses ateliers, et ses hangars spacieux pour sa machine à battre et ses instruments aratoires.

Sur 1100 hectares environ, dont se compose la propriété, 500 sont défrichés, 100 le seront bientôt; le reste n'étant pas susceptible de culture, sera successivement planté d'arbres d'essence forestière et abandonné en partie à la vaine pâture; déjà, plusieurs hectares de ces terrains incultes et rocailleux ont été plantés de pins et d'autres arbres de haute futaie, qui promettent les meilleurs bois de construction. Chaque année, près de 20 hectares sont débarrassés de leurs broussailles et de leurs palmiers nains, au coût de 500 francs l'hectare, nonobstant les autres travaux.

Des 500 hectares défrichés, près de 140 sont annuellement ensemencés de céréales, 50 sont plantés de vignes, 10 de géranium; le reste est laissé en prairie ou affecté aux cultures spéciales, s'il n'est occupé par les jardins et les vergers et par cinq orangeries, donnant actuellement près de cent mille oranges, bien que les arbres soient encore jeunes et loin d'être en plein rapport.

D'autres travaux importants ont été également exécutés : trois fermes ont été créées sur divers points de la propriété; de nombreuses voies d'exploitation ont été ouvertes, bordées de carroubiers, de platanes, de mûriers, d'oliviers et munies de haies de cactus ou d'aloës; des abris de cyprès, de roseaux et de bambous se sont élevés pour protéger les cultures délicates contre l'action du vent de mer; des marais pontins ont été desséchés; de grands ravins ont été encaissés, ou redressés; des eaux croupies et malsaines ont été amenées de loin, au moyen de profondes tranchées et de canaux recouverts, dans de vastes réservoirs et sont dirigées, de là, dans de nouveaux jardins pépinières et potagers; quatre grands bassins et autant de puits noria ont été creusés et construits à la même fin.

Un de ces bassins, de la capacité de 390 mètres cubes, est

alimenté par des eaux prises à 500 mètres de là, provenant d'une ancienne fontaine romaine d'une construction singulière. — C'est une espèce de citerne de 2^m 50 de profondeur. L'eau y arrive horizontalement et verticalement de différents côtés, par plusieurs sources.

A côté et dans le fond extérieur de cette citerne, on a trouvé près l'un de l'autre, deux conduits perpendiculaires en maçonnerie, de la forme de tuyau de cheminée, venant de dessous terre, et desquels sort une eau dont la température est seulement de 15°, tandis que celle qui arrive directement dans le bassin, en a 19. Ces eaux restées jusque là sans issue, formaient un marécage dangereux qui leur avait fait donner par les Arabes le nom trop significatif de : fontaine de la Mort. (*Aïn-Mok-Bia.*) D'autres eaux perdues dans un grand ravin, sont en voie d'être amenées dans la citerne ci-dessus, au moyen d'une autre tranchée de 400 mètres de long sur environ 3 mètres de profondeur.

Le drainage, pratiqué avec avantage sur plusieurs points de la propriété, a encore ajouté à cette somme d'eau si précieuse en Afrique et si rare tout d'abord à Staouéli ; aussi pour utiliser ce trésor et ne rien perdre de ce précieux liquide, les Pères ont-ils sillonné tous leurs jardins, leurs orangeries et leurs champs réservés aux cultures spéciales, de nombreux canaux d'irrigation en maçonnerie sinon de conduits en terre, en plomb ou en fonte. Avec de pareils travaux et de tels résultats les Pères de la Trappe, ont eu moins à rougir des éloges et des félicitations que leur a adressés l'Empereur.

Ils se sont rappelé ce qu'était Staouéli en 1843 : un désert aride et couvert d'épaisses broussailles, qui en faisaient le repaire naturel de la hyène, de la panthère et du chacal, et aussi un foyer de fièvres.

Il est vrai que pour opérer cette transformation, il leur en a coûté de grands et de nombreux sacrifices, mais il ne regrettent aucune de leurs peines, ni aucune de leurs sueurs, s'ils ont réussi à se rendre agréable à Dieu et utile à leurs semblables. C'est là leur ambition.

Le 6 mai, après avoir visité Bouffarik et Coléah, l'Empereur s'arrêta de nouveau à Staouéli.

Le voyage, depuis Bouffarik, avait été assez pénible; il faisait un temps chaud et lourd, entremêlé de quelques bouffées de sirocco. Les illustres voyageurs couverts de poussière paraissaient fatigués; mais quand on arriva sur le plateau de Staouéli une légère brise s'éleva et on se sentit renaître. Comme l'avant-veille, partout sur les bords de la route, aux carrefours des chemins, on voyait arriver les colons quittant leur travail pour saluer l'Empereur.

Sa Majesté, voyant les frères Trappistes et une partie de leur personnel groupés sur la route, donna lui-même l'ordre d'arrêter. Comme le R. P. Abbé, le remerciait de cet acte de bonté l'Empereur répondit : « C'est à moi de vous remercier, puisque vous m'avez envoyé hier de si bon vin. »

C'est alors que Sa Majesté insista pour offrir son cadeau au monastère et que le R. P. Abbé accepta une *chapelle*, c'est-à-dire tout ce qui est nécessaire à la célébration de la messe. Sa Majesté recommanda de lui envoyer une petite note de ces ornements, dans la crainte d'en oublier les noms, et aussi afin qu'ils soient conformes aux règlements canoniques des Trappistes.

SIDI-FERRUCH.

Sidi-Ferruch, situé à 24 kilomètres d'Alger et à 6 kilomètres du couvent de la Trappe, a peu d'importance comme village. Il n'a dû, d'être érigé en section de commune, qu'à l'agglomération des ouvriers qui construisaient le fort. Maintenant, que les travaux sont terminés, il n'y a guère que la Douane et quelques familles de pêcheurs. La plus grande partie de la population rurale, dont le chiffre était de 86, à l'époque du dernier recensement, se trouve dans un quartier assez éloigné, connu sous le nom de *Mokta-Essefa*.

L'Empereur à Sidi-Ferruch.

De la Trappe à Sidi-Ferruch, il y a environ 6 kilomètres, dont quatre au moins sont parcourus à travers d'interminables broussailles. M. le maréchal de Mac-Mahon et M. le général de Wimpffen, commandant de la province, firent remarquer à l'Empereur que les colons n'étaient pour rien dans ce désert ; mais que cette vaste étendue de terre appartenait à des spéculateurs résidant en France, qui n'en tiraient aucun parti, attendant une plus value pour s'en débarrasser.

Lorsque le cortége impérial fut arrivé près du fort, M. le général du génie Chauwin expliqua à Sa Majesté l'état antérieur de la presqu'île et les nécessités de la défense, qui avaient obligé à détruire le joli marabout de Sidi-Ferruch (1).

M. le maréchal de Mac-Mahon, qui a assisté au débarquement de 1830, comme sous-lieutenant, et qui n'en a oublié aucun détail, en fit le récit à Sa Majesté, en lui montrant de ce

---

(1) M. L. Piesse, dans son excellent *Itinéraire de l'Algérie*, raconte au sujet de ce marabout une légende très intéressante : « Sidi-Ferruch, dit-il, et mieux Sidi-Ferredj, était un marabout en grande vénération chez les Algériens. Au nombre des miracles qu'il fit, la tradition a conservé le suivant. Un matelot espagnol voulant emmener, par surprise, Sidi-Ferredj en Espagne, fut tout étonné, après une nuit de navigation, de se retrouver en vue de la presqu'île qu'il avait quittée. « Fais moi « remettre à terre, lui dit le marabout, et ton vaisseau pourra rejoindre « sa route. » Sidi-Ferredj fut débarqué, et comme après une seconde nuit, le navire se retrouvait encore à la même place, et cela parce que Sidi-Ferredj avait oublié ses babouches sur le pont, l'Espagnol les prit, se hâta de les rapporter à leur propriétaire, et lui demanda comme grâce de rester auprès de lui et de le servir. L'Espagnol devenu fervent musulman, vécut et mourut avec Sidi-Ferredj. »

point où l'on domine toute la plaine à plusieurs kilomètres à la ronde, l'emplacement des camps Français et Turco-Algériens, et, au delà, le champ de bataille de Staouëli, où parait-il la victoire fut chèrement disputée et un instant indécise.

En même temps un officier général de la marine qui, de son côté, avait concouru au même débarquement, expliquait les opérations de la flotte. Cette narration, faite à l'Empereur par des témoins oculaires, qui avaient payé de leur personne, et sur un terrain qui a subi si peu de changement depuis cette époque, avait un grand intérêt pour tous les assistants. On se montrait encore dans la baie occidentale quelques-uns des pieux qui servaient à amarrer les chaloupes de débarquement.

A la sortie du fort, M. le maréchal de Mac Mahon ne manqua pas de faire remarquer à Sa Majesté l'inscription gravée sur la plaque de marbre qui surmonte la porte d'entrée, au milieu d'un trophée d'une belle exécution.

Voici cette inscription :

ICI
LE 14 JUIN 1830
PAR L'ORDRE DU ROI CHARLES X
SOUS LE COMMANDEMENT DU GÉNÉRAL DE BOURMONT
L'ARMÉE FRANÇAISE
VINT ARBORER SES DRAPEAUX
RENDRE LA LIBERTÉ AUX MERS
DONNER L'ALGÉRIE A LA FRANCE.

Durant la visite du fort, les voitures avaient relayé, et le cortége se remit en marche pour Staouëli-village, par la même route, jusqu'à la colonne qui est à 21 kilomètres de celle de Koléah, puis par la route Malakoff ou du bord de la mer, qui n'est livrée entièrement à la circulation que depuis quelques mois.

GUYOT-VILLE.

Le village de Guyot-ville, situé à 15 kilomètres N. E. d'Alger, au bord de la mer, fait partie de la commune de Chéragas; sa population est de 318 habitants.

Guyot-ville a été fondé, en 1844, par M. le comte Guyot, alors directeur de l'Intérieur, qui avait eu la pensée d'en faire un village de pêcheurs. Le difficile accès de la baie et la violence des vents qui règnent dans ces parages, firent renoncer à ce projet. On y établit un centre agricole.

Par les soins de l'administration, une trentaine de petites maisons furent construites; on adjoignit à chaque maison un jardin et 12 hectares de terre, et le tout fut concédé gratuitement à des colons français et espagnols.

Tel a été le premier noyau du village de Guyot-ville, qui s'est développé assez lentement, à cause de sa situation peu favorable pour la culture. Au bord même de la mer, sur une plage battue des vents d'Ouest et du Nord, les plantations y sont d'une réussite difficile. Les meilleures terres sont sur le plateau au dessus, connu sous le nom de Baïnen, et dans les concessions dites du cap Caxine. L'avenir de Guyot-ville est dans la vigne, qui paraît s'y plaire parfaitement.

Plus de la moitié de la population de Guyot-ville habite de petites fermes hors du village. Ces fermes, parmi lesquelles on peut citer celles de MM. Marguerite, Gasq, Bidart et Pons, sont cultivées avec grand soin et offrent un aspect fort agréable.

Le défrichement des terres de Guyot-ville qui étaient couvertes de palmiers nains, ne s'est pas effectué sans de pénibles travaux. On ne saurait trop rendre hommage au courage et à la persévérance de ces pionniers de la colonisation, qui s'efforcent de rendre à la culture les terrains les plus ingrats.

Voici à ce sujet quelques détails qui nous sont fournis par M. Marguerite, maire adjoint de Guyot-ville.

« Tout le territoire, dit-il, n'était que broussailles et palmiers nains. Il a fallu une patience à toute épreuve et les labeurs les plus pénibles pour parvenir à ces défrichements. Malgré ces efforts, plus de la moitié du terrain se trouve en friche, et notre village n'a pas prospéré. C'est que les premiers colons, dénués de ressources pécuniaires et surchargés d'enfants, durent défricher et ensemencer au fur à mesure des travaux pour obtenir la nourriture de l'année suivante. Ils trouvèrent, il est vrai, à faire un peu de charbon avec les bois qu'ils arrachaient de la terre, mais il fallait ensuite transporter ce charbon à Alger, et le manque de viabilité rendait cette ressource illusoire. Très-souvent pour faire ce trajet, nous mettions deux jours, (15 kilomètres).

Un autre obstacle bien plus sensible est venu s'opposer à la prospérité de la petite colonie : on a vu, en 1857 et 1858, deux récoltes manquer totalement. Les colons furent dans la nécessité, pour subvenir à leur nourriture, d'emprunter à gros intérêts, et une fois tombés entre les mains de l'usure, la plupart d'entr'eux ont été ruinés.

« Cependant il n'y a pas lieu de désespérer de l'avenir du village. Déjà, grâce à la sollicitude du maréchal Pélissier, duc de Malakoff, une grande et belle route traverse Guyot-ville, en longeant la mer, et par suite nous voilà à quelques lieues d'Alger. Nos denrées y parviendront sans difficulté, et bientôt les facilités des communications nous procureront de nouveaux colons et des visiteurs, attirés par le site remarquable, par les antiquités romaines et par la salubrité de l'air. »

L'Empereur à Guyot-Ville.

En quittant le village de Staouëli, le cortége impérial se dirigea sur Guyot-ville. La distance entre ces deux centres de population n'est que de cinq kilomètres. Elle fut vite parcourue sur une route magnifique, mais à travers un territoire peu fertile, car il longe continuellement la dune, que l'on a dû trancher sur plusieurs points. Cependant, aux abords de l'Oued Benimessoun, on rencontre quelques oasis de blé, vignes, et même de géranium, qui réussissent parfaitement à l'abri de ce rempart de sable.

L'Empereur fit arrêter sa voiture, en arrivant dans le village de Guyot-ville. Les colons l'acclamèrent avec enthousiasme, et quand les cris de : *Vive l'Empereur*, *Vive l'Impératrice*, *Vive le Prince Impérial*, se furent un peu calmés, M. l'adjoint Marguerite prononça d'une voix émue le discours suivant :

Sire,

« La visite que daigne faire votre Majesté, dans notre humble village, nous comble tous d'une joie inexprimable. Nos cœurs sont émus du bonheur de jouir pendant quelques instants de votre auguste présence.

« Tous les habitants que vous voyez à votre entour, sont heureux de voir votre Majesté ; ils Lui sont entièrement dévoués de cœur et d'âme.

« Pénétrés de la plus grande admiration pour leur Souverain, ils savent, Sire, que vous avez quitté (quoique laissée entre bonnes mains) votre capitale, pour venir, vous même, faire le bien à toute l'Algérie, que vous regardez, à juste titre, comme la plus belle colonie de votre vaste empire.

« Partout, Sire, dans le cours de votre visite, vous serez reçu avec le même enthousiasme, les mêmes acclamations ; mais elles ne peuvent pas être plus sincères que les nôtres, quoiqu'elles pourront être plus brillantes.

« Sire, notre pauvre commune a de nombreux besoins, mais nous ne devons pas en cette circonstance, en entretenir Votre Majesté, crainte d'abuser de ses précieux moments.

« Nous nous en rapportons entièrement à la loyauté de notre brave Maréchal, ici présent, à qui nous les avons exprimés il y a peu de jours.

« Sire, daignez agréer les hommages infiniment respectueux des habitants de Guyot-ville ; ainsi que les vœux bien sincères que nous adressons au Tout-Puissant, pour vous conserver de longs jours, ainsi qu'à votre auguste épouse, l'Impératrice et le Prince Impérial. »

Sa Majesté a répondu avec une extrême bienveillance au discours de M. l'adjoint, et lui a fait remettre par son aide de camp, une somme de 200 francs, pour être distribuée aux plus pauvres.

Pendant cette remise, M. le maréchal de Mac-Mahon, qui était auprès de Sa Majesté, a dit à M. Marguerite, en présence de l'Empereur, qu'il se rappelait fort bien la demande qui lui avait été faite, dans le but d'obtenir : 1º la construction d'un grand bassin pour contenir et utiliser les eaux qui se perdent dans la mer ; 2º de mettre à la charge des ponts et chaussées l'entretien de la route de Guyot-ville à Chéragas ; 3º la distribution des lettres au moins tous les deux jours, tandis qu'elle n'a lieu que tous les quatre jours.

Après quelques bonnes paroles adressées de nouveau à M. l'adjoint de Guyot-ville, Sa Majesté salua les colons avec cette grâce et ce sourire de bienveillance qui lui gagnent tous les cœurs, et les voitures s'éloignèrent, aux cris mille fois répétés de : *Vive l'Empereur*.

En moins d'une heure, le cortége impérial franchissait la distance du village au chef-lieu, que la poste met 4 jours à parcourir et Sa Majesté rentrait à Alger, après avoir vu les hameaux de la Pointe Pescade et de Saint-Eugène, et avoir été acclamée par les colons disséminés sur cette route si accidentée et si pittoresque.

BOUFFARIK.

Bouffarik, chef lieu de commune, est situé au centre de la Mitidja, entre Alger et Blidah, à 35 kilomètres de la première de ces villes, et à 14 kilomètres de la seconde.

Cette commune comprend deux annexes : *Soumah* et *Bouïnan* ; sa population totale est de 7,265 habitants.

Bouffarik était, en 1830, un marais inhabitable, rempli de sangliers et de bêtes fauves. Le général Drouet d'Erlon y établit un camp en 1832, et le 27 septembre 1836, l'administration civile y créa un centre de population agricole.

Ce village eut, dans le principe, beaucoup de peine à se développer, à cause des fièvres qui enlevaient chaque année la majeure partie de la population.

Mais les colons ne perdirent pas courage, ils continuèrent à bouleverser le terrain ; ils y firent de nombreuses plantations, et parvinrent ainsi à force d'énergie et de persévérance à dessécher les marais. Aujourd'hui Bouffarik est l'un des centres agricoles les plus sains de l'Algérie. « Bouffarik, dit M. Fromentin, est en pleine prospérité. Plus de malades, plus de fiévreux. Les européens s'y portent mieux qu'ailleurs. Pendant que tant d'hommes y mouraient empoisonnés par la double exhalaison des eaux stagnantes et des terres remuées, les arbres, qui vivent de ce qui nous tue, y poussaient violemment comme dans du fumier. A présent, c'est un verger normand, soigné, fertile, abondant en fruits, rempli d'odeur d'étable et d'activité champêtre, la vraie campagne et les vrais campagnards. Il a fallu pour se l'approprier, dix années de guerre avec les arabes, et vingt années de luttes avec un climat beaucoup plus meurtrier que la guerre. »

Le marché de Bouffarik, qui se tient près de la ville, tous les lundis, est très-fréquenté par les arabes et par les européens. Il s'y fait un commerce important de bestiaux.

Il existe près de Bouffarik, sur l'emplacement de l'ancien camp d'Erlon, une succursale de l'Orphelinat agricole de Ben-Aknoun, fondé par le P. Brumaud

L'Empereur à Bouffarik.

Le 6 mai, à 11 heures 50 minutes du matin, l'Empereur qui avait quitté Alger moins d'une heure auparavant, arrivait dans la gare de Bouffarik. Il était accompagné de M. le maréchal Gouverneur Général, de MM. les généraux Fleury et Castelnau, de M. le colonel comte Reille, de M. Lapaine, secrétaire général du gouvernement et de M. Poignant, préfet d'Alger.

Les colons réunis en grand nombre à Bouffarik, à l'occasion du concours agricole de l'arrondissement de Blidah, s'étaient transportés à la gare, où leurs vivats enthousiastes annoncèrent à Sa Majesté, qu'Elle était attendue par une foule heureuse et reconnaissante.

M. Ribouleau, maire de Bouffarik, entouré de son conseil municipal, adressa à l'Empereur le discours suivant, qui dut produire une vive impression sur sa Majesté, car il lui fit connaître les efforts courageux et persévérants de ces colons qui loin d'être les paresseux ou les spoliateurs dont on lui avait parlé, avaient conquis par des travaux meurtriers les terres qu'ils cultivaient, et avaient transformé des marais infects en riches cultures.

« Sire,

« En 1835, la Société de colonisation offrait un prix à celui qui oserait se rendre au marché arabe de Bouffarick ! Bouffarick n'était alors qu'un vaste marais infect.

« En 1865, nous avons l'honneur de recevoir Votre Majesté, à Bouffarick, au milieu d'une oasis riante et fleurie, couverte de magnifiques récoltes, de riches cultures, et en face du premier établissement industriel vraiment sérieux qui se soit assis dans notre Colonie.

« Votre visite, Sire, pour les hardis colons qui ont réalisé cette métamorphose pénible, est une superbe espérance, une garantie certaine de l'avenir.

« Je suis heureux d'être appelé à vous présenter la municipalité de Bouffarick ; je suis fier d'être appelé à vous offrir les respectueux hommages de nos vaillants pionniers de la colonisation et d'entonner, le premier, le cri qui déborde de leurs cœurs.

« *Vive l'Empereur !*
« *Vive l'Impératrice !*
« *Vive le Prince Impérial !* »

Après avoir adressé quelques paroles bienveillantes à M. le Maire de Bouffarick, l'Empereur s'entretint un instant avec les membres du conseil municipal et notamment avec M. Orsaud, l'un des plus anciens colons de la province d'Alger (1).

Au moment où Sa Majesté allait quitter la gare, les membres de la Société de secours mutuels de Bouffarick lui furent présentés par leur vice-président, M. Bérard, qui s'exprima en ces termes :

« Sire,

« La Société de secours mutuels de cette ville est heureuse de déposer aux pieds de Votre Majesté, le tribut de ses hommages.

« Sous cette modeste bannière, Votre Majesté peut voir les restes héroïques des premiers fondateurs de Bouffarick.

« Notre Société, Sire, est encore dans ses débuts ; mais elle marche avec courage et confiante à travers les difficultés de sa création.

---

(1) Le conseil municipal de Bouffarick est ainsi composé : MM. Ribouleau, maire ; Orsaud, Bresson et Gonsard, adjoints ; Delangle, Humel, Barberet ✻, Gillons, Teule, Pagard, Navarro, et Hadji-Hassein, conseillers.

« Lui serait-il permis d'oser espérer de l'Empereur, providence de la mutualité, un témoignage d'encouragement ?

« Ce serait pour elle un baptême de gloire, un gage infaillible de prospérité. »

L'Empereur a écouté ce petit discours avec un intérêt marqué, et a répondu que toute sa sollicitude était acquise aux Sociétés de secours mutuels. Sa Majesté a fait remettre immédiatement à M Bérard une somme de 500 fr., destinée à augmenter les ressources de la Société naissante.

Avant de se rendre à Bouffarick, l'Empereur a voulu visiter l'usine linière et cotonnière, fondée par M. de Megnil. Sa Majesté vit fonctionner les machines à tisser le lin et à égrener le coton. Elle a tout examiné en détail et a admiré surtout les magnifiques échantillons de coton longue soie, qui ont été placés sous ses yeux. Sa Majesté a complimenté à plusieurs reprises M. de Megnil, administrateur général de la Société, sur la bonne installation de l'usine, et sur l'impulsion qu'il a donnée à cette branche importante de l'industrie algérienne.

Quelques instants après, le cortége impérial entrait dans Bouffarik qui, pavoisée et fleurie, resplendissait de fraîcheur et d'animation — La perle de la Mitidja s'était parée coquettement pour recevoir son auguste visiteur. Et la foule qui se pressait sous les grands arbres, ornés de banderoles aux couleurs variées, acclamait l'Empereur avec un enthousiasme indescriptible. « C'était, selon l'heureuse expression du journal *Le Tell*, le triomphe d'un père de famille que tous ses enfants acclamaient en l'accompagnant. » Au milieu de cette foule, pas une bouche restait muette, tous les cœurs battaient, le bonheur était sur tous les visages, car les colons comprenaient que l'avenir de l'Algérie était à tout jamais assuré.

C'est ainsi, entourée et fêtée, que Sa Majesté s'est rendue à l'exposition, où elle a entendu deux discours : l'un prononcé par M. Rubod, président du comice ; l'autre par M. Arnould, président de la Société impériale d'agriculture. Sa Majesté a ensuite décoré de sa main M. Arnould et M. de Franclieu : deux anciens agriculteurs algériens.

Ce concours agricole, cette fête de l'agriculture, à laquelle la présence de l'Empereur donnait une très-grande solennité, a inspiré les réflexions suivantes à M. Alexandre Lambert, l'un des plus éminents défenseurs de la colonisation européenne.

« Cette exposition avait lieu sous les beaux platanes de Bouffarick, platanes dont les plus vieux ont à peine quinze ans et qui tous maintenant sont hauts et gros comme les marronniers des Tuileries. C'est que ces arbres ont été nourris dans un marais engraissé par trois couches de colons morts à la peine dans les travaux de défrichement et de culture. Ah ! la belle et vaillante armée agricole que la France a dans notre Colonie ! C'est là qu'il y a des cœurs forts, des bras courageux, des cerveaux intelligents ! En effet, le moindre de nos colons était en France l'un des plus énergiques de son village, car il faut posséder cette qualité, et bien d'autres, pour se décider à abandonner la terre de ses pères et venir conquérir un nouveau monde ! Nos colons comprennent qu'il leur faut se hâter pour réparer la paresse douze fois séculaire des Arabes, aussi comme ils marchent, comme ils transforment le désert !

« Ces pensées ont bien certainement été celles de l'Empereur, qui saura les exprimer un jour mieux que je ne puis le faire. En descendant du chemin de fer, Sa Majesté a été émerveillée du spectable magnifique qui s'offrait à ses regards. Il y avait là, il y a trente-cinq ans, un marais immonde et pestilentiel ; c'était le repaire des bêtes fauves, le foyer d'où la mort s'élançait sur la plaine, et c'est aujourd'hui le plus riche joyau de la Mitidja, une ville de laborieux cultivateurs, grande comme une grande ville de France, calme et verte comme un de ces beaux villages que les peintres savent inventer, parcequ'ils n'en trouvent pas ailleurs de semblables pour modèle.

« L'Empereur a reçu de la foule assemblée un accueil qu'il est impossible de décrire. L'Algérie n'aime pas ce Prince, de qui elle attend sa régénération..... elle en est folle !

« L'Empereur qui n'avait pas de soldats autour de lui, était entouré, pressé par nos colons, qui tous voulaient l'entendre, le voir de près, le toucher s'ils le pouvaient. Et songez bien que cette population est Algérienne, c'est-à-dire mélangée de Français, d'Espagnols, d'Italiens, d'Allemands, et de jeunes gens qui sont nés dans la Colonie et qui ne connaissent pas d'autre patrie. Jamais aussi, je crois, les acclamations populaires n'ont touché plus profondément l'Empereur; sa figure était rayonnante, il *était le Roi des Colons!*

« L'Empereur a donné la croix à deux agriculteurs : ce sont les premières décorations qu'il ait distribuées ici ; c'était la croix mise sur le drapeau de l'agriculture, de la colonisation. Chacun le pensait, chacun le disait. »

OUED-EL-ALLEUG.

Oued-el-Alleug, chef-lieu de commune, est situé à 15 kilomètres d'Alger et à 10 kilomètres de Blidah. Sa population est de 2,063 habitants.

Ce village, créé le 15 décembre 1851, a pris un rapide développement, et a dû être détaché du territoire de Blidah pour former une commune à part. Ses ressources financières s'élèvent annuellement à plus de 25,000 francs.

La nouvelle commune, administrée avec intelligence par M. Ducomman, est en voie de progrès. Ses terres sont fertiles et très-bien cultivées. On y récolte le tabac, le coton et le colza. L'oranger y réussit admirablement. De nombreuses fermes, très-bien exploitées sont répandues sur son territoire.

L'Empereur à Oued-el-Alleug.

Le 6 mai, vers deux heures de l'après-midi, l'Empereur arrivait à Oued-el-Alleug. Toute la population, qui s'était portée à sa rencontre, l'accueillit avec cet enthousiasme et ces vivats cent fois répétés, dont la vigueur et la sincérité ont dû prouver à Sa Majesté pendant la durée de son voyage, combien Elle est aimée et combien grande est la confiance des algériens dans sa sollicitude pour la colonie.

M. Ducomman, maire de la commune, MM. les conseillers municipaux (1), M. le curé Astruc et les sœurs de la Doctrine Chrétienne avec leurs jeunes élèves, entourèrent la voiture impériale. L'Empereur, après avoir adressé quelques paroles gracieuses à M. le Maire, et s'être fait remettre son discours, s'approcha avec une bonté toute paternelle des enfants qui l'acclamaient de leurs cris joyeux, et reçut des mains de la jeune fille de M. Bailly, secrétaire de la mairie, un très-joli bouquet qui parut lui faire grand plaisir.

L'Empereur se rendit ensuite avec le Maire et quelques personnes de sa suite, au puits communal récemment creusé. Toute la population qui voulait jouir le plus longtemps possible de sa présence, lui faisait cortége. Chemin faisant, Sa Majesté remarqua les belles prairies de la propriété de M. Lescanne, et les importants travaux d'amélioration exécutés par cet agronome distingué.

Arrivé devant le puits communal, l'Empereur se déganta, prit un peu d'eau dans le creux de sa main, et après en avoir goûté, dit qu'elle était excellente. Sa Majesté voulut ensuite

---

(1) L'administration municipale d'Oued-el-Alleug est ainsi composée: M. Ducomman, maire; M. Jagerschmidt, adjoint; MM. Charnaux, Doreau, de Franclieu, Rouquier, Tenge et Ben-Aissa-ben-Djelloûl, conseillers.

visiter le canal de dessèchement qui charriait en ce moment une quantité d'eau considérable. Elle s'y arrêta pendant près de vingt minutes, questionnant tour à tour M. le Maire d'Oued-el-Alleug et M. Ville, ingénieur des mines, sur l'emploi de ces eaux, et sur tout ce qui pouvait intéresser la commune. Puis, le cortége impérial s'éloigna, laissant toute la population remplie de reconnaissance pour le souverain, qui s'occupait avec tant de sollicitude du bien-être des colons, ne dédaignant aucun détail, voulant tout savoir, et sachant tout se faire dire par sa manière séduisante d'interroger et d'écouter. — M. Ducomman, mis à l'aise par la bienveillante attention de Sa Majesté, insista sur quelques-unes des demandes contenues dans le mémoire qu'il lui avait remis. Ce document que nous reproduisons ci-après, est remarquablement écrit. Il y a peu de maires en France, même des villes les plus importantes, qui diraient mieux.

« Sire,

« Daignez me permettre de vous adresser quelques mots sur la situation de la localité que j'ai l'honneur d'administrer depuis bientôt huit ans.

« Sire, je crois être l'interprète sincère des habitants de cette commune, en vous disant que votre visite inattendue est pour eux un événement mémorable, et que le souvenir qu'ils en conserveront sera précieux pour la prospérité du pays.

« Le village d'Oued-el-Alleug, dont Votre Majesté a décrété la création le 15 décembre 1851, a commencé à s'établir à cette même époque.

« Si Votre Majesté veut bien se reporter avec moi par la pensée à la date de son installation, elle verra que ces lieux n'offraient à la vue du voyageur qu'un vaste marais inaccessible, couvert de plantes aquatiques et de broussailles d'une végétation exhubérante, repaire des bêtes fauves et des féroces Hadjoutes qui harcelaient Bouffarik, incendiaient ses environs, pillaient et massacraient les malheureux colons qui tentaient d'en fertiliser le sol.

« Ce tableau, Sire, d'une rigoureuse exactitude et si différent de ce qui frappe vos regards, doit démontrer à Votre Majesté, que si les soldats de la France, venus en Algérie pour y détruire la piraterie et y implanter la civilisation, ont eu des obstacles à vaincre, les soldats de la seconde heure, les soldats de la paix, les colons n'ayant pour arme que la charrue, et, la plupart, pour ressources, que leur courage, leur énergie et leur persévérance, ont bien mérité de la patrie. Eux aussi ont campé, car les plus riches, à leur arrivée, n'avaient pour abri qu'une baraque de planches, et les autres qu'un gourbi, construction primitive dont quelques broussailles et un peu de chaume font les frais.

« Dans ces conditions, Sire, et après quelques mois des plus rudes labeurs, les maladies, les fièvres paludéennes devaient infailliblement atteindre les familles de beaucoup de pionniers de la colonisation et les décimer. Alors le découragement succéda à l'espérance si vive au début; la nostalgie, au souvenir des bonnes conditions d'existence de la mère-patrie, s'emparait de ceux que la mort n'avait pas frappés; ils demandaient à rentrer en France, et dès qu'ils y étaient arrivés, ils dénigraient l'Algérie et lui donnaient la réputation équivoque, pourtant si imméritée, dont elle jouit aujourd'hui et dont l'effet est si difficile à détruire.

« Mais les hommes qui ont résisté aux difficultés inhérentes à toute sérieuse création, par leur caractère, leur tempérament, leur énergie, leur courage, leur foi dans la colonisation, ont transformé cette contrée, et à la place des lieux infects et pestilentiels des premiers jours existe après le court espace de quatorze ans, ce riant village complanté de beaux arbres. De bonnes et solides maisons y ont été construites; les céréales, la vigne, les prairies artificielles et naturelles, et diverses cultures industrielles de la plus belle venue occupent l'espace où naguère on ne trouvait que marécages ou broussailles; la santé est rentrée au foyer; la famille s'est constituée; les beaux et nombreux enfants qui existent parmi nous, prouvent que la nouvelle génération marchera sur les traces de son intrépide devancière, qu'elle tiendra une grande place dans le pays, et qu'elle y exercera une salutaire influence.

« Un brillant avenir lui est réservé, Sire, et c'est à vous qu'elle le devra, car Votre Majesté désire que l'Algérie progresse. Or, dans ce but, Votre Majesté voudra que les trois voies ferrées projetées soient promptement achevées ; que l'on s'occupe activement de l'aménagement des eaux d'irrigation et de leur répartition sur des zones plus étendues ; que des mesures soient prises pour que la population européenne devienne plus dense ; que l'entretien des voies de communications rurales et vicinales soit l'objet de soins particuliers , qu'enfin les municipalités soient désormais débarrassées des quelques liens qui empêchent leur élan.

» Avec cela, Sire, et de la moralité chez les administrateurs, l'Algérie sera prospère et heureuse.

« Sire, vous avez daigné venir au milieu de nous pour juger de nos travaux et vous enquérir de nos besoins.

« Avant d'exposer ceux-ci à Votre Majesté, qu'Elle veuille bien me permettre une allégorie.

« Une commune, de même qu'une machine, a essentiellement besoin de tous ses engrenages pour fonctionner utilement.

« Oued-el-Alleug, Sire, n'a pas d'église. Une simple salle détachée, non sans gêne pour le service municipal, de la mairie, est affectée à la célébration du culte. L'absence d'une église et l'appropriation défectueuse du lieu où se célèbrent actuellement les offices, privent une foule de familles des bons préceptes qu'elles puiseraient dans l'exercice de leur religion. La morale publique souffre assurément de cet état de choses, et je suis persuadé que Votre Majesté le fera cesser.

« La position centrale d'Oued-el-Alleug fait que vers ce centre converge une population nomade qui exige impérieusement l'installation d'une brigade de gendarmerie. Du reste, le Conseil général du département d'Alger saisi de cette question par un vœu formulé l'année dernière, a reconnu l'opportunité de cette création.

« Nous aurions, Sire, à demander à Votre Majesté bien d'autres améliorations, mais nous devons nous borner aux plus urgentes, car nous savons qu'il sera fait appel à sa sollicitude à chaque pas qu'elle fera sur ce sol.

« J'ai un dernier devoir, Sire, à remplir, c'est celui d'appeler votre attention sur un propriétaire de cette commune, d'un grand mérite.

« Arrivé en 1835 en Algérie, avec un patrimoine d'une certaine importance, que compromit bientôt l'état de guerre dans lequel se trouvait le pays, l'honorable personne dont je viens parler à Votre Majesté, traversa des jours laborieux et difficiles.

« La perte de sa fortune n'empêcha pas qu'en 1841, il ne fût d'une utilité incontestable à la France en accompagnant Monseigneur Dupuch, de vénérée mémoire, pour opérer le premier échange de prisonniers avec Abd-el-Kader.

« M. le baron Maurice de Franclieu, Sire, ne borna pas sa mission au rôle de médiateur, il s'offrit en otage à Sidi-Embarrek, lieutenant d'Abd-el-Kader, et l'échange des prisonniers s'effectua sur la propriété de Ben-Salah, que M. de Franclieu a acquise depuis cet acte de dévoûment. Enfin il s'y est fixé en 1850, avec de bien modiques ressources.

« La propriété qu'il exploite, Sire, d'une contenance de 130 hectares, est dans un parfait état de culture. On y admire de belles plantations d'arbres fruitiers, une vigne remarquable par la valeur et la quantité des produits, la plupart des cultures propres au pays, intelligemment soignées, une installation où tout est prévu et à laquelle a présidé une connaissance complète des besoins agricoles de l'Algérie.

« Dans les travaux agronomiques de M. de Franclieu que je viens d'indiquer, rien n'y serait extraordinaire s'ils avaient été réalisés au moyen d'une première mise de fonds importante; mais exécutés, comme cela a eu lieu, avec les ressources provenant de la propriété, ces travaux sont un exemple à citer. Sire, vous jugerez si les faits que j'ai eu l'honneur de signaler à Votre Majesté concernant M. le baron de Franclieu méritent récompense.

« Il ne me reste, Sire, plus rien à signaler à l'attention de Votre Majesté ; mais qu'Elle me permette de la prier d'accueillir les vœux de toute la population d'Oued-el-Alleug et les miens : que Dieu vous conserve pour le repos et la grandeur de la France, vous, Sire, et votre aimée Dynastie ! »

KOLÉAH.

Koléah, chef-lieu de commune, est situé sur le revers méridional des collines du Sahel, en face de Blidah, et à 38 kilomètres d'Alger.

Cette petite ville, bâtie en 1550, sous le pachalik de Hassen-ben-Kheireddin, avait acquis un assez grand développement lorsque le tremblement de terre de 1825 la détruisit. Elle s'était cependant repeuplée ; et les Hadjoutes, qui l'occupaient, nous en disputèrent le possession pendant plusieurs années. Ce ne fut qu'en 1838 qu'elle fit sa soumission.

Koléah était la résidence des descendants de Sidi-Ali Embarek, un des marabouts les plus vénérés de la province d'Alger. Parmi les miracles accomplis par ce marabout on raconte le suivant :

Sidi Embarek était khramès (métayer qui cultive un cinquième), chez un propriétaire de Koléah, nommé Ismaël.

Il avait mérité par ses bonnes actions la protection divine, car son travail se faisait pendant qu'il dormait. Ses bœufs labouraient très-régulièrement comme s'il les avait conduits. On rapporta le prodige à Ismaël qui, voulant s'en assurer de ses propres yeux, se cacha un jour près de là, et vit Embarek couché sous un arbre, tandis que ses bœufs traçaient le sillon.

La tradition ajoute que les perdrix, pendant ce temps, s'approchaient de Sidi Embarek pour lui enlever la vermine ! Ismaël, se précipitant alors à ses genoux, lui dit : « Tu es l'élu de Dieu ; c'est toi qui es mon maître, je suis ton serviteur. » Aussitôt, le ramenant chez lui, il le traita avec le plus profond respect. Sa réputation de sainteté s'étendit au loin : de toutes parts on venait solliciter ses prières et lui apporter des offrandes (1).

Une mosquée et une koubba élevées en l'honneur de Sidi Embarek, étaient en grande vénération. La mosquée a été convertie en hôpital, mais la koubba qui a été respectée, est encore très-fréquentée par les fidèles.

La population de la commune de Koléah est de 6,190 habitants, répartis ainsi qu'il suit : Koléah 4548, dont 1821 européens ; Fouka 370 ; Douaouda 341 ; Castiglione 444 ; Tefschoun 242 ; Bérard 125, et Assatba 120.

Le territoire de Koléah est très-fertile. Les eaux sourdent de toutes parts dans son petit vallon, abondantes et pures ; elles sont distribuées avec soin et arrosent de magnifiques vergers d'orangers, de citronniers et de grenadiers.

L'Empereur à Koléah.

Le dix mai 1865, à deux heures et demie du soir, Sa Majesté l'Empereur venant de Boufarick, où Elle avait bien voulu honorer de sa présence le comice agricole, après avoir pris la route qui conduit de cette ville au village de Oued-el-Halleug au milieu de la végétation la plus luxuriante, est arrivée à

---

(1) CASTELLANE. *Souvenirs de la vie militaire en Afrique.*

Koléah, où l'attendait toute la population de la ville et des villages voisins.

De concert avec M. Bessières de la Jonquières, commandant des zouaves, et par les soins de M. Géry, maire de Koléah, un arc de triomphe avait été dressé sur la route impériale qui, bordée de chaque côté d'arbres magnifiques, offrait le plus joli coup d'œil, et ne contribuait pas peu à en rehausser la décoration.

La section des pompiers, un détachement de la milice et toute la garnison formaient la haie sur le parcours que devait suivre Sa Majesté. Le Conseil municipal, M. le juge de paix, le cadhi et tous les membres de l'ordre judiciaire, MM. les curés de Koléah et des environs, les chefs des différents services, les officiers sans troupes, ceux en retraite, MM. les membres de la Légion d'honneur, les médaillés de Sainte-Hélène, tenaient la droite de l'arc de triomphe ; sur la gauche, étaient rangés les élèves des écoles des deux sexes, de Koléah, de Fouka, de Castiglione et de Tefschoun, accompagnés de leurs instituteurs. Sur le prolongement de la route qui forme une rue du nom d'El-Arida, étaient rangés les habitants auxquels s'étaient jointes les populations accourues au devant de Sa Majesté avec douze bannières, désignant chacune un centre : Koléah (banlieue), Fouka, Douaouda, Castiglione, Tefschoun, Bérard, Attatba, Zoudj-El-Abbès, Saïghr, Messaoud, Berbessa et Chaïba. Sur la place du caravanserail, qui fait suite à la rue, étaient groupés comme des faisceaux d'armes, les outils aratoires des divers colons, charriots, charrues, herses, pioches, etc... Sorte d'exposition faite par des colons cultivateurs, désireux de manifester à l'Empereur leur amour du travail, et lui montrer qu'ils sauraient devenir, avec ces nouvelles armes, victorieux du sol, comme ils avaient été victorieux des ennemis de la France avec les armes du soldat.

« La plume est impuissante, nous écrivait M. le Maire de Koléah, à rendre l'émotion qui s'empara de tous les cœurs, le bonheur qui rayonna sur tous les visages, et qui se traduisit par les cris mille fois répétés de : *vive l'Empereur, vive l'Impératrice, vive le Prince Impérial*, au moment où la voiture de Sa Majesté s'arrêta sous l'arc de triomphe. »

Le maire, M. Géry, présenta à l'Empereur le corps municipal, les membres de la justice civile et indigène, les curés, les fonctionnaires des diverses administrations et prononça au milieu des acclamations sans cesse renaissantes, cette petite allocution :

« Sire,

« Béni soit le jour où il nous est permis d'offrir à Votre Majesté, l'hommage du respectueux dévouement des habitants de la commune de Koléah.

« Daignez, Sire, jeter un regard sur cette foule, heureuse de voir son Souverain, et qui, pleine de confiance dans l'avenir, et persuadée que toutes vos sympathies lui sont assurées, ne craint pas de placer sous vos yeux les armes avec lesquelles elle a vaincu, et compte vaincre encore, les obstacles que peuvent rencontrer la civilisation et le progrès.

« Aussi, heureux et reconnaissants, et avec l'enthousiasme du cœur, n'avons nous, Sire, qu'une même voix pour crier ensemble :

« *Vive l'Empereur !*
« *Vive l'Impératrice !*
« *Vive le Prince Impérial.* »

Ces cris furent aussitôt répétés par la population et la troupe, et tout le monde s'avança respectueusement auprès de la voiture impériale, comme des enfants qui désirent voir leur père. Le Maire eut la bonne pensée de présenter à l'Empereur deux jeunes enfants, un petit garçon, âgé de dix ans, Muratel Alexandre, et une petite fille du même âge, Pizot Anna, tenant chacun en mains un bouquet. Sa Majesté écouta avec une bienveillance toute paternelle ce petit compliment que lui adressa la jeune fille :

« Sire, nous prions Dieu pour votre Majesté, pour l'Impératrice et pour le Prince Impérial, l'espoir de la France. »

M. Géry avait pris l'enfant dans ses bras pour l'élever jusqu'à la portière, afin qu'elle pût être entendue de Sa Majesté, qui reçut les fleurs avec une satisfaction marquée ; puis, la main qui porte l'épée de la France caressa gracieusement la joue de la jeune enfant.

Sa Majesté voulut avoir le discours de M. le Maire. Elle lui demanda ensuite quel était le nombre des malheureux que pouvait compter la commune. Aujourd'hui, lui répondit M. Géry, il n'y a pas un seul malheureux à Koléah, tout le monde est heureux. Sa Majesté s'informa ensuite du chiffre de la population, de celui de la garnison, Elle jeta un coup d'œil sur le charmant jardin du 1er régiment de zouaves, et exprima son regret de ne pouvoir le visiter.

Pendant ce petit entretien, les plus vives acclamations se faisaient entendre, l'Empereur était visiblement satisfait, et le manifestait par des saluts et des signes d'une bienveillance toute paternelle.

Les mêmes cris redoublés de : *vive l'Empereur*, l'ont accompagné à son départ. A cent cinquante mètres environ, la voiture s'est arrêtée pour relayer, et là encore la population a entouré sa voiture pour voir de nouveau Sa Majesté, qui avait bien voulu s'entretenir avec un arabe de la famille des Embareck, Sidi-Kaddour-Ben-Hadj-Sereir, décoré de la Légion d'honneur.

Enfin, Sa Majesté a continué sa route, répondant par les salutations les plus gracieuses aux groupes nombreux de colons qu'Elle rencontrait sur son passage.

Arrivée à Douaouda, annexe de la commune de Koléah, située à quatre kilomètres environ de cette ville, sur la route d'Alger, Sa Majesté a été reçue sous un arc de triomphe, heureusement improvisé et précédé de deux haies formées d'un côté par la milice, et de l'autre par les élèves de l'école. M. Duchon, adjoint, accompagné de M. le curé, s'est approché de Sa Majesté et lui a adressé le discours suivant, pendant que toute la population faisait entendre les vivats les plus enthousiastes :

« Sire,

« Permettez-moi d'être auprès de Votre Majesté l'interprète des sentiments respectueux et dévoués de la population de Douaouda.

« Les colons, Sire, sentent qu'ils peuvent compter sur vous ; aussi de toutes parts accourent-ils, joyeux, empressés, enthousiastes, ils veulent voir leur Empereur et même être vus de lui.

« Ils ont dompté le désert ; ils pensent qu'ils ont bien mérité de la patrie, et qu'ils seront bien récompensés de leurs labeurs si le chef de l'Etat daigne y applaudir.

« Les habitants de ce village ne comptent point parmi eux, de ces esprits aventureux qui basent leurs espérances de fortune sur un heureux hasard ; tous fondent leur espoir sur le travail, et c'est par la production, qu'ils espèrent améliorer leur sort ; ils avancent dans la vie, patients, laborieux, mais fiers d'être utiles.

« Si cependant, Sire, il leur était permis de vous adresser deux vœux : ils demanderaient, qu'un communal plus vaste leur soit accordé, afin que par des troupeaux plus nombreux ils puissent réparer leurs terres qui s'épuisent ; ensuite qu'une église plus digne du culte leur soit construite.

« Je finis, Sire, en criant de toutes les forces de mon âme :

« *Vive l'Empereur !*
« *Vive l'Impératrice !*
« *Vive le Prince Impérial !* »

Sa Majesté s'est entretenue des intérêts du pays et a fait prendre note de l'insuffisance du communal. Avant de quitter Douaouda Elle a remis une somme de deux cents francs à M. l'Adjoint, pour être distribuée aux nécessiteux.

MOUZAÏA-VILLE.

Mouzaïa-ville, chef-lieu de commune, est situé sur la route de Blidah à Cherchell, à 5 kilomètres de la rive gauche de la Chiffa.

Ce village a été fondé, en 1846, sur l'emplacement d'une ancienne station romaine, nommée *Tamara-musa-castra*.

La commune de Mouzaïa-ville comprend six annexes : *El-Affroun, Bou-Roumi, La Chiffa, Bérard, Les Mouzaïas, Les Hadjoutes*. Sa population totale est de 6,096 habitants.

Le territoire de ce village, arrosé par les eaux de l'Oued-hâàd et de l'Oued-chamli, est très-fertile.

L'Empereur à Mouzaïa-Ville.

Le 7 mai, jour de dimanche, l'Empereur, après avoir entendu la messe à Alger, partit à 8 heures du matin pour se rendre à Milianah. Sa Majesté descendit de wagon à Blidah et poursuivit ensuite sa route en voiture découverte. Elle s'arrêta au village de la Chiffa, où les colons lui avaient élevé un arc de triomphe, s'entretint un instant avec les autorités locales et répondit par quelques paroles gracieuses aux vivats qui l'acclamaient.

De la Chiffa à Mouzaïa-ville, le trajet est très-court. Un instant après, le cortége impérial arrivait à l'entrée de cette petite ville où toute la population accueillit Sa Majesté avec l'enthousiasme le plus franc et le plus chaleureux.

L'Empereur demanda au Maire des renseignements sur les récoltes et s'informa auprès du médecin de la colonisation de l'état sanitaire du pays. Encouragé par l'affabilité de Sa Majesté, un colon, M. Adam, lui offrit quelques bouteilles de vin provenant des vignes de Mouzaïa.

Un jeune enfant de quatre ans, conduit par sa mère lui présenta ensuite un bouquet. L'Empereur remercia la mère et l'enfant. C'était au moment du départ. Sa Majesté craignant un accident, fit de pressantes recommandations à la mère, l'engageant à prendre garde au mouvement de la voiture. Cette touchante sollicitude émut la population, qui redoubla ses vivats, et la voiture était déjà assez loin que les cris de : *Vive le Prince Impérial* retentissaient encore. L'Empereur, en s'éloignant, dut emporter un bon souvenir de ce petit incident.

EL-AFFROUN.

El-Affroun, annexe de la commune de Mouzaïa-ville, est situé à 6 kilomètres de cette ville. Sa population est de 300 habitants.

La colonie agricole d'El-Affroun, fondée en 1848, a été constituée en centre de population le 11 février 1851, et annexée à la commune de Mouzaïa-ville le 31 décembre 1856.

Ce village et le hameau de Bou-Roumi forment une section de commune, administrée par un seul adjoint, M. Loubignac. Ils sont l'un et l'autre dans une position géographique tout à fait favorable. La route d'Alger à Oran qui les traverse les fait rayonner sur Milianah, Tenez et Cherchell, et sur les centres de population moins importants d'Ameur-el-Aïn, de Bou-Rekika de Marengo et de Zurich. — Le chemin de fer d'Alger à Oran passera à trois cents mètres d'El-Affroun. La gare que l'on doit établir sur ce point sera plus importante que celle de Médéah.

Le territoire d'El-Affroun est fertile ; la végétation s'y développe avec une rapidité extraordinaire. Toutes les cultures y réussissent : céréales, vignes, tabac, coton, colza, lin. De nombreuses plantations d'arbres de diverses essences entourent le village, et en cachent la vue. Quand on arrive devant El-Affroun, les rues bordées d'arbres et sillonnées par une eau vive et murmurante, produisent le plus joli effet, on croirait entrer sous des berceaux de verdure.

Ce charmant village est déjà pourvu de tous les établissements d'utilité publique : mairie, église, presbytère, écoles pour les garçons et pour les filles, salle d'asile, bureau de poste, magasins pour les pompes à incendie, etc.

Divers services sont en outre installés à El-Affroun : un garde général des Forts y réside, ainsi qu'un conducteur des Ponts et Chaussés, et une brigade de gendarmerie.

L'Empereur à El-Affroun.

L'Empereur est arrivé à El-Affroun, le 7 mai, à 10 heures et demie du matin. La milice et la brigade de gendarmerie étaient rangées en bon ordre à l'entrée du village où se trouvaient réunis avec toute la population du village : M. Loubignac, maire-adjoint ; M. Ferrère, conseiller municipal ; M. le curé Jourat ; M. Ferry-Fontnouvelle, garde général des Forêts ; MM. les employés des Ponts et Chaussés et des travaux du chemin de fer ; les sœurs de Saint-Vincent de Paul avec leur pensionnat ; l'instituteur avec ses élèves et, enfin, tous les enfants de l'asile.

Les cris de : *Vive l'Empereur, Vive l'Impératrice, Vive le Prince Impérial*, ont accueilli Sa Majesté, qui paraissait charmée du bel effet produit par ce riant village, tout rempli de verdure, et par l'air de santé et de bonheur qui s'épanouissait sur tous les visages. S'adressant à M. Loubignac, maire adjoint, avec cette affabilité et ce gracieux sourire qui mettent à l'aise les caractères les plus timides, l'Empereur lui dit quelques paroles bienveillantes. M. Loubignac remercia Sa Majesté et s'empressa de lui présenter les colons d'El-Affroun, en prononçant le petit discours que nous transcrivons :

« Sire,

« La population d'El-Affroun que j'ai l'honneur de vous présenter, salue avec bonheur, respect et reconnaissance l'élu de la France. La présence de Votre Majesté parmi nous, Sire, est un gage de sécurité et de prospérité. Elle a déjà relevé bien des courages abattus. La confiance que nous avons en vous et en celle de l'illustre Maréchal qui nous gouverne, ne sont point une illusion. Aussi nos cœurs vous appartiennent ; nos poitrines battront toujours pour vous et toujours nous répéterons ces cris tant aimés : *Vive l'Empereur, Vive l'Impératrice, Vive le Prince Impérial.* »

Quand le bruit des vivats se fut un peu apaisé, l'Empereur interrogea le maire sur les productions du sol. M. Loubignac lui répondit que la culture des céréales était restreinte parce que le périmètre du territoire n'était pas assez étendu ; que six hectares seulement, dont trois littéralement couverts de palmiers nains, avaient été donnés en concession à chacun des colons, et que ce n'était qu'à force de travail, de persévérance et de privations qu'ils étaient arrivés à se créer des moyens d'existence, et cela grâce à la culture du tabac et du coton — Sa Majesté demanda alors si on fabriquait du coton. Il lui fut répondu que cette industrie était la principale ressource du village ; que dans les expositions la qualité des cotons d'El-Affroun avait été déclarée supérieure aux plus belles qualités d'Amérique, et que M. Ferrère, l'un des plus anciens colons du village, avait reçu en 1856, pour ce produit, une médaille en bronze ; qu'en 1862, le gouvernement lui avait décerné une médaille en or, et la Société impériale d'agriculture une prime de 500 fr.

L'Empereur fut très-satisfait de ces renseignements. Il s'informa ensuite des misères qu'il pourrait secourir, et le Maire lui ayant répondu qu'il n'existait qu'un très petit nombre d'indigents, Sa Majesté lui fit remettre 200 francs pour les pauvres, par M. le général Castelnau.

Au moment où l'Empereur allait s'éloigner, une charmante jeune fille s'approcha de Sa Majesté, la priant d'accepter quelques fleurs. L'Empereur les prit avec un gracieux empressement et remercia la jeune colonne en lui disant : « Votre bouquet est très-joli et très-parfumé. »

La voiture était déjà lancée lorsque l'Empereur remarqua une exposition de cocons jaunes et japonais, que mademoiselle Marie Floret avait placée sur son passage. Sa Majesté parut examiner cette exposition avec beaucoup d'intérêt, et adressa le plus gracieux salut à mademoiselle Marie Floret.

AMEUR-EL-AÏN.

Ameur-el-Aïn, annexe de Marengo, est situé à 14 kilomètres E. de cette commune, sur la route d'Alger à Oran.

Ameur-el-Aïn, ancienne colonie agricole de 1848, constituée en centre de population le 4 juillet 1855, a été annexée à la commune de Marengo le 31 décembre 1856. Ce village compte près de 1,000 habitants. Son territoire est fertile. On y cultive la vigne avec succès.

L'Empereur à Ameur-el-Aïn.

Le dimanche, 7 mai 1865, à dix heures du matin, l'Empereur, venant de Blidah et se dirigeant vers Milianah, s'arrêta pendant quelques instants à l'entrée du village. Reçue par M. Jacquot, adjoint, remplissant les fonctions de maire à

Ameur-el-Aïn, et par les officiers de la milice, Sa Majesté s'informa des besoins de la population, de l'état des cultures, et remit à M. Jacquot une somme de 200 fr. pour être distribuée aux pauvres.

Après avoir salué avec bonté et à plusieurs reprises les colons qui l'entouraient et l'acclamaient, l'Empereur a poursuivi sa route.

Sa Majesté est allée déjeuner entre Ameur-el-Aïn et Bou-Rekika, à 4 kilomètres de ces deux localités. La table a été mise sous un bouquet d'arbres planté au bord de la route, devant une ferme, connue sous le nom de *Maison Blanche*, et appartenant à M. Charbonnier, médecin de colonisation. Le propriétaire et le fermier étaient absents, car, ce jour-là, chacun s'était rendu au village pour voir l'Empereur. Une jeune enfant d'une douzaine d'années gardait seule la maison. Sa Majesté a dû remarquer combien était grande la sécurité dans cette partie de l'Algérie, où, à 4 kilomètres de tout autre habitation, la garde d'une ferme assez importante pouvait être confiée sans danger à une jeune fille de 12 ans.

BOU-REKIKA.

Bou-Rekika, annexe de la commune de Marengo, est situé à 6 kilomètres E. de son chef-lieu, sur la route de Blidah à Milianah. Sa population est de 834 habitants.

Colonie agricole de 1848, peuplée avec des transportés en 1852, et annexée à la commune de Marengo le 31 décembre 1856, Bou-Rekika a dû son prompt développement à sa situation entre les routes de Blidah, de Milianah et de Cherchell.

L'Empereur à Bou-Rekika.

Le 7 mai, à midi et demi, l'Empereur venant de Blidah, et se rendant à Milianah, s'arrêtait à Bou-Rekika, où les colons lui avaient dressé un arc de triomphe. Sa Majesté fut reçue par M. Le Génissel, maire et commissaire civil du district de Marengo, accompagné de M. Choulet, adjoint de Bou-Rekika, du conseil municipal, et des divers fonctionnaires de la commune. L'affluence de la population était grande, presque tous les habitants de Marengo s'étaient joint à ceux de Bou-Rekika. M. Dupotel, adjoint de Cherchell, était venu en députation avec le conseil municipal et plusieurs autres personnes de cette ville. Plusieurs groupes d'arabes s'étaient également formés autour de la voiture impériale ; mais ils étaient peu nombreux et perdus dans la foule des européens, accourus de tous les points environnants.

Tout ce qu'il y avait de voitures et de charrettes dans la commune, avait été mis en circulation, pour transporter les colons et leurs familles. Les habitants de Bou-Rekika avaient eux-mêmes, pour ce jour de fête, envoyé toutes leurs voitures à Marengo, et les avaient mises avec un fraternel empressement à la disposition de ceux qui n'avaient pas de moyen de transport.

L'Empereur, agréablement surpris de l'animation qui régnait sur ce point déjà éloigné du littoral, paraissait satisfait de l'accueil chaleureux qui lui était fait par ces anciens transportés, devenus aujourd'hui des colons laborieux, dévoués à l'œuvre de la colonisation. Sa Majesté s'informa de tout ce qui pouvait aider à la prospérité de ce village, et après avoir adressé quelques paroles très-bienveillantes aux autorités locales, continua sa route, non sans avoir promis à M. le maire de Marengo et à divers colons qui le lui avaient demandé, de s'arrêter à Marengo en revenant de Milianah. Le Conseil municipal de Cherchell, après avoir remis une adresse à Sa Majesté, avait sollicité la même faveur, mais il ne put lui être fait aucune promesse, en raison de la grande distance à parcourir et du dérangement qui en serait résulté dans l'itinéraire projeté.

MILIANAH.

Milianah, chef-lieu d'arrondissement et de subdivision militaire, est situé à 118 kilomètres d'Alger, sur un plateau du mamelon le plus élevé du Zaccar, à 900 mètres environ au dessus du niveau de la mer, et à cinq kilomètres de la plaine du Chéliff.

Suspendue en quelque sorte au penchant de la montagne, et bâtie sur le flanc d'un rocher dont elle borde les crêtes, la ville de Milianah est bornée : au nord, par le mont Zaccár, qui la couvre entièrement de ce côté; au sud, par une vallée fertile, que le petit Gontas sépare de la plaine ; à l'est, par un ravin qu'elle domine à pic ; à l'ouest, par un plateau arrosé d'eaux vives, qui y appellent et y favorisent la culture.

De ce point élevé, la vue s'étend jusqu'à l'Ouarensenis, qui se trouve au-delà de la plaine du Chéliff.

Ainsi posée, la ville de Milianah offre un aspect pittoresque.

Les environs de la ville sont charmants. On rencontre, en parcourant la chaîne des montagnes du Zaccar, qui se prolonge jusqu'à Cherchell, les sites les plus remarquables. Ici des pics à perte de vue; là des vallées dont l'œil peut à peine apercevoir les profondeurs. Il y a dans ces parages, des lieux arides et rocailleux, et un peu plus loin, des fourrés impénétrables, des forêts et de vertes collines, le tout parsemé d'arbres fruitiers sauvages, tels que l'arbousier, le cerisier.

L'eau abonde partout dans ces montagnes, qui contiennent en outre, des gisements de minerais de cuivre, de plomb et de fer. Une mine de cuivre rouge a été exploitée pendant plus de deux années sur la route muletière de Cherchell ; mais les éruptions y ont été tellement intenses, que les filons n'y ont aucune régularité. Les richesses qui sont renfermées dans ces montagnes doivent être considérables. Des travaux de reconnaissance récemment opérés ont amené la découverte d'un gîte de minerais de cuivre, qui a produit 150 quintaux métriques en 14 journées de main-d'œuvre. Il existe près de la ville, deux ou trois gîtes de fer de très-bonne qualité, qu'Abd-el-Kader exploitait. Son établissement de forges se trouve aujourd'hui transformé en une minoterie.

Au sud-est de Milianah, les montagnes du Gonthas ont été moins bouleversées, elles sont très-métallifères, les filons de cuivre y sont réguliers ; des travaux importants de reconnaissance y ont été faits par les explorateurs du Zaccar : MM. Dupin, Virault et Allemand.

La vue de Milianah, vers le sud-ouest, change d'aspect. L'œil découvre la belle plaine du Chéliff, parsemée de fermes et de villages français et arabes. Cette plaine est aujourd'hui couverte de riches moissons : blés, orges, luzernes, etc. De magnifiques plantations, favorisées par l'abondance des eaux, environnent la ville ; les arbres fruitiers donnent des fruits exquis. Le jardinage y est d'excellente qualité. La culture de la vigne y fait des progrès très-rapides. On ne comptait il y a quelques années, qu'une centaine d'hectares complantés de cépages blancs, aujourd'hui le chiffre du cépage noir dépasse 300 hectares.

La ville de Milianah est ravissante. Elle est entourée d'un magnifique boulevard ; ses rues sont bordées de très-beaux arbres, disposés en voûte, qui forment un cercle de verdure dans la partie supérieure, et donnent de l'ombre sur tout leur parcours. On y trouve la fraîcheur en plein midi, pendant les journées d'été les plus chaudes; l'eau y abonde et circule dans des canivaux construits à droite et à gauche des rues. L'air y est pur, le climat très-sain ; les vents du sud, dits *siroco*, y ont peu d'intensité à cause de sa situation élevée.

L'eau est en si grande quantité à Milianah, qu'il a été possible à deux industriels, MM. Pichou et Tourniol, d'y monter un établissement de pisciculture formé de plusieurs grands bassins, où se multiplient une infinité de truites, carpes, saumons, etc. Ces messieurs ont reçu la médaille de 1re classe de la Société d'acclimatation de Paris.

On va établir à Milianah des fabriques de laine, de coton et de lin. — Le lin et le coton y sont, en effet, cultivés avec grand succès. La laine est apportée à profusion sur les marchés de Milianah (1).

La commune de Milianah, comprend trois annexes : *Affreville, Lavarande* et *Aïn-Sultan.* Sa population totale est de 8,199 habitants.

L'Empereur à Milianah.

Le 7 mai, à 5 heures 15 minutes du soir, l'Empereur arrivait devant Milianah, où il était reçu, sous un élégant pavillon, par M. Martin, maire de cette ville, accompagné du conseil municipal (2) et de toute la population.

M. Martin, en présentant les clefs de Milianah à l'empereur, a prononcé le discours suivant :

---

(1) Ces renseignements et ceux qui précèdent nous ont été fournis par M. Martin, maire de Milianah, et l'un des fonctionnaires les plus distingués de la Colonie.

(2) L'administration municipale de Milianah est ainsi composée : M. Martin, maire ; MM. Larousse, 1er adjoint ; Férali, adjoint à Affreville ; Brun, adjoint à Lavarande ; Malardeau, adjoint à Aïn-Sultan. MM. Ampt, Danger, Glaize, Jourdan, Marguerite, Rosado, Tesseire, Moatti, Mohamed-bel-Affaf et Seliman-ben-Siam, conseillers municipaux. M. Dupin, secrétaire.

« Sire,

« En vous remettant les clefs de la ville, je me sens saisi d'un sentiment de fierté dont le souvenir restera à jamais gravé dans ma mémoire.

« Vous avez parcouru nos contrées, Sire, et vos regards se sont reposés sur des vallées dont la végétation, d'une richesse presque sans égale, laisse encore les terres en trop grande quantité étrangères à la culture, et principalement à la culture industrielle. Mais bientôt, lorsque les chemins de fer, dont Votre Majesté a doté l'Algérie, sillonneront notre beau pays, tout changera d'aspect comme par enchantement ; alors les capitalistes n'hésiteront plus à envoyer leurs fonds, et les bras qui nous manquent viendront faire surgir du sein fertile de nos terres les riches trésors qui y sont encore enfouis.

« Le voyage de Votre Auguste Majesté, Sire, que nous n'avions jusqu'ici envisagé que comme un rêve, vient réaliser notre plus cher vœu, en ranimant notre courage.

« Les Égyptiens disaient : « Napoléon Ier est l'élu de Dieu sur la terre. » Nous, Sire, nous ajouterons : « Napoléon III est notre Providence ! »

L'Empereur a répondu qu'il était très-satisfait de tout ce qu'il avait vu ; qu'il restait encore beaucoup à faire, mais qu'il serait pourvu à tout ce qui importait à l'avenir et à la prospérité de la Colonie.

Sa Majesté est ensuite entrée dans la ville, et s'est rendue à l'hôtel de la subdivision. La foule se pressait sur ses pas et l'acclamait avec un enthousiasme indescriptible. Les vivats les plus chaleureux retentissaient dans toutes les rues. Les maisons brillamment pavoisées, et leurs croisées garnies d'un double rang de dames qui agitaient leurs mouchoirs, offraient le plus charmant coup d'œil.

Arrivé à l'hôtel de la subdivision, l'Empereur a paru au balcon pour voir défiler la milice et les troupes de la garnison. En cet instant, un immense cri de : *vive l'Empereur* a salué Sa Majesté, qui était touchée de l'enthousiasme dont toute la population européenne et indigène était animée, on pourrait dire transportée, car l'ovation était en quelque sorte délirante.

Après avoir donné audience à M. Costallat, sous-préfet de l'arrondissement, à M. le maire, à M. le curé et à M. le juge de paix, Sa Majesté a voulu parcourir la ville à pied. Elle a ensuite visité le jardin du cercle militaire, qui est bien le plus joli réduit que l'on puisse imaginer et qui fait grand honneur au bon goût de MM. les officiers de la garnison de Milianah. Ce jardin, qui est entretenu avec soin, a le double avantage d'offrir un refuge toujours frais pendant les chaleurs de l'été, et de recréer la vue par un coup d'œil imposant et varié. C'est d'abord, aux pieds de Milianah, mais à une grande profondeur, la plaine du Chéliff, que l'Oued de ce nom traverse dans le sens de sa longueur. Plus loin, et bordant la plaine du côté du sud, s'élève le grand Atlas, l'Ouarensenis, sommet qui domine les autres sommets, et auquel les arabes ont donné l'épithète d'*Œil du monde*.

A la nuit, Milianah couvert de feux, étincelait de lumière et de joie, selon l'expression très-vraie du rédacteur de l'*Akhba*.

L'Empereur a reçu à sa table le général Liébert, commandant de la subdivision, M. Costallat, sous-préfet, M. Martin, maire de Milianah, M. le curé et M. le lieutenant-colonel du 87e de ligne.

A l'issue du dîner, pendant lequel l'Empereur s'est entretenu des intérêts de la ville avec les diverses autorités et principalement avec M. le général et M. le maire, la musique du 4e chasseur, dirigée par M. Leguay, a accompagné une cantate composée par M. Félieux, en l'honneur de Sa Majesté.

Voici cette cantate, intitulée : *La Milianaise*, qui a été très-bien chantée par M. Giraulet, artiste au théâtre de Milianah :

I.

Réjouis-toi, peuple de l'Algérie,
Réjouis-toi, brave tes ennemis !

MILIANAH.

Sur cette terre autrefois asservie
Des jours heureux nous sont encore promis.
L'illustre Chef qui gouverne la France
Est parmi nous !... — Sire, tous vos sujets
Doivent bénir ici votre présence,
Car près de Vous, nous sommes tous Français !

II.

C'est à l'armée, à sa noble vaillance,
Que nous devons notre sol africain ;
C'est à Vous, Sire, aujourd'hui, que la France
A confié son glorieux destin.
Aussi, bientôt, pour les arts..., l'industrie,
Notre pays, partout sera cité ;
Et c'est à Vous, alors que l'Algérie
Devra sa gloire et sa prospérité !

III.

Lorsque la France adopte l'Algérie,
Les mêmes droits à tous seront acquis !
Et réunis à la même patrie,
Nous ne ferons qu'un même et seul pays
Pour l'Algérie, hélas ! trop délaissée !...
Désormais s'ouvre un brillant avenir ;
Votre œuvre, Sire, est trop bien commencée
Mais c'est Vous seul qui pourrez l'accomplir !...

IV.

Bientôt, hélas ! vers la mère patrie,
Avec regret nous vous verrons partir !...
En nous quittant, Sire, de l'Algérie
Ah ! puissiez-vous garder le souvenir !
Et chaque jour, regardant vers la France,
L'heureux colon, tranquille désormais,
Vous bénira dans sa reconnaissance,
En jouissant du prix de vos bienfaits.

V.

Sire, en ces lieux, Votre auguste présence
Dans tous nos cœurs laisse le doux espoir
De voir bientôt cette nouvelle France
Heureuse et fière !... et par votre pouvoir,
Pouvoir en tout digne du grand empire,
De l'Algérie illustrant le renom,
Ainsi qu'en France, ici nous pourrons dire :
Vive à jamais !... Vive Napoléon !...

L'Empereur a fait remercier l'auteur de ces vers, M. Felieux, et M. Leguay, compositeur de la musique ; et a fait remettre à chacun d'eux une médaille en or.

Pendant son séjour à Milianah, Sa Majesté s'est occupée avec une grande sollicitude de l'avenir de cette ville, aux divers points de vue de l'agriculture, de l'industrie et du commerce. Elle s'est informée des cultures qui réussissaient le mieux, du produit des vignes, et a demandé si les terres avaient besoin d'engrais. M. Martin lui a répondu que jusqu'alors on en avait très-peu employé et que la richesse du sol était telle que les colons n'avaient pas encore reconnu l'absolue nécessité de recourir à cet excitant.

L'Empereur a voulu connaître les ressources métallurgiques des environs de Milianah. Il a été question des forges qu'Abd-el-Kader avait établies, et des mines abondantes qui les alimentaient. Enfin, Sa Majesté a interrogé tour à tour les divers chefs de service sur les besoins de l'arrondissement, et cela avec une si grande affabilité, que personne n'était embarrassé pour répondre. En sorte que, dit une correspondance, Sa Majesté, éclairée par les réponses qu'elle provoquait avec une précision admirable, a plus appris sur le pays en quelques heures, que n'aurait pu le faire la commission la mieux composée, dans une enquête de plusieurs jours.

L'Empereur a quitté Milianah le lendemain à 7 heures du

matin. Avant son départ, Sa Majesté a fait appeler M. le Maire et l'a prié d'être auprès de la population de Milianah l'interprète de sa satisfaction pour le bon accueil qu'elle en avait reçu.

« Votre ville est charmante, et certainement, a-t-elle ajouté en terminant, je reviendrai la visiter. »

Puis, en présentant un billet de banque de 1,000 francs à M. Martin, Sa Majesté a prononcé ces paroles :

« Prenez ceci pour la Société de secours mutuels, c'est le « meilleur moyen de donner aux pauvres. »

Aussitôt après le départ de l'Empereur, M. Martin a adressé à la population de Milianah, la proclamation suivante, tout empreinte de la profonde gratitude que la visite du Souverain a fait naître dans tous les cœurs :

« Chers concitoyens,

« Notre plus beau rêve s'est réalisé : Sa Majesté l'Empereur est venu visiter nos contrées, et ses impressions, j'ose le proclamer, ont été on ne peut plus favorables à notre riche et fertile sol. Aussi, en quittant notre ville, m'a-t-il chargé de vous témoigner sa satisfaction de la réception que vous lui avez faite, et son intention de s'occuper des intérêts de Milianah.

« Nous étions déjà dévoués par conviction à la dynastie de notre Souverain ; aujourd'hui, nous le serons encore davantage par le sentiment de la plus vive reconnaissance.

« Ainsi donc, répétons comme nous l'avons déjà fait mille et mille fois, pendant le trop court séjour de Sa Majesté à Milianah, les cris de :

« *Vive l'Empereur !*

« *Vive l'Impératrice !*

« *Vive le Prince Impérial !* »

MARENGO.

Marengo, chef-lieu de district et de commune, est situé à l'extrémité occidentale de la plaine de la Mitidja, à 38 kilomètres O. de Blidah, et à 28 kilomètres E. de Cherchell.

Créée le 17 septembre 1848, la colonie agricole de Marengo a été peuplée en majeure partie d'ouvriers Parisiens. Cette colonie constituée en centre de population le 11 février 1851, a été érigée en chef-lieu de commissariat civil le 13 janvier 1855, et en chef-lieu de commune, le 31 décembre 1856.

La commune de Marengo comprend quatre annexes :

Bou-Rekika, village situé à 6 kilomètres E. de Marengo, sur la route de Blidah, peuplé en 1856. — *Ameur-el-Aïn*, situé à 14 kilomètres E. de Marengo, sur la route d'Alger à Oran, peuplé en 1855. — *Chatterbach*, situé à 3 kilomètres d'Ameur-el-Aïn, fondé en 1859. — *Tipaza*, village maritime, établi sur les ruines fort importantes et très-étendues de l'ancienne ville romaine du même nom.

La population totale de la commune de Marengo est de 3,810 habitants, dont 1,260 européens et 2,550 indigènes.

Le territoire de Marengo est très-fertile. Un canal d'une étendue de 8 kilomètres arrose les terres de la banlieue, et vient alimenter les fontaines de la ville. Les eaux de ce canal proviennent du barrage-réservoir de l'Oued Meurad, le premier qui ait été entrepris en Algérie.

L'Empereur à Marengo.

Pendant son court passage à Ameur-el-Aïn, l'Empereur avait promis à M. Le Génissel, commissaire civil et maire de

Marengo, qu'il s'arrêterait dans cette commune, en revenant de Milianah.

Cette promesse avait mis la population au comble de la joie. C'était un enthousiasme général, et, dès le soir même, des travailleurs de bonne volonté dressaient un arc de triomphe sur la principale place de la petite ville.

Cet arc de triomphe était composé uniquement de feuilles de palmiers-nains, et faisait le plus gracieux effet. Cet arbuste sauvage rappelait le travail pénible auquel se sont livrés les colons depuis leur installation; car à Marengo, plus qu'ailleurs, les terres étaient couvertes de palmiers-nains, qui occupaient l'emplacement même du village, et en si grande quantité, si serrés, qu'ils se touchaient sans aucune interruption.

Toute la population était réunie autour de l'arc de triomphe. Plus de 150 enfants des écoles formaient la haie, et témoignaient par leurs frais visages et par leur air de bonne santé, que les colons européens peuvent facilement vivre, s'acclimater et prospérer en Algérie. Le conseil municipal (1), la milice et tous les fonctionnaires s'étaient groupés autour de M. Le Génissel, maire et commissaire civil, et attendaient, non sans émotion, l'arrivée du Souverain, qui s'écartait de sa route, pour visiter l'humble commune et ses laborieux habitants.

L'Empereur était à Marengo à midi, et s'informait des besoins de la commune, de l'état de la santé publique et de tout ce qui pouvait l'éclairer sur la situation générale de la colonisation. Sa Majesté a voulu savoir à qui appartenaient les espaces encore incultes et couverts de palmiers que traverse la route venant de Blidah. Il lui fut répondu qu'ils appartenaient aux colons, et que les défrichements n'avaient encore pu se

---

(1) Composition de l'administration municipale: M. Le Génissel, commissaire civil et maire; MM. Toupry, adjoint à Marengo; Choulet, adjoint à Bou-Rekika, et Jacquot, adjoint à Ameur-el-Aïn. MM. Arnaud, Beauvais, Garny, Raymond, Sauveton, Zanetti, Mohamed et Mustapha, conseillers municipaux; M. Pons, secrétaire.

faire, d'une manière complète, dans le pays, par la raison que le prix de la main-d'œuvre de ce défrichement dépassait pour le moment la valeur vénale du terrain défriché. Mais on fit observer à Sa Majesté que les terres qu'Elle venait de voir, étaient les seules demeurées incultes, et on insista pour qu'Elle s'en rendît compte. L'Empereur dut remarquer, en effet, en quittant le village, que toutes les terres situées dans cette partie de la commune étaient parfaitement cultivées.

Plusieurs colons ont offert des échantillons de leurs produits à l'Empereur, qui a bien voulu les accepter. M. Jourdan, notamment, a offert deux bouteilles de son vin de 1863; un jeune enfant, petit-fils de M. Curson, a présenté un paquet de fort belles asperges du pays, décorées de quelques fleurs, et Sa Majesté a accepté non sans sourire, ce bouquet d'un nouveau genre. Un autre enfant, le fils de M. Le Génissel, a également offert un bouquet, mais composé exclusivement de fleurs.

L'Empereur a paru très-satisfait de ce qu'il a vu des résultats obtenus par les colons européens, et il a remarqué surtout à Marengo, que presque tous paraissaient être dans l'aisance.

BLIDAH.

Blidah, chef-lieu de sous-préfecture, est situé à l'extrémité sud de la plaine de la Mitidja, à 48 kilomètres d'Alger, sur la route de Médéah.

La commune de Blidah comprend quatre annexes : *Joinville*, *Montpensier*, *Dalmatie* et *Béni-Méred*. Sa population totale est de 11,563 habitants.

L'origine de Blidah ne paraît pas remonter à l'époque romaine. Aucune ruine du moins ne le laisse supposer. Cette ville, très-peuplée du temps des Turcs, fut détruite en grande partie par le tremblement de terre de 1825. Elle commençait à se repeupler, en 1830, lorsque le maréchal de Bourmont essaya de s'en emparer. Attaquée de nouveau, vers la fin de 1830, par le maréchal Clauzel, prise et évacuée ensuite par le duc de Rovigo et par le maréchal Valée, en 1834 et 1838, elle ne fut occupée définitivement qu'à partir de 1839.

Les orangeries de Blidah sont renommées ; elles occupent une superficie de 110 hectares, et comprennent plus de 35,000 pieds d'orangers ou de citronniers. Le territoire de Blidah est d'ailleurs très-fertile. Toutes les cultures y réussissent parfaitement.

Blidah, qui est relié à Alger par un chemin de fer, et qui reçoit les produits de l'intérieur par Médéah, tend à devenir un centre de commerce important.

L'Empereur à Blidah.

Le 11 mai, à 9 heures et demie du matin, le train impérial, qui avait quitté Alger à 8 heures un quart, arrivait dans la gare de Blidah. Sa Majesté l'Empereur, accompagné de son état-major et d'une suite nombreuse, est aussitôt monté en voiture, et s'est dirigé vers la ville, où il a été reçu par M. Borély La Sapie, maire de Blidah, et par M. Ausone de Chancel, sous-préfet de l'arrondissement.

M. Borély La Sapie a prononcé le discours suivant, en présentant à l'Empereur les clefs de la ville de Blidah, que portait sur un beau coussin de velours un arabe aux traits fortement accentués :

« Sire,

« J'ai l'honneur d'offrir à Votre Majesté les clefs de la ville et de lui présenter le conseil municipal.

« Veuillez permettre, Sire, que je sois l'interprète des sentiments de la population, en disant que si le nouveau voyage de Votre Majesté en Algérie a réalisé nos plus chères espérances, la visite que daigne nous faire aujourd'hui notre Souverain, nous met au comble de la joie.

« Sire, la ville de Blidah espère être agréable à Votre Majesté en lui offrant l'exemple d'un heureux mélange de militaires, de colons et d'indigènes, vivant dans la plus parfaite harmonie et tous animés d'un égal amour pour leur Souverain.

« Votre Majesté, qui donne au monde l'exemple des grandes pensées et des œuvres généreuses, a voulu être le rédempteur des indigènes, et, par l'Algérie, essayer de ramener l'Orient à la civilisation. Cette noble pensée a fait battre ici de fierté, le cœur des enfants de la France ; ils sollicitent l'honneur de seconder, dans la mesure de leurs forces, les larges vues de Votre Majesté.

« Sire, croyez à notre amour, croyez à notre dévouement ; mais, que dis-je? et ai-je encore à demander cela, puisque Votre Majesté daigne, pour être mieux des nôtres, devenir colon ?

« Que Votre Majesté nous permette d'espérer qu'en quittant l'Algérie, Elle emportera cette pensée, que, de ce côté de la Méditerranée, les Français n'ont rien perdu des sentiments généreux qui font la gloire de la mère patrie, et que le beau soleil d'Afrique, qui retrempe les courages, n'a fait que fortifier en eux les sentiments de reconnaissance pour le Souverain à qui la France doit son salut et sa grandeur.

« Quant à nous, Sire, lorsque Votre Majesté quittera nos rivages, Elle nous laissera pleins de tristesse, mais aussi pleins d'énergie et de confiance, puisque Votre Majesté nous a dit d'avoir foi dans l'avenir, et c'est toujours du plus profond de nos cœurs que partiront ces vœux :

« *Vive l'Empereur!*

« *Vive l'Impératrice!*

« *Vive le Prince Impérial !* »

Après avoir adressé quelques paroles extrêmement bienveillantes à M. le maire de Blidah, et répondu avec la même bonté à un autre discours prononcé par M. de Lhoys, président du tribunal civil, l'Empereur est entré dans la ville en passant sous la porte *Bal-el-Sebt*.

La décoration de cette porte, transformée en arc de triomphe, offrait un heureux mélange d'armes étincelantes et de modestes instruments agricoles. Et comme Blidah, la reine de la Mitidja, est par excellence la ville des fleurs et des orangers, on avait eu la poétique pensée d'écrire, sur le fronton de l'arc de triomphe, le nom de l'Empereur avec les feuilles, les fleurs et le fruit de l'oranger : charmante idée, exécutée avec goût, et qui a fait dire au spirituel rédacteur du journal le *Tell*, que désormais le nom de l'Empereur appartient à l'Algérie comme à la France, puisqu'il a été écrit, dans les divers localités visitées par Sa Majesté, en fleurs, en fruits et en toutes espèces de produits du pays. « Scipion, ajoute-t-il, mérita le surnom d'*Africain*, Napoléon III est digne de porter celui d'*Algérien* (1). »

Le même goût, la même pensée avait présidé aux décorations de l'intérieur de la ville. Toutes les rues étaient ornées de trophées, d'oriflammes et de fleurs. L'Empereur conservait ainsi le souvenir des magnifiques orangeries qui l'avaient si agréablement surpris quand il avait traversé ces délicieuses forêts qui entourent la ville d'une ceinture parfumée. Aussi, en lisant les mots : « Napoléon III, premier colon de l'Algérie, » sur un écusson qui décorait une maison de la place d'armes, Sa Majesté dut se dire que ce titre n'était pas à dédaigner, et que les colons qui habitaient une pareille ville n'étaient pas à plaindre.

L'Empereur s'est rendu à l'église Saint-Charles. M. le curé de Blidah, assisté d'un nombreux clergé, venu des environs,

---

(1) Voir, dans le journal le *Tell*, publié à Blidah, l'article du 13 mai 1865, signé : Philibert Blache.

l'a reçu sur le perron autour duquel étaient groupés, sur la place, les enfants des deux sexes des Ecoles chrétiennes.

M. le curé a adressé à l'Empereur l'allocution suivante :

« Sire,

« Le clergé du canton de Blidah s'associe à la joie qu'a fait naître dans le cœur de nos populations, l'heureux événement de l'arrivée de Votre Majesté en Algérie : il s'y associe à un double titre, car, à l'expression du plus respectueux des hommages, il ajoute celle de la plus profonde reconnaissance.

« C'est à vous, Sire, c'est à votre Gouvernement, que Blidah doit cette basilique, le plus bel ornement de notre cité, et le témoignage éclatant de Votre haute sollicitude pour les intérêts de la religion.

« Sire, que le Très-Haut, auquel nous ne cessons d'adresser, pour la conservation de Votre Majesté, et celle de Son Auguste famille, les plus ardentes prières, écoute la voix de nos cœurs, et bénisse ce voyage qui restera éternellement gravé dans notre souvenir. »

Après le chant du *Domine salvum fac Imperatorem*, et au moment où l'Empereur quittait l'église, qu'il a trouvée spacieuse et belle, une jeune demoiselle, élève des sœurs de la Doctrine chrétienne, s'est approchée de Sa Majesté, et lui a adressé ce petit compliment :

> Souverain, père, époux, soyez trois fois heureux,
> Sire ! que le Seigneur vous aide en toutes choses !
> Et pour celle avec qui vous partagez nos vœux,
> Prenez ce souvenir de la ville des roses.

Et tout en tremblant, tout en rougissant, l'aimable complimenteuse offre à Sa Majesté un splendide bouquet de fleurs, et deux magnifiques corbeilles de belles oranges à l'adresse de l'Impératrice. L'Empereur, visiblement ému, a remercié la charmante enfant pour laquelle il a eu des paroles de père, et a bien recommandé les oranges qui venaient de lui être offertes, ajoutant qu'il tenait à les faire parvenir à leur destination.

S'adressant ensuite à la sœur supérieure, il a demandé combien d'élèves elle possédait dans son école. — 400, Sire, a répondu sœur Paul. Sa Majesté a remarqué la santé florissante de tous ces enfants, s'informant si la ville avait toujours été dans ces mêmes conditions de salubrité.

L'Empereur a visité en dernier lieu le dépôt de remonte, où il a été reçu par M. le général Morris. Sa Majesté a admiré les magnifiques animaux qui se trouvent dans cet établissement de premier ordre.

Quelques instants après, Elle remontait en voiture non sans avoir été impatientée par la foule des arabes qui se précipitaient pour lui embrasser les mains et pour lui remettre de nombreuses pétitions. On a eu de la peine à les écarter, car les arabes sont très-tenaces et peu cérémonieux, surtout quand ils voient un bienfait au bout de leur opiniâtreté.

Avant de quitter Blidah, Sa Majesté a serré la main de M. le Maire en le remerciant du bon accueil qui lui a été fait par la population.

« Je vous prie de dire aux habitants de Blidah, monsieur le « Maire, combien j'ai été satisfait de leur réception, » a dit l'Empereur en partant, et après avoir déposé, entre les mains de M. Borély, une somme de 1,000 fr. pour le bureau de bienfaisance et la Société de secours mutuels.

Pendant son séjour à Blidah, l'Empereur s'est entretenu plusieurs fois avec M. le maire de cette ville, et avec M. Ausone de Chancel, sous-préfet de l'arrondissement (1). Sa Majesté,

(1) M. Ausone de Chancel, qui administre depuis plusieurs années et avec distinction, l'arrondissement de Blidah, est un ancien Algérien. Nous nous rappelons avoir entendu, à une époque déjà éloignée, un charmant poème que lui avait inspiré ce beau pays qu'on ne peut s'empêcher d'aimer et d'admirer. Depuis lors, M. Ausone de Chancel s'est fait un nom dans la littérature. Son *Livre des Blondes* a été beaucoup lu. Le dernier ouvrage qu'il a publié et qui lui a valu les félicitations de l'Empereur, est intitulé : *Cham et Japhet*.

toujours si bienveillante et si affectueuse, a été d'une bonté parfaite pour M. de Chancel; Elle lui a parlé des ouvrages qu'il a publiés. « Je lis particulièrement avec beaucoup d'intérêt, lui a dit Sa Majesté, celle de vos publications qui traite de l'émigration des noirs d'Afrique. »

MÉDÉAH.

Médéah, chef-lieu de commune et de subdivision militaire, est situé à 42 kilomètres S. de Blidah, sur le versant méridional d'un mamelon, dont le sommet s'élève à 940 mètres au-dessus du niveau de la mer.

Médéah occupe l'emplacement d'une ancienne ville romaine, qui aurait été selon M. Mac-Carthy, la station de *Mediœ* ou *Medias*, ainsi appelée parce qu'elle était à égale distance de *Tirinadi* (Berouageuïa) et de *Sufasar* (Amoura).

La ville bâtie par les Turcs sur cet emplacement, a elle-même disparu en quelque sorte; les constructions françaises, qui couvrent déjà une grande étendue de terrain, ont remplacé presque partout les vieilles maisons qui tombaient en ruines en 1840, quand notre armée en prit possession. Trois minarets encore debouts sont les seuls témoignages de l'ancienne importance de cette ville, qui fut la capitale de la province de Titteri. Des trois mosquées annoncées par ces minarets, une seule est encore affectée au culte musulman, la seconde a été transformée en église, et la troisième est comprise dans l'enceinte fortifiée, son minaret sert de poste d'observation pour surveiller la vallée.

Le territoire de Médéah est très-fertile. La vigne y réussit parfaitement et déjà les vins de Médéah ont acquis de la répu-

MÉDÉAH.

tation. Cette culture occupe près de 500 hectares. La récolte en est abondante, comme du reste celle des autres cultures qui sont appropriées à son climat tempéré. Le territoire de Médéah a toujours été remarqué par sa fertilité, et a donné lieu à ce dicton arabe : « Médéah est une ville d'abondance ; si le mal y entre le matin, il en sort le soir. »

La commune de Médéah, qui dépend aujourd'hui de l'arrondissement de Blidah, comprend trois annexes : *Damietti*, *Lodi* et *Mouzaia-les-mines*. Sa population totale est de 10,767 habitants.

L'Empereur à Médéah.

Il était près de midi quand l'Empereur a quitté Blidah, pour se rendre à Médéah.

La route parcourue par l'Empereur est peut-être la plus remarquable qui existe en Algérie, où pourtant l'imprévu et le pittoresque, les accidents de terrain et les points de vue abondent, et font l'objet de l'admiration des touristes les plus difficiles. C'est, d'abord, la magnifique plaine de la Mitidja, avec sa luxuriante végétation ; puis, viennent les riches vergers de l'Oued-el-Kébir, et enfin les gorges de la Chiffa. Si, avant de pénétrer dans ces gorges profondes, on se retourne vers le point de départ, les yeux éblouis s'arrêtent sur le tableau magique de la Mitidja, des longues collines du Sahel et de la mer qui se montre par la coupure du Mazafran.

C'est dans ce site admirable, connu sous le nom singulier de : *Ruisseau des singes*, que l'Empereur et sa suite ont fait halte pour déjeuner. Puis le cortège impérial est entré dans la *Gorge de la Chiffa*, qui est bien, comme le dit M. Piesse, dans son *Itinéraire* : « une des merveilles de l'Algérie. »

Dans une coupure à pic de cinq lieues de long, la route a été conquise tantôt sur le rocher qui la surplombe de 100 mètres, et que la mine a dompté, tantôt sur le torrent qui lui cède une partie de son lit.

Cette œuvre gigantesque, accomplie par nos troupes, sous la direction du génie militaire, fait le plus grand honneur à l'armée d'Afrique. « Depuis les légions romaines, qui maniaient la pioche aussi bien que l'épée, a dit avec beaucoup d'à propos M. le colonel Ribourt, nulle armée au monde n'a accompli autant de travail, ni tant fait pour livrer un grand pays à la culture et à la civilisation. » « Il faut qu'on sache, ajoutait-il, — et nous sommes heureux de le redire après lui, car nous aimons à rendre hommage au dévouement de notre glorieuse armée, — il faut qu'on sache que lorsque nos soldats ne se battaient point, ils travaillaient ; et que chaque année, durant sept mois, cinquante ou soixante mille hommes étaient échelonnés au travers de la contrée pour ouvrir des routes, dessécher les marais, combler les fondrières, abaisser les montagnes, faire des ponts, des barrages, bâtir dans les tribus des maisons de commandement, sur les chemins des caravansérails, et créer, dans le désert, des oasis nouvelles. »

L'Empereur, en parcourant cette magnifique route, a dû être fier de son armée d'Afrique, qui a su faire de si grandes choses pendant les loisirs de la paix, ou entre deux expéditions.

A quatre heures environ, Sa Majesté arrivait à Médéah, où Elle était reçue avec cet enthousiasme chaleureux qu'elle a rencontré partout, mais dont l'expression est devenue plus énergique et plus sincère au fur et à mesure que sa bienveillante sollicitude pour les colons a été plus connue.

M. Dubois, ancien officier supérieur, et maire de Médéah, s'est approché de l'Empereur, et a prononcé le discours suivant :

« Sire,

« J'ai l'honneur de déposer aux pieds de Votre Majesté, les clefs de la ville de Médéah.

« Premier magistrat de la cité, je viens à la tête de la municipalité et au nom de la population, saluer en Vous, Sire, l'élu de la France et le maître des destinées de notre belle Colonie.

« Grâce aux bienfaits que vous n'avez cessé de répandre sur notre chère patrie, dès l'instant où, par la volonté nationale, Vous êtes arrivé au pouvoir suprême, la sécurité de l'avenir que nous n'avions guère connue que sous l'égide de Votre illustre oncle, le plus grand des grands hommes de l'antiquité et des temps modernes, est aussitôt rentrée dans nos esprits ; la confiance, toujours indispensable dans les transactions commerciales, s'est rétablie, et, à part quelques souffrances que nous cherchons toujours à atténuer et à soulager dans la mesure de nos forces, nous avons éprouvé dès lors un bien-être et une tranquillité dont nous avions été privés pendant de si longues années.

« Poursuivez donc glorieusement la noble et lourde tâche que la Providence Vous a imposée et que Vous accomplissez avec tant d'éclat, de courage et d'énergie, et soyez certain, Sire, que la page que vous réserve l'histoire, ne sera qu'une longue suite des prodiges opérés par le fondateur de Votre dynastie.

« Votre présence sur cette terre d'Afrique, est pour nous une preuve éclatante de la sollicitude que vous étendez sur toutes les parties de Votre vaste empire, et je suis heureux, Sire, d'être l'organe de la reconnaissance de toute cette population qui Vous entoure, et qui voit en votre présence un gage certain d'avenir et de prospérité pour son pays d'adoption.

« Entrez dans nos murs, Sire, et Vous y recevrez de toute la population, tant chrétienne que musulmane et israélite, un accueil enthousiaste, les bénédictions qui Vous sont dues et la preuve de son dévouement à Votre auguste personne, à l'Impératrice et à notre bien-aimé le Prince Impérial. »

En traversant la place Napoléon et la place d'Armes, coquettement décorées, l'Empereur fut agréablement surpris de l'animation et de la gaîté qui régnaient dans cette ville en quelque sorte perdue dans les montagnes. Chaque maison, chaque fenêtre était ornée de drapeaux et de banderolles aux couleurs variées. Là où les drapeaux avaient manqué, les habitants y avaient suppléé en recouvrant la façade de leurs maisons avec ces riches tentures, ces brillantes étoffes en soie, en damas et en brocard, qui entrent dans la composition du vêtement des femmes indigènes.

Parmi les discours adressés à l'Empereur, nous avons remarqué, et nous signalons celui de la communauté israélite de Médéah. Le délégué de cette communauté s'est exprimé en ces termes :

« Sire,

« La communauté israélite de Médéah ne vient point au devant de Votre Majesté pour la prier de croire à sa fidélité à la France.

« Ne pas être dévoués à cette France dont le drapeau, dans ces contrées, a été le signal d'abolition de notre servitude, cela nous serait impossible, nous serions frappés de démence.

« C'est comme membres participants aux progrès de la colonisation, c'est comme peuple lié par nos intérêts communs, par des aspirations communes avec les Français, devenus Algériens, que nous venons, en la saluant de nos respects et de notre amour, remercier votre Glorieuse Majesté de la sollicitude qu'atteste sa visite dans nos montagnes. »

Le lendemain, 12 mai, l'Empereur rentrait à Alger.

PROVINCE D'ORAN.

La Province d'Oran est limitée : au nord, par la mer ; à l'est, par la province d'Alger ; au sud, par le désert ; à l'ouest, par l'empire du Maroc.

Sous la domination romaine, le territoire compris aujourd'hui dans la province d'Oran, faisait partie de la *Mauritanie Césarienne*.

A l'époque Sarrasine, cette partie de la Mauritanie Césarienne forma un royaume arabe, désigné sous le nom de royaume de Tlemcen.

Plus tard, lorsque la milice turque domina en Algérie, le royaume de Tlemcen fut réduit en un gouvernement qui eut pour chef-lieu Oran, où résidait un lieutenant du Dey d'Alger. Mais, pendant la longue occupation de cette ville par les Espagnols, le siége du gouvernement Turc fut établi à Mascara.

La province d'Oran occupe une superficie de 102,000 kilomètres carrés ; sa population est de 690,000 habitants, dont 628,000 indigènes et 62,000 européens.

Cette province est divisée, comme les deux autres provinces, en deux territoires :

1º Le *territoire civil*, administré par un préfet, et formant un département. — 2º Le *territoire militaire*, administré directement par le général commandant la province, et formant une division militaire.

Le département d'Oran se subdivise en quatre arrondissements : Oran, Mascara, Mostaganem et Tlemcen.

Ces quatre arrondissements comprennent 22 chefs-lieux de communes : Aboukir, Aïn-el-Turc, Aïn-Tédélès, Arzeu, Fleurus, Bou-Tlélis, Mascara, Mers-el-Kébir, Misserghin, Mostaganem, Oran, Pélissier, Relizane, Rivoli, Saint-Cloud, Saint-Denis-du-Sig, Saint-Louis, Sainte-Barbe-du-Tlélat, Sidi-bel-Abbès, Sidi-Chami, Tlemcen et Valmy.

53 villages sont annexés à ces 22 communes.

Ce qui porte à 75, le nombre des centres de population habités par des européens, dans la province d'Oran.

Sur les 75 villes ou villages, il n'en existait que 7 au moment de la conquête. Le bilan de la colonisation européenne dans cette province, est donc de 68 villages créés.

La division militaire d'Oran comprend cinq subdivisions : Oran, Mostaganem, Sidi-bel-Abbès, Mascara, Tlemcen ; quinze cercles ou annexes : Oran, Aïn-Temouchent, Mostaganem, Ammi-Moussa, Zamora, Aïn-bel-Abbès, Daya, Mascara, Tiaret, Saïda, Géry-Ville, Tlemcen, Nemours, Lala-Maghnia, et-Sebdou ; et trois cent trente huit Kaïdats ou commandements arabes.

Au point de vue agricole, la province d'Oran offre beaucoup d'intérêt. Quelques hommes d'initiative et d'intelligence, à la tête desquels il faut placer MM. Jules Du Pré de Saint-Maur, Charles Bonfort, Alexandre Calmels, et les fondateurs de l'*Union du Sig*, ont donné une vive impulsion au développement de l'agriculture dans cette province, en établissant et en dirigeant eux-mêmes d'importantes exploitations, en y introduisant, en un mot, la grande culture.

Possesseur d'une fortune considérable, M. Du Pré de Saint-Maur apportait, il y a vingt ans, ses capitaux en Algérie, consacrait un million et demi à la mise en culture d'une vaste étendue de terrain, située dans la plaine de la Mléta, créait une véritable ferme modèle, défrichait un millier d'hectares, cultivait le coton un des premiers, et obtenait, dès 1854, le grand prix d'honneur pour ce riche produit.

La ferme de Temsalmet, créée par M. Charles Bonfort, près de Misserghin, n'est pas moins importante. Concessionnaire de 1,500 hectares de terrain, acquéreur de 1,000 autres hectares, il fondait, en 1852, une magnifique bergerie en vue de l'élevage et du perfectionnement, par les croisements, des races bovine et ovine du pays ; il défrichait, plantait, bâtissait et transformait enfin, un vaste désert en une riche exploitation agricole, que l'Empereur visitait, il y a deux mois, admirant les prodigieux résultats obtenus en si peu de temps.

Vers la même époque, un autre colon, M. Alexandre Calmels, du Tarn, commençait le défrichement d'une très-grande concession accordée à son père et à M. le colonel Brice. Il attirait à Oran une importante immigration de cultivateurs du Tarn, et faisait surgir, avec leur concours, d'une plaine couverte de palmiers nains, cette belle exploitation de Sidi-Marouf, qui, par l'exemple donné de l'emploi des fumiers autrefois jetés à la mer, est considérée comme un modèle de culture.

Enfin, la grande association de l'*Union du Sig*, les fermes si considérables et si bien dirigées de M. Daudrieu, à Arcole, et de M. Bastide, à Sidi-bel-Abbès, ont imprimé le mouvement agricole, en inspirant de la confiance aux colons, et en apportant des capitaux là où ils manquaient.

L'exemple a été suivi, et l'agriculture a fait de notables progrès dans cette province.

Il a été constaté, en effet, par le jury de la dernière exposition agricole, qu'en 10 ans :

Les colons de la province d'Oran ont défriché 43,000 hectares de terrain ; qu'ils ont augmenté de 45,000 hectares la culture des céréales ; que celle de la vigne a été portée de 127 à 3,200 hectares, et celle du coton, de 5 à 3,800 hectares.

La commission du jury a terminé son rapport par ce tableau encourageant et très-exact de la colonisation dans la province d'Oran :

« En traversant les plaines d'Oran, les coteaux de Mascara qui se couvrent, d'année en année, de vignes luxuriantes ; — en visitant la vallée du Sig, où les heureux courtisans du roi Coton se partagent son sceptre d'or ; — en admirant Sidi-bel-Abbès, qui compte à peine quatorze ans d'existence, Sidi-bel-Abbès et sa ceinture de peupliers et de platanes ; ses vergers dont les arbres ploient sous le poids des fruits ; ses fermes cachées dans des bouquets de verdure ; son amphithéâtre des collines du Thessalah, pleines d'air et de soleil, où s'étagent de blanches habitations ; — Mostaganem, la perle de notre province, avec ses nombreux villages, où l'aisance et le contentement témoignent du succès, la Commission ressentait une impression irrésistible de satisfaction et de bonheur.

« Pour moi, qui revoyais la Province après une absence de quatorze années, quand, spectateur lointain, je rapprochais, dans mon esprit, les souvenirs des premiers jours de la colonisation, des sites qui de tous côtés se déroulaient sous mes yeux, je ne pouvais me défendre d'une vive émotion, et je disais avec le grand poëte romain :

> « Salve magna parens frugum, Saturna tellus
> « Magna virum . . . .

« Terre généreuse que celle qui donne tant de riches moissons ! Dignes enfants d'un tel sol, ceux qui les font germer !

« De cette excursion, Messieurs, la Commission de la prime d'honneur a rapporté cette double conviction :

« Que le cultivateur algérien peut tout se promettre par le travail, partout où il le voudra, et que la colonisation a vigoureusement planté son drapeau sur cette terre *à jamais française*.

« Aux esprits impatients dont le doute s'empare dès que surgit un obstacle, comme aux esprits injustes qui nient sa vitalité et sa puissance, elle peut répondre comme Galilée : *E pur si muove.* » Oui, Messieurs, elle marche. »

ORAN.

Oran, chef-lieu de préfecture et de division militaire, est situé au fond d'une baie qui porte son nom.

L'origine d'Oran remonte à la plus haute antiquité. Cette ville fut habitée par les Romains sous le nom de *Quiza Xenitana*. Elle appartint ensuite et successivement aux Vandales, aux Barbares, aux Arabes et aux Turcs. En 1505, elle fut conquise par les Espagnols, qui y demeurèrent jusqu'en 1708, époque où les Turcs s'en emparèrent. Elle fut reprise, en 1732, par le comte de Montemar, grand d'Espagne au service de Philippe V. — En 1790, un tremblement de terre qui détruisit presque entièrement la ville, décida les Espagnols à l'abandonner, et les Turcs y rentrèrent. Enfin, le 3 janvier 1831, elle fut conquise par nos troupes, sous le commandement du général Damrémont.

La ville d'Oran a la configuration d'un triangle, dont la mer forme la base et le fort Saint-André le sommet; les deux angles des côtés sont formés, à l'est, par le Château-Neuf, et à l'ouest, par le fort de la Moune. — Elle est bâtie sur les deux flancs d'un ravin auquel elle doit son nom (*Ouahran*, la coupure) et au fond duquel coule *l'Oued-Rehhi* (la rivière des moulins). Le plateau ouest comprend l'ancienne ville espagnole, le port et la Casbah ; le Château-Neuf et la nouvelle ville s'élèvent, en amphithéâtre, sur la partie est.

« Oran, tour à tour arabe, espagnole et turque, dit M. Piesse, dans son *Itinéraire de l'Algérie*, est aujourd'hui une ville française, bien percée, bien bâtie, bien aérée, dans laquelle la population européenne circule avec l'activité fiévreuse que donne le mouvement des affaires commerciales dans les colonies. »

Oran est, en effet, une des villes de l'Algérie où le commerce, favorisé par une riche production agricole, a le plus d'activité. Toute la province, à l'exception du territoire dépendant de Mostaganem, y envoie ses produits, qui consistent, notamment, en grains, farines, pâtes alimentaires, laines, cuirs et peaux ; tabacs en feuille, coton, sparterie, garance, sumac, kermès, etc. Ce mouvement commercial est facilité par l'éventail de routes qui, d'Oran, rayonne vers Mostaganem, Mascara, Sidi-bel-Abbès et Tlemcen. Il s'accroîtra encore davantage lorsque le chemin de fer d'Alger à Oran, en cours d'exécution, aura été construit.

La commune d'Oran, y compris ses faubourgs et l'annexe de la Sénia a une population totale de 27,979 habitants, dont 7,610 espagnols et 3,898 indigènes.

Le Château-Neuf, résidence du général, commandant supérieur de la province, l'hôtel de la Préfecture, l'église et la grande mosquée sont les seuls édifices remarquables de la ville d'Oran.

L'Empereur à Oran.

L'Empereur est arrivé à Oran le 14 mai 1865, à deux heures de l'après-midi.

Sa Majesté était accompagnée de M. le maréchal de Mac-Mahon, Gouverneur Général, qui ne l'a pas quittée pendant son voyage, au grand contentement des populations civiles, dont il a su acquérir toutes les sympathies et qui le considèrent, à juste titre, comme le défenseur le plus convaincu et le plus influent de la colonisation européenne.

Au débarcadère, un élégant pavillon construit avec goût, sur les dessins de M. Viala de Sorbier, avait été préparé pour recevoir l'Empereur. C'est là, en présence des autorités civiles et militaires, et au bruit des acclamations de la foule, que M. Carité, maire d'Oran, a présenté à Sa Majesté les clefs de la ville, et a prononcé le discours suivant :

Sire,

« J'ai l'honneur de déposer entre vos mains les clefs de la ville d'Oran, emblème de la soumission et du dévouement des habitants à Votre Majesté.

« En apprenant Votre résolution de visiter nos belles provinces, l'Algérie tout entière a éprouvé un frémissement de bonheur et d'espoir. Nous avons compris, une fois encore, Sire, toute Votre sollicitude pour nous, et notre première pensée a été un sentiment de profonde gratitude.

« Vous avez voulu juger Vous-Même notre situation ; rien ne saura échapper au regard si sûr de Votre Majesté ; Elle reconnaîtra les progrès nombreux déjà accomplis ; Elle marquera ceux restant à faire.

« Sous Votre puissante impulsion, une ère nouvelle va s'ouvrir pour l'Afrique française. Notre agriculture, cette source si féconde de la richesse du pays, se développera encore ; nos voies de communication seront améliorées ; notre industrie et notre commerce prendront un plus grand essor.

« Qu'il me soit donc permis dans cette circonstance solennelle, d'appeler tout spécialement la bienveillante attention de Votre Majesté sur notre ville.

« Par son voisinage avec l'Espagne, la ville d'Oran paraît appelée à un sérieux et brillant avenir ; elle est comme la clef de voûte qui doit relier l'Europe au continent africain ; elle sera la tête de ligne des chemins de fer algériens ; elle deviendra l'embarcadère général, où tout se concentrera.

« Que son port soit terminé ; que son étroite enceinte qui la comprime et l'empêche de se développer s'élargisse et, bientôt, nous la verrons devenir la grande et florissante cité, que sa position topographique indique, que cette position même commande.

« Telles sont les espérances qu'a fait naître dans le cœur de chacun de nous, la visite de Notre Auguste Souverain.

« Grâces Vous soient donc à jamais rendues ! Sire.

« Puisse la divine Providence, dont la main tutélaire est

visiblement étendue sur Votre Majesté, conserver vos jours, si précieux au pays, et ceux du Prince Impérial, espoir de la patrie ; puisse-t-Elle aussi conserver près de Vous Votre Douce Compagne, qui représente avec tant de grâces, sur le Trône, le génie de la bienfaisance la plus inépuisable.

« Ce sont les vœux que nous ne cessons de former, et que nous exprimons encore aujourd'hui, lorsque, de toutes nos forces nous proférons ces cris si éminemment français de :

« *Vive l'Empereur !!!*

« *Vive l'Impératrice !!!*

« *Vive le Prince Impérial !!!* »

L'Empereur a remercié M. le Maire d'Oran des sentiments qu'il venait de lui exprimer, ajoutant : « qu'il voulait se rendre « par lui-même un compte exact de la situation, et l'améliorer « autant que possible. »

Escorté par la milice, les chasseurs d'Afrique et la gendarmerie, le cortége impérial s'est dirigé vers le Château-Neuf, résidence des commandants supérieurs de la province.

Pendant ce trajet, qui s'est effectué lentement, et qui a été comme une marche triomphale, l'Empereur a recueilli les témoignages les moins équivoques de la profonde reconnaissance des habitants d'Oran. Nous renonçons à dépeindre la joie qui animait toutes les physionomies, la vivacité des acclamations qui partaient de tous les rangs de la foule et des fenêtres de toutes les maisons.

Nous empruntons au journal l'*Echo d'Oran*, la description des divers arcs de triomphe qui avaient été dressés sur le passage du cortége impérial.

A côté du débarcadère s'élevaient deux mâts immenses, posés sur deux socles élégants ornés de peintures, représentant les attributs de l'agriculture et du commerce. Ces deux mâts étaient reliés entre eux par une draperie sur laquelle on lisait cette inscription en lettres d'or: *Chambre de commerce.*

En face de la place de Nemours, un arc de triomphe de style vénitien, avait été improvisé en toute hâte par la population italienne d'Oran. Un peu plus loin, et toujours dans la rue d'Orléans, un autre arc de triomphe, d'une architecture grandiose et sévère, se trouvait dressé par la population espagnole.

Au débouché de la rue d'Orléans, sur la place Impériale, le cortége a passé sous un troisième arc de triomphe d'un travail fort remarquable, dû *à la Société ouvrière de la province d'Oran*.

En arrivant sur la place Kléber, l'Empereur fut accueilli par des hourras enthousiastes. Son attention parut se porter spécialement sur une estrade, où l'on avait eu l'heureuse idée de grouper les jeunes filles des différents pensionnats de la ville, toutes vêtues de blanc.

Mais une bien autre surprise attendait Sa Majesté. Un peu en avant du théâtre, un magnifique trophée d'instruments et de produits agricoles, avait été dressé par le comice agricole et la chambre d'agriculture d'Oran, avec cette inscription, simple mais cependant éloquente : *La colonisation européenne à l'Empereur.* Sa Majesté, dont le regard se portait partout, fit arrêter sa voiture, en descendit ; puis, s'approchant, Elle adressa, avec une bienveillance très-marquée, diverses questions aux délégués de l'agriculture qui se trouvaient là. D'un seul coup d'œil l'Empereur a pu se rendre compte de la production de la province, car on avait eu la bonne pensée d'y inscrire la statistique suivante : Blé, 1,000,000 d'hectolitres. — Laine, 500,000 kilogrammes. — Coton, 1,500,000 kilogrammes. — Vigne, 3,500 hectares. En voyant l'admiration du Souverain pour les objets exposés, M. Calmels, président du comice agricole se hasarda à lui demander s'il consentirait à recevoir officiellement les hommages du comice, ce qui fut tout aussitôt et gracieusement accordé.

Au moment où Sa Majesté allait remonter en voiture, après avoir à plusieurs reprises manifesté son étonnement et son admiration, M. de Saint-Maur lui dit : « Sire, vous ne pouviez rien faire qui allât plus directement au cœur des colons qu'en venant Vous-Même constater leurs efforts et apprécier les résultats qu'ils ont obtenus.» L'Empereur lui a répondu : *J'espère que les colons auront lieu d'être satisfaits de mon voyage.*

L'Empereur fit ensuite son entrée au Château-Neuf, et ne tarda pas à y recevoir successivement toutes les autorités, les corps constitués et les administrations.

Lorsque le corps municipal a été appelé, l'Empereur a descendu un degré du trône qui lui avait été préparé, et a exprimé à M. le Maire combien il était touché de l'accueil fait à sa personne. Il n'éprouvait qu'un regret, c'est que d'aussi fortes sommes eussent été dépensées à son occasion.

Le conseil général a été reçu également avec une haute bienveillance. Sa Majesté a voulu entendre lire la liste de ses membres et s'est enquise près de M. Cauquil, président, du degré de connaissance que les indigènes possèdent de la langue française, ainsi que de la nature des services qu'ils rendent dans la discussion......

La députation du comice et de la chambre d'agriculture, ayant à sa tête MM. Calmels et Jules Du Pré de Saint-Maur, présidents de ces sociétés, a été, conformément au désir qu'elle avait exprimé, introduite auprès de l'Empereur. Lorsque MM. Calmels et de Saint-Maur ont demandé à Sa Majesté si Elle voulait bien entendre l'adresse de l'agriculture, Elle a répondu : « Avec plaisir. »

Les membres du comice étant en bien plus grand nombre que ceux de la chambre d'agriculture, M. de Saint-Maur a laissé la parole à M. Calmels qui s'est exprimé en ces termes :

« Sire,

« La population européenne est profondément touchée de la sollicitude que vous inspire l'Algérie, et dont Votre Auguste visite est le plus éclatant témoignage.

« Nous avons l'honneur de déposer en son nom, aux pieds de Votre Majesté, l'hommage de sa profonde gratitude.

« Elle est heureuse, Sire, de vous voir apprécier les difficultés de sa marche, l'intensité de son effort, la quotité de ses résultats. C'est à l'œuvre accomplie qu'elle souhaitait d'être jugée.

« Elle fait depuis longtemps, suivant l'expression de Votre Majesté, de la terre qu'elle cultive une patrie nouvelle ; mais, Sire, Vons pouvez seul compléter l'œuvre, en dotant l'Algérie des institutions qui nous feraient retrouver ici la Patrie tout entière.

« Elle ne cherche pas moins à traiter les Arabes comme des compatriotes ; aussi n'est-ce point parmi ceux qui se sont trouvés en rapport de travaux, d'affaires et de voisinage avec nous que se sont recrutés les contingents de l'insurrection ; ceux-là ont compris que « nous devions être les Maîtres parce que nous étions les plus civilisés » et que si nous étions les plus forts nous n'en étions pas moins généreux.

« Votre Majesté daignera reconnaître que, pour étendre cette heureuse influence à tout le pays arabe, une nombreuse population européenne est indispensable.

« Mais à cette population, il faut des terres toujours disponibles pour la recevoir.

« Des travaux publics pour faciliter son installation.

« Et des libertés pour lui faire prendre racine.

« L'application de ce système aussi simple que vrai, renouvellerait dans quelques années la face de l'Algérie.

« Les populations européennes qui ont commencé cette transformation sont depuis longtemps mûres pour les institutions de la Métropole.

« Que Votre Majesté daigne nous permettre de lui demander dès aujourd'hui :

« Des barrages-réservoirs pour nos plaines ;

« Des voies de communication pour nos produits agricoles.

« Des députés au Corps legislatif pour nos provinces.

« Et, pour nous, ses très-humbles et très-fidèles sujets, des conseils municipaux et des conseils généraux électifs. »

L'Empereur, après la lecture de cette Adresse, a dit qu'étant venu pour entendre les vœux des populations, il examinerait ceux que venaient de lui soumettre les délégués de l'agriculture.

M. de Saint-Maur a prié ensuite Sa Majesté de lui permettre de déposer entre ses mains, le discours qu'il eût prononcé si les membres de la Chambre eussent été en plus grand nombre, ce qui lui a été accordé avec bienveillance.

En voici le texte :

« Sire,

« A la nouvelle de la venue de Votre Majesté, la colonisation a tressailli d'espérance. On a contesté à l'agriculture européenne ses résultats, ses efforts et jusqu'à ses chances de réussite.

« Nos agriculteurs répondaient comme leurs confrères de la province d'Alger : « Ah ! si l'Empereur voyait ! »

« Aujourd'hui l'Empereur a vu, et la colonisation se sent plus tranquille sur son avenir.

« Votre Majesté peut juger, à l'ardeur des acclamations qui la saluent, combien l'affabilité de son accueil est allée au cœur des colons, si reconnaissants toujours de la bienveillance qu'on leur accorde.

« L'illustre maréchal qui en fait l'expérience chaque jour, appuiera près de Vous, Sire, nous en avons la confiance, les vœux que vous présentera la province d'Oran. Sera-t-il permis à la chambre d'agriculture de vous demander en peu de mots :

« Des ventes de terres promptes et considérables, parce que le manque de terres et non le manque de bras entrave ici depuis longtemps le développement de la colonisation.

« Des barrages pour retenir et utiliser les masses d'eau qui, l'hiver, vont se perdre à la mer dans une contrée où l'eau ajoute tellement à la valeur du sol, que les terres arrosées se louent beaucoup plus cher que les terres sèches ne se vendent.

« La possibilité d'intervenir dans l'administration de nos intérêts par l'élection des conseils municipaux, des conseils généraux et des députés au Corps législatif.

« Votre Majesté a bien voulu donner audience à la Société

d'Agriculture d'Alger. Les agriculteurs d'Oran, membres de la Chambre ou du Comice, souhaiteraient vivement qu'Elle daignât leur accorder pareille faveur.

« Puisse Votre Majesté parcourir notre province ! En échange des bienfaits qu'elle sèmera, elle récoltera partout une moisson de bénédictions. »

Après la réception, les délégués sont sortis du Château-Neuf, ivres de joie d'avoir obtenu une si éclatante preuve de la sollicitude que le Chef de l'Etat porte aux intérêts vrais du pays. Nous comprenons leur allégresse, puisqu'en somme, la meilleure part des moments passés par l'Empereur à Oran, a été pour les colons.

Les présentations officielles étant terminées, Sa Majesté s'est montrée un instant sur les parapets du Château-Neuf, au-dessus de la promenade de Létang. Aussitôt les acclamations ont redoublé.

A huit heures, accompagné du maréchal, Gouverneur Général, et du général Fleury, l'Empereur s'est rendu sur la place Napoléon et au milieu de la belle rue des Jardins. L'impossibilité de circuler l'a forcé à rentrer (1).

— 13 MAI. — Dans la matinée, l'Empereur a reçu les grands chefs arabes de la province, et le Caïd d'Ouchda, qui lui a remis au nom de son souverain, l'Empereur du Maroc, un hommage de bon voisinage composé de trois chevaux marocains, de deux fusils et de deux sabres de fabrication moghrebine.

A midi, Sa Majesté est montée en voiture pour faire une promenade dans les environs d'Oran. Elle s'est rendue d'abord à la Sénia, puis à Misserghin, et s'est arrêtée pendant deux heures à la grande ferme de Temsalmet, appartenant à M. Charles Bonfort (2).

(1) *Echo d'Oran*, article signé : ALBERT MERCIER.
(2) Voir, ci-après, les articles relatifs à ces diverses localités.

Le soir, Sa Majesté a reçu à sa table MM. le général Deligny ; Brosselard, préfet ; Carité, maire d'Oran ; Patras, président du tribunal civil ; Robinet de Cléry, procureur impérial ; Ayrolles, intendant militaire de la division ; Cauquil, président du conseil général ; de Saint-Maur, président de la chambre consultative d'agriculture ; Compte-Calixte, vicaire général ; Aucour, ingénieur en chef des ponts et chaussées ; Bex, colonel de la milice, et plusieurs colonels ou lieutenants-colonels de l'armée.

Sa Majesté a fait avec une grâce exquise les honneurs de sa table. En même temps qu'Elle avait un mot agréable pour chacun des convives, Elle prouvait par ses diverses questions combien Elle s'était déjà initiée aux intérêts de la colonisation. La conversation a roulé successivement sur sa promenade à Temsalmet, la richesse de la végétation africaine, les différents produits du pays, la culture de la vigne, la fabrication du vin, les barrages-réservoirs et la prime du coton, récemment supprimée.

Après avoir écouté avec une grande bienveillance toutes les considérations exposées en faveur du rétablissement de cette prime, l'Empereur a prié M. de Saint-Maur de lui adresser sur cette question une note explicative.

— 16 et 18 MAI. — L'Empereur part, le 16, pour Sidi-Bel-Abbès. Sa Majesté s'arrête à Valmy, au Tlélat, et arrive à Sidi-Bel-Abbès à 3 heures du soir. Elle rentre le lendemain à Oran, après avoir visité la ferme de M. Bastide.

— 18 MAI. — L'Empereur remet la croix de la Légion d'honneur à plusieurs fonctionnaires de l'ordre civil et militaire ; puis, à onze heures et demie, Il reçoit en audience solennelle les ambassadeurs du Maroc.

L'ambassade est reçue dans le grand salon du Château-Neuf. M. le baron Aymé d'Aquin, ministre plénipotentiaire de France au Maroc, accompagne les envoyés de Sa Majesté Sidi Mohamed ; il est assisté du consul de France à Mogador.

El hadj Aberrahman-el-Hadji remet à Sa Majesté Napoléon III une lettre autographe de son souverain, précieusement enveloppée dans un sachet de soie richement brodé. Cet homme d'Etat, un des plus considérables de l'empire du Maroc, a pour coadjuteur Caïd-Ben-Nassen, chef de la garde noire de Sidi-Mohamed.

Après avoir accompli sa mission, le premier ambassadeur reçoit des mains de Sa Majesté, comme souvenir, une magnifique tabatière enrichie de diamants.

L'Empereur se rend ensuite avec l'ambassade marocaine à Mers-el-Kebir, où Il assiste aux évolutions de la flotte cuirassée.

Après avoir accueilli son arrivée par une triple salve, l'escadre a opéré sous ses yeux le simulacre d'un débarquement, et les troupes envoyées à terre, ont couronné les hauteurs voisines avec les obusiers de montagne.

Ce n'était là sans doute qu'une lointaine représentation des grandes et mémorables scènes maritimes de Sidi-Ferruch et d'Oldfort ; mais, dans l'opération exécutée à Mers-el-Kebir, on disposait pour la première fois d'un nouvel élément d'action dont l'inauguration a paru vivement attirer l'attention de Sa Majesté ; c'est une nuée de petites chaloupes à vapeur qui, avec la rapidité de l'éclair, peuvent jeter sur n'importe quel point du rivage des milliers d'hommes et de chevaux.

A son retour, Sa Majesté fait une promenade dans la ville. Le soir, il y a grand dîner au Château-Neuf, et après, spectacle extraordinaire donné par la troupe espagnole.

Pendant le dîner de Sa Majesté, la musique d'amateurs de la ville a été admise à se faire entendre.

« Cette autorisation, dit le rédacteur du *Moniteur du soir*, avait une valeur qu'elle tirait d'un incident qui s'était produit lors de l'arrivée de Sa Majesté l'Empereur. Au milieu de la confusion du débarquement et par suite d'un mouvement de troupe, la musique bourgeoise qui s'était placée sur le passage de l'Empereur, fut refoulée et portée derrière une ligne de cavaliers arabes. Les musiciens réclamèrent en vain au milieu de la cohue, et mécontents de n'avoir pas salué Sa Majesté l'Empereur, ils rédigèrent une réclamation à laquelle Sa Majesté répondit gracieusement en les invitant à venir se faire entendre au Château-Neuf.

« Après le repas, Sa Majesté s'est levée de table et est venue demander elle-même aux artistes amateurs qu'ils jouassent un morceau ; puis Elle congédia elle-même la musique, après avoir causé longuement avec son chef, M. Albert Mercier, rédacteur de l'*Echo d'Oran*, et lui avoir remis, comme souvenir, une magnifique médaille en or. »

— 19 MAI. — L'Empereur se rend à Saint-Denis du Sig, et visite le barrage, où il dit aux colons ces paroles qui ont été accueillies avec une vive reconnaissance : « Je m'occupe sérieusement de votre province, en vous donnant des barrages ; je vois bien que tout est là. »

— 20 MAI. — L'Empereur quitte Oran pour faire une excursion dans l'intérieur de la province.

En arrivant sur la place Napoléon, où les autorités civiles et militaires s'étaient réunies, Sa Majesté a fait arrêter sa voiture : M. le baron de Montigny, secrétaire général de la préfecture, chargé de l'intérim en l'absence de M. le préfet, parti pendant la nuit pour Mostaganem, s'est avancé et a adressé ces quelques mots à l'Empereur :

« Sire, que Votre Majesté daigne me permettre de venir, au nom de la population d'Oran et des autorités civiles, déposer, une dernière fois à ses pieds, l'hommage de leur dévouement, de leur fidélité et de leur amour. Sire, Votre séjour parmi nous, marqué par tant de bienveillance, par tant de bonté, a laissé dans tous les cœurs une empreinte ineffaçable de reconnaissance.

« Nous demandons à Dieu de continuer à protéger la France en veillant sur les jours précieux de Votre auguste Majesté. »

L'Empereur, qui avait écouté cette allocution avec une figure souriante, a daigné remercier M. le secrétaire général et lui recommander de faire connaître à la population et aux autorités, qu'il était heureux de ce qu'il avait vu, et content des témoignages de dévouement et d'affection qu'il avait recueillis à Oran, et dont il emportait un si bon souvenir ; qu'il espérait bien pouvoir y revenir et constater de nouveaux progrès. Par deux fois, Sa Majesté a ajouté : « Dites-le bien à tout le monde, je veux qu'on le sache. »

Il nous serait impossible de rendre, comme il le faut, l'explosion de l'enthousiasme avec lequel ont été accueillies ces paroles de Sa Majesté.

Le cortége franchit ensuite les portes de la ville aux cris mille fois répétés de : *Vive l'Empereur !*

A la hauteur du chemin de fer, Sa Majesté a passé sous un arc de triomphe élevé par les ouvriers de l'entreprise. Plus loin, M. Henselwood l'attendait à la tête de ses ouvriers échelonnés sur deux immenses pyramides élevées au moyen de balles d'alfa pressé à la machine hydraulique.

M. Carité, maire d'Oran, qui accompagnait l'Empereur, prit congé de Sa Majesté à Assi-Bou-Nif. L'Empereur lui serra cordialement la main, en lui exprimant toute sa satisfaction de l'accueil qu'il avait reçu à Oran. Puis, faisant avancer M. Bordenave, capitaine du demi-escadron de la milice, Sa Majesté le remercia gracieusement et le chargea d'être son interprète auprès des miliciens, qui avaient tenu à honneur de former sa première escorte (1).

— 21 et 22 MAI. — Après être resté à Mostaganem et avoir visité Relizane, l'Empereur revient s'embarquer à Oran, pour rentrer à Alger.

---

(1) Déjà l'Empereur avait témoigné toute sa satisfaction à la milice d'Oran, en élevant son colonel, M. Bex, au grade d'officier de la Légion d'honneur. M. Bex est depuis longtemps à la tête de la milice en Algérie, où il a rendu également des services, comme directeur de l'Enregistrement et des Domaines.

DÉCORATIONS.

Pendant son séjour à Oran, l'Empereur a fait, dans la Légion d'honneur, diverses promotions parmi lesquelles nous remarquons les suivantes :

GRAND-CROIX :

M. DELIGNY, général de division, commandant supérieur de la province d'Oran.

GRAND-OFFICIER :

MM.

HUGO, général de brigade, commandant la subdivision d'Oran.
LEGRAND, général de brigade, commandant la subdivision d'Oran.

COMMANDEUR :

MM.

DU HOULBEC, colonel du 65e.
AUCOUR, ingénieur en chef des ponts et chaussées.

OFFICIERS :

MM.

BEX, directeur de l'Enregistrement et des Domaines de la province, lieutenant colonel, commandant la milice d'Oran.
CARITÉ, maire de la ville d'Oran.
DE JUPEAUX, trésorier payeur de la province.

CHEVALIERS :

MM.

COLSON, chef du service topographique de la province d'Oran.
DÉCUGIS, colon et adjoint au maire d'Oran.
HENRY, inspecteur des forêts, chef du service de la province.
MARION, ancien magistrat, ancien maire d'Oran, et bibliothécaire de la ville d'Oran.
ORTUNO, consul d'Espagne à Oran.
PATRAS, président du tribunal civil d'Oran, membre du conseil général.

MEDAILLES.

L'Empereur a fait remettre des médailles en or aux personnes ci-après désignées :

MM.

ALBERT-MERCIER, chef de la musique municipale d'Oran.
PASCAL, directeur de l'Orphéon d'Oran.
TERRAYL, auteur d'une pièce de vers dédiée à Sa Majesté l'Empereur Napoléon III.

SECOURS.

L'Empereur a fait distribuer des secours importants aux œuvres de bienfaisance, à la Société ouvrière d'Oran, à divers habitants européens et indigènes, et a donné une dot de 600 fr. à une jeune fille qui lui présentait un bouquet pour le Prince Impérial.

LA SÉNIA.

Le village de La Sénia est situé à 8 kilomètres d'Oran et à 13 kilomètres de Valmy. Sa population est de 652 habitants.

Ce village, peuplé en grande partie d'espagnols, a été créé le 10 juillet 1844, et annexé à la commune d'Oran le 31 décembre 1856.

Les colons de La Sénia se livrent particulièrement à la culture maraîchère, dont les produits trouvent un facile écoulement sur les marchés d'Oran. Cependant on remarque sur son territoire plusieurs fermes assez importantes.

L'Empereur à La Sénia.

Dès le lendemain de son arrivée à Oran, l'Empereur a voulu, comme il l'avait fait à Alger, visiter les villages agricoles de l'arrondissement, afin de juger par lui-même des travaux accomplis par les colons, et de l'état des cultures européennes. Il a été émerveillé de tout ce qu'il a vu dans cette riche province.

A quatre kilomètres d'Oran, sur la route de La Sénia, l'Empereur a fait arrêter sa voiture devant la ferme de *Saint-Aimé*, appartenant à M. Aimé Décugis. Sa Majesté a examiné avec plaisir la petite exposition agricole qui avait été placée à l'entrée de l'avenue de cette jolie ferme.

Au milieu des oranges, des citrons et des autres produits de *Saint-Aimé*, s'étalait un superbe bouquet, composé de toutes les plus belles variétés de fleurs, et n'ayant pas moins de trois mètres de circonférence ! Il eut été difficile d'offrir à la main cet immense bouquet; aussi, y avait-on renoncé. Mais la nièce de M. Aimé Décugis, Mlle Octavie Courlet, délicieuse enfant de six ans, désigna à l'Empereur quelques-unes des fleurs les plus rares, et lui adressa un charmant petit discours, que tous les journaux ont publié, et que nous reproduisons ci-après :

« Sire,

« Daignez accepter ces fleurs. Je voudrais avec mes petites mains pouvoir les semer sur votre route, ôter les épines des roses, en écarter tous les soucis, afin que le souvenir de votre voyage d'Oran, soit pour vous un souvenir de bonheur et pour toute la population, qui vous chérit et vous désire, un bienfait sans prix. »

Pendant que la petite fille mignonne et gracieuse, débitait son compliment, l'Empereur, qui a le don précieux de rassurer les plus timides, écoutait avec un sourire plein d'aménité et lui disait tout bas : « bien, très-bien, mon enfant. » L'enfant, après un gentil salut, se jeta heureuse et fière de s'en être si bien tirée, dans les bras de sa mère.

M. le général Deligny, qui accompagnait l'Empereur, lui présenta le propriétaire de la ferme, M. Aimé Décugis, ancien colon et administrateur de La Sénia, actuellement 1er adjoint de la ville d'Oran. Sa Majesté le complimenta sur le bon aspect de ses cultures, et sur la beauté de ses fruits. Puis, acceptant les fleurs que M. Décugis lui offrait, Sa Majesté exprima le regret de ne pouvoir les envoyer à Paris.

L'Empereur conserva un bon souvenir de cette visite. Le lendemain, Sa Majesté, récompensait, en effet, l'intelligent colon et l'administrateur dévoué en lui remettant Elle-même, la croix de la Légion d'honneur.

Après cette courte station à *Saint-Aimé*, l'Empereur se rendit au village de La Sénia.

Le village était en fête. Les rues et les places étaient pavoisées. Des guirlandes de fleurs, des couronnes de verdure, formaient comme un berceau, partout où le cortége impérial devait passer. Toute la population s'était portée au devant de Sa Majesté, qui fut reçue à l'entrée du village par le maire-adjoint, M. Joseph Royer. L'Empereur, charmé de l'aspect qu'offrait ce centre agricole, et très-satisfait de l'état des cultures qu'il avait remarquées, adressa à ce sujet quelques paroles très-bienveillantes à M. Royer, en le priant de féliciter en son nom, les courageux colons qui avaient transformé si heureusement des terres jadis couvertes de broussailles et de palmiers nains.

Ces paroles accueillies avec bonheur, redoublèrent l'enthousiasme de la population, et l'énergie de ses vivats, que l'Empereur dut entendre longtemps encore après avoir quitté le village.

MISSERGHIN.

Misserghin, chef-lieu de commune, est situé à 15 kilomètres d'Oran, sur la route de Tlemcen. Sa population est de 1,440 habitants.

Les Beys d'Oran possédaient à Misserghin une habitation de plaisance, qui avait été abandonnée, et qui n'offrait plus que des ruines, lorsque notre armée prit possession de ce point. On y installa en 1857, dans un camp retranché, une colonie de militaires cultivateurs, auxquels on substitua plus tard un régiment de spahis. Une très-belle pépinière, formée par les soins de ces militaires, fut dans la suite concédée à l'abbé Abram, sous la condition d'y établir un orphelinat.

Vers la fin de 1844, M. Mercier Lacombe, alors directeur des affaires civiles de la province d'Oran, eut la pensée de créer un centre agricole dans le voisinage du camp retranché, près duquel étaient déjà groupées quelques maisons de cantiniers et de petits commerçants. Ce village, dont l'emplacement avait été très-bien choisi, s'est rapidement développé. Il a été constitué en commune le 31 décembre 1856, et forme aujourd'hui une charmante petite ville. Ses rues sont larges, droites et bien aérées. On y remarque une jolie église, construite en style roman, par M. Viala de Sorbier.

Le territoire de Misserghin est des plus fertiles : céréales, tabacs, arbres fruitiers et vignes ; bétail nombreux, élève de l'espèce bovine et de l'espèce ovine, race mérinos. A quelques kilomètres de Misserghin se trouve le lac salé.

L'Empereur à Misserghin.

Le lundi, 16 mai, à une heure et demie, le cortége impérial arrivait à Misserghin.

M. Brosselard, préfet d'Oran, et M. le baron de Montigny, secrétaire général de la préfecture, attendaient l'Empereur à l'entrée du village.

Sa Majesté s'est arrêtée près d'un arc de triomphe d'une magnifique simplicité, qui avait été dressé par les colons. La milice formait la haie et ne parvenait que difficilement à arrêter les flots de population impatiente de contempler les traits de son Souverain. L'air retentissait des acclamations qui sortaient de toutes les poitrines.

A la tête d'une députation de jeunes filles toutes vêtues de blanc, portant une bannière où se lisaient ces mots : *Souvenir du passage de Sa Majesté Napoléon III*, Mlle Buret a lu à l'Empereur le charmant petit discours que voici :

« Sire,

« Permettez-moi d'être aujourd'hui l'interprète de mes compagnes, et de déposer aux pieds de Votre Majesté l'expression sincère d'admiration et de dévouement sans bornes, dont nos cœurs sont pénétrés pour Elle.

« Instruites par nos parents dès la plus tendre enfance, Sire, à aimer, bénir et respecter Votre illustre famille, ce jour certainement, ne sera terni que par un seul regret, celui de ne pouvoir montrer à Sa Majesté l'Impératrice, ainsi qu'à Son Altesse Impériale, votre Auguste fils, tout notre amour et tous nos respects.

« Sire,

« Ces fleurs que nous vous offrons, sont dues au travail de nos pères et de nos frères, et si Votre Majesté daigne les accepter, Elle laissera dans nos cœurs un éternel souvenir d'amour et de reconnaissance. »

L'Empereur a répondu à peu près en ces termes :

« Je vous remercie pour l'Impératrice et le Prince Impérial,
« des sentiments que vous m'exprimez au nom de vos com-
« pagnes. Je suis persuadé d'avance qu'ils seront très-sensibles
« aux marques d'affection que vous témoignez. »

M. Buret, maire de Misserghin, entouré de son conseil municipal, a ensuite pris la parole en ces termes :

« Sire,

« L'armée a conquis l'Algérie, protégée par son drapeau victorieux. La colonisation devait défricher et mettre en rapport cette belle conquête.

« C'est la tâche que nous nous sommes imposée, et que nous poursuivrons sans nous laisser décourager par les obstacles.

« Il y a dix-huit ans à peine que les défrichements et les belles cultures que vient de traverser Votre Majesté sur le territoire de Misserghin, — l'emplacement lui-même de notre village, — n'auraient offert à ses yeux qu'un immense amas de palmiers !

« Nos devanciers ont commencé l'œuvre avec courage et patience, nous la continuerons, Sire, avec persévérance et courage !....

« La visite tant désirée que Votre Majesté daigne nous faire en ce moment, va ranimer et doubler nos forces. Qu'un regard bienveillant tombe sur nos travaux, qu'un souvenir de cette belle Afrique, si riche d'avenir, suive Votre Majesté, quand Elle sera de retour dans notre mère-patrie. Soutenus et ranimés par cette grande faveur, nous resterons, Sire, à la hauteur de notre mission : créer en Afrique une nouvelle France ! »

Sa Majesté a remercié M. le maire de l'accueil sympathique qui lui était fait par la population et l'a aussitôt questionné, avec beaucoup de bienveillance, sur les diverses cultures du pays, principalement sur celle du coton, demandant si elle nécessitait une dépense d'eau considérable.

M. le maire a répondu que la terre d'Afrique est si fertile que toutes les cultures y réussissent. Les terres de la commune produisent déjà des céréales de toute espèce, du lin, du tabac, des olives, des citrons, des oranges, des fruits variés et délicieux, voir même des nèfles et des bananes. Quant au coton, a ajouté M. Buret, il vient parfaitement, malgré la faible quantité d'eau dont il est possible de disposer aujourd'hui ; mais une fois les eaux d'irrigation bien aménagées, les cultures augmenteront en s'améliorant, et la province d'Oran aura son petit Blidah.

L'Empereur s'est aussi informé des défrichements de la dernière campagne. Il lui a été répondu que les colons de la commune avaient planté seize hectares de vigne et que quinze hectares de palmiers avaient été défrichés.

Conduite sur la place d'Armes, où se trouvaient réunis dans une petite exposition agricole, quelques spécimens des produits dont M. le maire l'avait déjà entretenue, Sa Majesté a daigné descendre de voiture pour visiter un à un tous les objets ; Elle s'est arrêtée avec une attention toute particulière devant plusieurs échantillons de céréales, mais surtout sur une gerbe de blé d'Egypte, exposée par M. l'adjoint Thomann. Les tiges de cette gerbe mesuraient près de deux mètres.

L'Empereur, émerveillé de la grosseur et de la beauté des épis, s'est tourné vers M. le général Fleury, affirmant n'avoir jamais rien vu d'aussi beau. Les orges et les blés des arabes ont également attiré l'attention de Sa Majesté.

A la vue des fruits et des légumes exposés en grande quantité, l'Empereur a demandé si les jardins étaient nombreux et bien cultivés. Sur la réponse affirmative, Il s'est avancé pour considérer un instant quelques instruments aratoires et des sujets améliorés de l'espèce bovine du pays.

Sa Majesté est ensuite remontée en voiture aux vivats mille fois répétés de la foule, et le cortége impérial s'est dirigé vers la ferme de Temsalmet, appartenant à M. Charles Bonfort (1).

---

(1) Ce compte rendu est extrait de l'*Echo d'Oran*. Nous avons fait de nombreux emprunts aux deux journaux qui se publient à Oran. M. Perrier, rédacteur de l'*Echo*, et M. Margéridon, rédacteur du *Courrier*, voudront bien nous excuser si nous ne plaçons pas toujours leurs noms à la suite des articles, que nous avons souvent reproduits textuellement, dans la crainte de nous laisser entraîner à des descriptions très-poétiques, mais inexactes, que l'imagination crée si volontiers quand il s'agit de ce beau pays.

TEMSALMET.

La ferme de *Sainte-Marie de Temsalmet* est située sur la route d'Oran à Tlemcen, à 3 kilomètres S. O. de Misserghin, et à 10 kilomètres N. E. de Bou-Tlélis.

Cette ferme, d'une contenance totale de 2,500 hectares environ (1), comprend trois établissements distincts : le premier a été créé près du *Lac-Salé*; le second, près de la route, au lieu dit *Aïn-Brédiah*, où sont des sources artésiennes d'une grande abondance; et le troisième, le plus important, est situé près de la source des *Poissons-Sacrés*, à l'entrée du ravin de Temsalmet et non loin du célèbre marabout de Sidi-Marouff.

On arrive à la ferme en suivant une double rangée de superbes mûriers, qui forment une avenue d'un kilomètre de longueur. Les jardins ont une étendue de 10 hectares, et sont complantés d'orangers, de citronniers, d'arbres fruitiers, d'oliviers, de vignes et de légumes.

M. Charles Bonfort, propriétaire de ce vaste domaine, a fait d'immenses travaux en défrichements, constructions, irrigations et dessèchements; mais le principal objet de son exploitation agricole, est l'élevage et le perfectionnement, par les croisements, des races bovine et ovine. Il a obtenu de très-beaux résultats. Ses produits ont été remarqués dans toutes les expositions, et lui ont valu de nombreuses médailles.

---

(1) 1,400 hectares ont été concédés à M. Bonfort; les autres 1,500 hectares, notamment les jardins, proviennent de divers achats.

L'Empereur à Temsalmet.

L'Empereur a visité la ferme de Temsalmet avec une attention particulière. Sa Majesté n'a pas consacré moins de deux heures à l'examen de cette propriété. Elle a voulu tout voir, tout savoir.

Cette visite est, selon nous, un fait important ; car M. Charles Bonfort a pu éclairer Sa Majesté sur les difficultés de plus d'un genre qu'il a rencontrées dans son existence de colon, notamment dans le libre emploi de la main-d'œuvre indigène, que les chefs arabes ont un si grand intérêt à retenir chez eux, à leur profit, car ce qu'ils redoutent le plus, et non sans raison, pour leur fortune, c'est le contact des européens avec leurs administrés.

Mais ces obstacles ont été levés, grâce à la persévérance de M. Bonfort, et l'Empereur a appris avec plaisir qu'un certain nombre d'indigènes, installés dans la ferme depuis plusieurs années, travaillaient à côté des européens, et vivaient avec eux en très-bonne intelligence.

Nous devons à l'obligeance d'un parent de M. Bonfort, la communication d'une relation qui contient des détails très-intéressants sur la visite de l'Empereur à Temsalmet. — Bien que ce récit intime n'ait pas été rédigé en vue d'une publication, ou plutôt à cause de cela précisément, nous commettons l'indiscrétion de l'insérer dans cet ouvrage ; car il nous paraît extrêmement utile de publier les renseignements les plus complets sur le voyage impérial, auquel nous donnerions volontiers le titre *d'enquête agricole*.

SOUVENIRS INTIMES DE LA VISITE DE SA MAJESTÉ NAPOLÉON III
A LA FERME DE SAINTE-MARIE DE TEMSALMET.

Le 15 mai 1865 a été pour ma famille un jour de triomphe, un jour de bonheur, qui m'a fait oublier bien des tribulations passées, et dont le souvenir est à jamais gravé dans nos cœurs.

J'ai eu plutôt la visite d'un père que celle d'un souverain ; d'un souverain qui tient en échec l'Europe ! le monde entier !!!

Dans la matinée du 15, j'appris indirectement que la veille, à table, Sa Majesté avait manifesté l'intention de connaître en détail mon exploitation ; ce ne fut toutefois que vers 10 heures, que je connus le moment du départ pour Misserghin, où l'Empereur devait se rendre avant de venir chez moi.

Je n'arrivai à la ferme qu'une heure au plus avant Sa Majesté. M. le commandant Piquemal, qui précédait de quelques minutes le cortége, me surprit clouant, au pied du premier peuplier, planté au milieu de la ferme, et au sommet duquel j'avais arboré le pavillon national, cette inscription véridique. « *En 1852, ici tout était palmiers nains.* »

C'était tout le luxe que je voulusse et que je dusse déployer : du reste, je n'avais eu que le temps de faire rentrer à la hâte une partie de mes troupeaux, (environ 1,200 bêtes, espèces bovine et ovine, croisés bretons, et métis mérinos), de réunir mes travailleurs européens et indigènes, et de ranger sous la treille nord de la maison, en avant du jardin, divers produits de mon exploitation (1).

Je me portai à 100 mètres en dehors des cours, dans l'avenue des mûriers qui va de la route à la ferme, pour offrir mes respectueux hommages, à l'Empereur au moment où Sa Majesté pénétrait dans la première enceinte de mon établissement.

Sa Majesté franchit au pas la première cour, examinant attentivement les troupeaux de vaches et indiquant celles de race bretonne et leurs dérivés qui se rencontrèrent à portée. Puis, le cortége prenant à droite dans la deuxième cour,

---

(1) Laine, coton, blé, orge, avoine, maïs, luzerne, légumes frais et secs, caroubes, etc., etc. et d'entasser sur une table arabe, les fruits frais, oranges, citrons, mandarines, pample mousses, cédrats, bananes, amandes, fraises, figues, abricots, olives, etc., etc·, vin, miel, cire, beurre, porc salé, etc., etc.

s'arrêta devant la porte de mon habitation, où Sa Majesté mit pied à terre.

Aussitôt j'eus l'ineffable bonheur de présenter à l'Empereur ma femme et mes enfants, en ayant soin d'indiquer que ces derniers étaient algériens.

Avec une aménité impossible à traduire, l'Empereur me questionna sur mon origine, l'époque de mon arrivée en Algérie celle de ma création agricole, sur l'âge de ma fille et la vocation de mon fils.

Déjà, maître de ma profonde émotion, grâce à l'affabilité inexprimable de Sa Majesté, je repondis succinctement à cet interrogatoire paternel, en ajoutant que si Dieu voulait que je restasse colon, mon fils me succèderait. L'Empereur voulut bien applaudir à cette résolution, et complimenter madame Bonfort d'avoir, dès les premiers jours, partagé ma vie de colon ; puis, traversant mes modestes appartements, Sa Majesté, en entrant dans le jardin, fut saluée par mon personnel européen et indigène aux acclamations unanimes et spontanées de :

Vive l'Empereur !
Vive l'Impératrice !
Vive le Prince Impérial !

L'Empereur s'arrêtant devant chaque produit exhibé, m'interrogea sur le mode de culture, les quantités produites, les rendements, les débouchés, etc., etc., exprimant le désir d'avoir de moi, puisque j'avais été négociant, des renseignements précis et commerciaux.

Les laines, les céréales, les cotons, l'élevage du bétail, parurent attirer plus particulièrement l'attention de Sa Majesté, qui voulut bien exprimer sa satisfaction de juger sur les lieux mêmes ce que l'initiative privée avait su créer en si peu de temps.

Plongeant la main dans un sac de pois chiches, pois pointus, Sa Majesté dit en bon espagnol : « *ce sont là des gorbanzos.* » Puis, voyant des caroubes, Elle me demanda presque familièrement si j'avais essayé d'en faire du café. Peu initié aux secrets de cette nouvelle industrie parisienne, j'avouai n'avoir su, comme café proprement dit, en faire qu'un détestable breuvage, mais qu'en été, nos ouvriers en faisaient une sorte de piquette passable et fort désaltérante ; que, comme en Corse, en Sardaigne, etc., j'en engraissais le bétail, et j'ajoutai que ce fruit, très-avantageusement employé en distillerie, pourrait devenir un produit naturel d'une importance réelle, si les caroubiers, très-communs en Algérie, mais qu'on n'a rencontrés qu'à l'état sauvage, étaient soignés, greffés, multipliés, et surtout préservés des incendies qui, par l'incurie des arabes, dévastent trop souvent les reboisements.

Sa Majesté me questionna ensuite sur mon personnel indigène, s'informant de ses travaux, et désirant surtout savoir si j'en étais satisfait, depuis quand j'employais les indigènes et à quelles conditions ?

J'eus la satisfaction de pouvoir répondre que si, au début, j'avais eu des difficultés à les attirer librement chez moi, je m'applaudissais d'avoir persisté ; que pas un seul n'y était depuis moins de 4 à 5 ans, et quelques-uns depuis le premier jour de mon installation (en 1852) ; qu'ils y vivaient selon leurs coutumes, avec leurs troupeaux et leurs familles réunies en petit *douar* ; que je les occupais selon leurs aptitudes à titre de *kamès*, *félah* (métayers), bergers, ouvriers terrassiers et même jardiniers ; que leur salaire variait de 1 à 2 francs par jour ; qu'à ces conditions, ils étaient, par le fait, plus heureux que les ouvriers européens ; que leur seule obligation vis-à-vis de moi était de ne jamais rester oisifs, de me fournir à toute demande la main-d'œuvre dont j'avais besoin et dont ils pouvaient disposer ; qu'ils paraissaient tous m'être dévoués, qu'ils m'en avaient souvent donné des preuves.

Sa Majesté parut fort satisfaite de mes affirmations, et surtout d'apprendre que depuis si longtemps j'employais avec succès les indigènes.

En entrant dans le jardin, l'Empereur fut frappé de la richesse de sa végétation. S'arrêtant devant les deux grandes touffes de lauriers qui commencent l'avenue principale, Sa Majesté parut surprise que ce fût là des arbres plantés par moi. J'eus la joie d'affirmer que ce n'était que de simples éclats mis en place en 1853, l'un en souvenir du général de Mac-Mahon, qui m'avait mis en possession de ma propriété, l'autre en souvenir du général Pélissier, qui m'avait fait délivrer mes titres définitifs.

Un peu plus loin, Sa Majesté s'arrêta encore devant les dattiers, souvenir de Laghouat, dont la semence m'avait été expédiée sous forme de régime par l'illustre vainqueur de cette oasis, le parrain de ma ferme.

Sa Majesté daigna faire aussi une station au gigantesque massif de caroubiers et amandiers où, dans l'hiver de 1852, j'avais établi mon premier gourbi. Avant moi, il n'y avait pas pierre sur pierre, si ce n'est des cimetières religieusement respectés, de même que le marabout de Sidi-Marouf (1), et dans la plaine, celui de Sidi-Ali-Bou-Tlélis, dont la légende veut qu'il ait, un jour de guerre, renouvelé en faveur des tribus du Mahgzen, le miracle de la multiplication des pains.

Il parut plaire encore à Sa Majesté de connaître pourquoi l'eau qui arrose nos jardins s'appelle la source des poissons-sacrés. Je racontais que chez les arabes, il était accrédité que l'âme de leur marabout se perpétue dans les barbots qui, depuis des siècles, se multiplient successivement dans le bassin naturel du bouillonnement de la source ; qu'il paraissait avéré que Sidi-Marouf, qui vivait du temps des Beni-Zian, avant la domination Turque, homme de jugement et justement vénéré, avait dû, pour détruire le frai de sangsues qui s'engendre dans les eaux vives, y porter des poissons qu'il avait eu le bon esprit de mettre sous sa sainte protection. Cette tradition des barbots sacrés, du reste commune à beaucoup

(1) Ce monument, qui renferme le tombeau de Sidi-Marouf et celui de sa femme, a été élevé par les arabes longtemps après sa mort.

de sources, était connue de plusieurs hauts personnages de la suite de Sa Majesté, qui avant moi, ont connu Temsalmet. — Temsalmet, a été le théâtre de plus d'un haut fait militaire, ainsi que l'attestent les boulets, déterrés par le soc de nos charrues (1).

Sa Majesté, ne restant indifférente à rien, m'interrogea minutieusement et avec beaucoup de bonté, sur ma vie de colon, sur mon exploitation, sur l'élevage, sur les débouchés des produits et du bétail ; sur mes cultures, sur l'âge des plantations, admirant à chaque pas la vigoureuse venue des orangers et des citronniers qui, de simples boutures, sont devenus en quelques années, à l'aide de beaucoup de soin, d'un peu d'eau et de bonnes fumures, des arbres superbes, donnant déjà au moins 150,000 fruits. Il en était de même des autres plantations : oliviers, amandiers, figuiers, bananiers, vignes, semis de pins, etc. Sa Majesté admira beaucoup les trois ou quatre anciens citronniers soigneusement aménagés et qui, chacun, produisent annuellement 2 à 3,000 citrons.

L'Empereur tint à voir un tuya, dont l'essence domine dans la contrée, et boise déjà convenablement les montagnes qui dépendent de ma propriété, depuis que j'en ai interdit l'accès aux troupeaux de chèvres. Sa Majesté m'ayant demandé si les pins poussaient avantageusement sur la montagne, j'eus le plaisir d'en montrer un bouquet de superbe venue, solde d'un grand semis, miraculeusement échappé à un incendie venu des propriétés arabes environnantes qui, il y a quelques années, désola le pays.

En m'entretenant des reboisements et des défrichements, Sa Majesté me demanda si j'étais d'avis que le palmier nain est indispensable à la conservation des pacages par l'abri qu'il donne en été aux plantes fourragères.

Je répondis qu'il m'était impossible de partager d'une ma-

---

(1) J'avais mis en tas ceux que j'ai trouvés, pour faire contraste avec les produits du sol qui les ont si avantageusement remplacés.

nière absolue cette opinion ; que la chose vraie, en elle-même, en ce qui est du pâturage primitif des indigènes, principalement pour les terrains de médiocre qualité, n'était plus applicable pour les terres cultivables où l'industrie européenne saurait toujours, par la faux ou les instruments perfectionnés, tirer parti des foins là où les palmiers ne seraient pas un obstacle ; que le palmier nain qui ne produit rien ou presque rien, était avec raison considéré par les colons comme un de leurs plus cruels ennemis.

Sa Majesté s'informa si le grand lac salé qui se déroulait devant nous était insalubre, si l'eau y séjournait toujours, s'il serait facile de le dessécher, de l'assainir, de le cultiver.

Sur la question de salubrité, l'opinion étant très-divisée, je me bornai à affirmer que, même à ma ferme des bords du lac, nous n'avions jamais directement ressenti de funestes influences du voisinage du grand lac ; qu'il me semblait possible, si non facile, de rendre à l'industrie pastorale cet immense steppe aquatique, mais que c'était là une œuvre de persévérance, et non une entreprise à enlever d'assaut en deux ou quatre ans, ainsi que théoriquement on semblait le croire; ce qui malheureusement jusque là, n'avait abouti qu'à entraver les efforts particuliers qui, pratiquement, avaient essayé de conquérir quelques parcelles des bords du lac, dont l'étendue totale ne compte pas moins de 60,000 hectares.

Quant à moi, il me paraît d'autant plus difficile que le lac puisse par lui-même engendrer des maladies, que dans toute son étendue, aucune plante, aucun animacule ne peut s'y développer, puisque les eaux du ciel qui s'y accumulent en hiver, se saturent immédiatement de sel, et s'évaporent dès que la saison pluviale cesse ; de sorte que la cuvette du lac, composée d'argile salée, dont la couche n'a pas moins de 200 mètres d'épaisseur, reste ordinairement 6 à 8 mois complètement à sec.

Revenus devant l'antique caroubier qui, en 1852, nous avait servi d'abri, Sa Majesté daigna se souvenir de ce que j'avais eu l'honneur de raconter une heure avant, et de féliciter Mme Bonfort d'avoir assisté, aidé à la création du merveilleux jardin (ce sont les expressions de Sa Majesté) qu'il avait tant de satisfaction à admirer en détail.

Sa Majesté visita ensuite les bergeries, et se fit apporter des laines, afin de se rendre exactement compte du rendement différentiel très-sensible en poids et en qualité qui existe entre la toison arabe et la toison métis mérinos, dont la race a été introduite par moi, en 1854, dans la province d'Oran.

Au moment où Sa Majesté sortait de la bergerie, ma fille se rencontra sur son passage et eut le bonheur de lui offrir des roses qu'elle cueillait à la hâte, sans qu'elle eût le temps de les réunir en bouquet. Dans son aménité incessante, Sa Majesté exprima le plaisir de les recevoir ainsi sans apprêt, à l'improviste, et les conserva à la main jusqu'à son départ. J'ai su que le soir ces fleurs décorèrent la table de Sa Majesté, qui voulut bien les faire admirer à ses invités, en causant avec autant de bienveillance que d'indulgence de sa longue promenade à Temsalmet.

M. le Gouverneur Général ayant demandé ce qui, à Brédiah, pouvait attirer l'attention du Souverain, je m'empressai de citer le merveilleux résultat du forage artésien, récemment entrepris par l'administration (1); mais j'ajoutai que la question d'irrigation n'avait été en réalité vidée que depuis très-peu de temps; que je n'avais à mon très-grand regret, aucune plantation à pouvoir exhiber; que je n'avais là qu'un vaste établissement d'élevage, parcs, étables, bergeries, puisque jusque là, il m'avait été impossible d'y continuer ce que j'avais si courageusement commencé en 1856.

Sa Majesté termina son auguste visite à ma ferme, en me

---

(1) Grâce à l'intervention officieuse, aussi éclairée que bienveillante et dévouée du service des mines, auquel je fais avec juste raison remonter tout ce qu'il vient d'être fait d'heureux à Brédiah, après sept ans de lutte navrante, dont le souvenir ne peut s'effacer de ma pensée.

complimentant chaleureusement sur les médailles de 1re classe que j'ai obtenues à l'exposition universelle de 1855, et aux diverses expositions locales, et qu'un de nos amis, à mon insu, avait cru devoir mettre sous les yeux de l'Empereur.

Devinant mon embarras de cet impromptu, Sa Majesté daigna me dire d'un ton de bienveillance extrême, que je n'avais pas à en rougir, au contraire ; que c'étaient là de précieux souvenirs, des récompenses bien méritées, et réitéra sa satisfaction d'avoir jugé sur les lieux mêmes de ce que l'initiative privée avait su créer en si peu de temps.

Le lendemain, l'Empereur partit pour l'intérieur ; à son retour du Sig, M. Charles Bonfort remit à Sa Majesté un mémoire sur la colonisation, ou plutôt l'exposé d'un mode d'exploitation agricole et pastorale, répondant avec plus de méthode aux diverses questions que l'Empereur lui avait adressées sur cet objet, pendant sa visite à Temsalmet.

Nous transcrivons ci-après les conclusions de ce travail, qui a été accueilli avec beaucoup d'intérêt par l'Empereur :

« J'ai voulu, Sire, par ce qui précède, exposer respectueusement à Votre Majesté, sous un point de vue général, l'importance et la nécessité de la création, en faveur de l'industrie agricole, de grands établissements de crédit, dont le fonctionnement en Algérie serait pour les colons comme pour la Colonie, une seconde providence.

« Un homme à jamais célèbre, a peint dans une belle image qu'on dirait faite pour l'Algérie, l'essor que le crédit donne à l'agriculture.

« On peut, a dit Turgot en parlant du crédit, regarder l'intérêt, le prix des capitaux, comme un niveau au-dessus duquel tout travail, *toute agriculture*, toute industrie cessent ; c'est comme une mer répandue sur une vaste contrée ; les sommets des montagnes forment des îles fertiles et cultivées ; si cette mer vient à s'écouler, à mesure qu'elle descend les terrains en pente, puis les plaines et les vallons paraissent et se couvrent de productions. Il suffit que l'eau monte ou s'abaisse d'un pied pour inonder ou pour rendre à la culture des plages immenses. »

SIDI-BEL-ABBÈS.

Sidi-Bel-Abbès, chef-lieu de commune et de subdivision militaire, est situé à 82 kilomètres S. d'Oran, sur la route qui relie Tlemçen à Mascara.

Cette commune comprend deux annexes : Sidi-Lhassen et Sidi-Brahim. Sa population totale est de 6,587 habitants.

En 1843, une colonne commandée par M. le général Bedeau vint s'établir sur le territoire des Beni-Amer, et construisit sur la rive droite de la Mekerra et à peu de distance de la Kouba de Sidi-Bel-Abbès, une redoute qui prit le nom de ce marabout, et dans laquelle on établit une forte garnison, destinée à tenir en respect la puissante et turbulente confédération des Beni-Amer.

Les Beni-Amer se voyant ainsi surveillés, abandonnèrent, au nombre de 25,000, le territoire de Sidi-Bel-Abbès, et transportèrent leurs tentes dans le Maroc.

La fertilité de ce territoire, devenue ainsi la propriété de l'Etat, l'abondance de ses eaux, sa salubrité, sa position avantageuse au point de vue stratégique, déterminèrent le Gouverneur à l'occuper d'une manière définitive. Un décret, en date du 5 janvier 1849, y créa une ville, qui fut érigée en chef-lieu de commune le 31 décembre 1856, et qui est administrée par un commissaire civil depuis le 1er janvier 1857.

« Sidi-Bel-Abbès, dit M. L. Piesse, dans son *Itinéraire de l'Algérie,* est aujourd'hui une ville toute française, sortie grande et belle, avec sa corbeille de verdure, dans l'espace de dix années seulement, d'un marécage de la Mekerra. »

L'Empereur à Sidi-Bel-Abbès.

Le 16 mai, à 8 heures du matin, l'Empereur partait d'Oran pour aller visiter Sidi-Bel-Abbès. Sa Majesté s'arrêta un instant à Valmy, où elle fut haranguée par M. Edouard Peyre, maire de cette petite commune, et poursuivit ensuite sa route vers l'oasis de Sidi-Bel-Abbès.

« En quittant Valmy, dit le correspondant du *Moniteur du soir*, qui a suivi l'Empereur dans ce voyage, la colonisation européenne disparaît pour ainsi dire ; ce ne sont plus que de vastes étendues occupées par les populations arabes. Sur tout ce long parcours, les douars arabes étaient venus planter les tentes sur le bord de la route, et lorsque Sa Majesté l'Empereur passait devant un de ces rassemblements nomades, Elle était accueillie par les vivats les plus frénétiques, les femmes faisaient entendre le *toulouil*, cri aigu de joie aux modulations stridentes, et les robustes filles de la tente venaient présenter à la portière de la calèche impériale le panier d'œufs et la jatte de lait de l'hospitalité, hommage intime de la famille. Sa Majesté accueillait avec bienveillance ces manifestations primitives, le cortége impérial passait rapide pour être salué à un autre tournant de route, par une autre tribu, un autre douar.

« C'est au milieu de ces ovations échelonnées et spontanées, que Sa Majesté arriva sur le territoire de Sidi-Bel-Abbès. Je ne saurais vous dépeindre l'effet de transition qui se produit ; c'est plus que de l'étonnement, c'est presque de l'émotion. La végétation surgit subitement sans aucune préparation. On passe de l'infertilité apparente à la fertilité la plus robuste ; les champs aux moissons dorées succèdent aux vergers touffus et aux vignobles verdoyants. L'abondance se développe sous toutes ses formes et se manifeste dans les produits les plus divers ; c'est une véritable débauche de végétation, et l'esprit le plus complaisant a peine à se persuader que toute cette richesse agricole a été créée en quelques années, et qu'elle est l'œuvre de nos braves colons arrivés ici sans autres ressources que les forces brachiales.

« C'est au milieu de cette oasis que se cache Sidi-Bel-Abbès, ville régulière comme une cité américaine jetée au milieu d'un jardin féerique. »

A trois heures et demie, l'Empereur faisait son entrée à Sidi-Bel-Abbès, et M. Villetard de Prunières, commissaire civil, maire de la commune, lui offrait les clefs de la ville, en prononçant le discours suivant :

« Sire,

« J'ai l'honneur de présenter à Votre Majesté les clefs de Sidi-Bel-Abbès.

« C'est à Votre Majesté que cette ville doit son existence ; c'est à Votre Majesté que ses habitants doivent leur aisance et leur bien-être. Notre gratitude était déjà bien grande, et Votre Majesté l'augmente encore, en daignant nous honorer de Son Auguste présence, en venant constater par Elle-Même les résultats de quinze années de luttes énergiques et d'efforts persévérants.

« Daignez donc, Sire, agréer l'hommage de notre profonde reconnaissance, de notre confiance absolue en Votre Majesté.

« Si vives, si ardentes que puissent être les acclamations qui salueront Votre Majesté, elles seront encore insuffisantes pour exprimer tout notre amour, tout notre dévouement à notre Empereur, à notre Impératrice et au jeune Prince, qui, formé par vos soins, continuera les traditions de grandeur et de gloire, dont l'Histoire fera le règne caractéristique de l'auguste et nationale dynastie des Napoléon. »

L'Empereur a prêté la plus bienveillante attention à ce discours, et a daigné Lui-Même prendre le plateau où étaient déposées les clefs de la ville, et l'a remis au général Fleury.

Sa Majesté est entrée ensuite dans la ville, en passant sous un arc de triomphe en verdure, élevé par les soins de la municipalité, et portant l'inscription suivante :

A SON FONDATEUR
La ville de Sidi-Bel-Abbès reconnaissante.

Un second arc de triomphe avait été dressé par les habitants dans la ville ; il était décoré d'instruments et de produits agricoles.

Sa Majesté est descendue à l'hôtel de la subdivision où, après le défilé de la milice et des troupes de la garnison, qui avaient formé la haie sur son passage, Elle a reçu la visite des autorités civiles et militaires.

L'Empereur a adressé la parole à plusieurs membres du conseil municipal, et s'est enquis des principales productions du pays, de leur écoulement, de l'état des populations. Sa Majesté a également interrogé M. le juge de paix sur le service de la justice et son fonctionnement.

Sa Majesté est ensuite sortie ; Elle a parcouru à pied une partie de la ville, et s'est rendue au jardin de M. Bastide, accompagné de ses aides de camp, de M. Villetard et d'un grand nombre d'officiers.

M. Bastide a montré à l'Empereur ses vignes, son verger, ses magnifiques plantations dont l'Empereur a été très-satisfait. Sa Majesté questionnait sans cesse ; Elle ne s'attendait pas à voir une végétation aussi riche, et M. Bastide a reçu des éloges bien mérités. Arrivé à la maison, M. Bastide a invité l'Empereur à vouloir bien entrer pour se reposer un moment. L'Empereur l'a remercié avec cette affabilité qui le distingue, en ajoutant : « Je suis venu ici pour voir, et rien que pour voir. »

En sortant du jardin de M. Bastide, le général Fleury a désigné à l'Empereur le frère du colonel Lacretelle. Sa Majesté lui a fait signe d'approcher et Elle s'est entretenue quelques instants avec lui.

A 6 heures et demie, dîner officiel, où ont été invités le

commissaire civil, le juge de paix, le curé et le commandant de la milice.

Le dîner a duré jusqu'à neuf heures.

M. Preire, curé de Sidi-Bel-Abbès, a été décoré après le dîner, de la main de l'Empereur.

Sa Majesté a remarqué les illuminations de la place du Quinconce, éclairée par mille lanternes vénitiennes, qui faisaient un effet féerique.

L'Empereur a causé très-longuement avec M. Villetard. — Il a dit à M. Villetard qu'il était émerveillé de ce qu'il voyait ; qu'il supposait, en venant ici, ne trouver que quelques petites constructions et non des maisons—qu'il voyait une bien belle ville, bien propre, bien tenue, et qu'il était d'autant plus content, qu'il était loin de s'y attendre.

Le juge de paix de Sidi-Bel-Abbès, M. Besse de la Romiguière, a remis à l'Empereur, au nom de la population, représentée par un comité de onze notables qu'il présidait, une pétition dont nous reproduisons ci-après les principaux passages :

« La ville de Sidi-Bel-Abbès, Sire, a été enfantée par un de vos décrets. Son nom ne se rattache à aucun souvenir historique, à aucune de ces actions héroïques semées par notre glorieuse armée à chacune des étapes de sa marche. Sidi-Bel-Abbès, Votre fille, demande à porter Votre glorieux nom. Que Votre Majesté ne refuse pas de nos vœux, celui qui nous est le plus cher. Qu'Elle soit le parrain de notre cité comme Elle en a été le père, et que le nom de Napoléonville reste comme l'immortel souvenir de la visite de Votre Majesté.

« Vos sujets de Sidi-Bel-Abbès, Sire, ont de grands besoins. Ces besoins, ils demandent à Votre Majesté l'autorisation de les lui signaler.

« La compagnie des chemins de fer a mis la main au réseau algérien. Sidi-Bel-Abbès, éloignée du littoral, craint d'être privée pendant longtemps des bénéfices immenses de la vapeur. Elle vient solliciter de Votre Majesté impériale un ordre qui lui permette d'espérer que dans un avenir très-rapproché, elle sera soudée à la grande ligne algérienne.

« Des routes de communication avec Mascara et Tlemcen sont indispensables, tant au point de vue stratégique qu'au point de vue commercial. La route tracée sur Tlemcen est impraticable, celle sur Mascara n'est que projet. Cet état de choses prive notre ville d'un débouché assuré pour son industrie minotière, et renchérit le prix des farines chez ses voisines obligées d'acheter à Oran. La création et le libre parcours de ces routes serait un bienfait immense, et Sidi-Bel-Abbès, point central, pourrait jouir de sa position topographique qui, avec son sol si fertile, ses irrigations, sa population agricole, ses usines, son commerce assurent son présent et lui permettent d'aspirer à un riche avenir dans les horizons duquel elle ne peut se défendre de voir poindre sa transformation en chef-lieu de division militaire.

« Le barrage de Tabia a créé pour ce pays une richesse incalculable, il a assuré son agriculture ; mais augmenter la réserve pour étendre la zone irrigable et nous mettre à l'abri des années de forte sécheresse qui peuvent tout compromettre, nous paraît indispensable.

« De vastes terrains sont entre les mains du domaine, et restent improductifs. Leur remise à la colonisation amènerait l'augmentation de la population, et assurerait d'autant la richesse et la sécurité du pays. »

Après le dîner, M. le juge de paix, qui s'est entretenu longuement avec Sa Majesté, a rappelé au souvenir de l'Empereur les vœux proposés par la pétition. S'expliquant sur le premier de ces vœux, Sa Majesté a daigné dire au magistrat président de la commission, qu'Elle était peu disposée à changer les noms des villes. Mais M. de la Romiguière ayant respectueusement insisté sur la situation exceptionnelle de Bel-Abbès, situation rappelée par la pétition, Sa Majesté a daigné accorder que le nom de Napoléon fût ajouté à celui de Bel-Abbès, qui désormais doit s'appeler Bel-Abbès-Napoléon. Elle a en outre gracieusement permis à son interlocuteur d'annoncer cette décision. Quant aux autres demandes, Sa Majesté a bien voulu dire qu'on s'en occuperait activement.

Le lendemain, à 7 heures du matin, l'Empereur a quitté Sidi-Bel-Abbès, après avoir remis 1,000 francs à M. de Villetard pour être distribués aux pauvres.

L'Empereur s'est arrêté à Sidi-Brahim, petit village, dépendant de la commune de Sidi-bel-Abbès, et a fait remettre 1,000 francs à l'adjoint pour la construction d'un clocher. Sa Majesté s'est également arrêtée un instant au village des Trembles, où elle a accueilli avec bonté les demandes de plusieurs colons.

SAINT-DENIS-DU-SIG.

Saint-Denis-du-Sig, chef-lieu de commune, est situé à 52 kilomètres d'Oran, vers le sud-est, sur la rive droite du Sig. Sa population est de 3,963 habitants.

Cette petite ville a été fondée, en 1845, sur l'emplacement d'un camp qui avait été établi pendant les premières années de l'occupation d'Oran. Elle a la forme d'un vaste quadrilatère, divisé en îlots rectangulaires, et au centre duquel se trouve une large place, plantée d'arbres comme ses principales rues.

« Saint-Denis, où doit aboutir le premier réseau des chemins de fer de la province d'Oran, est le foyer d'activité de la plaine qu'arrose et fertilise le Sig, en lui donnant son nom. Au milieu d'un pays où toutes les cultures prospèrent et où l'on compte déjà plus d'un établissement remarquable d'exploitation et d'industrie agricole, Saint-Denis est devenu naturellement un fort marché, où affluent chaque dimanche 7 à

8,000 Arabes, et les Européens des nombreux centres de colonisation qui l'environnent. (1) »

Le territoire de Saint-Denis-du-Sig, est fécondé par les eaux d'un magnifique barrage en maçonnerie, dont les canaux ont plus de 30,000 mètres de développement.

Par la richesse et la variété de sa culture, la plaine de Saint-Denis-du-Sig est comparable à la plaine de Mitidja, et la ville elle-même n'est pas sans analogie avec Bouffarick.

Parmi les grands établissements agricoles créés aux environs de Saint-Denis, on remarque *l'Union du Sig*, à 3 kilomètres E. de ce centre de population. Cette vaste propriété, d'une contenance superficielle de 1,800 hectares, est une des mieux exploitées de la province : on peut citer encore les fermes de MM. Capmas, Masquelier, Ferré et Sibour, dans lesquelles on cultive le coton sur une grande échelle.

Par un décret du 1er avril 1865, les territoires de l'Habra et de Ferregaux ont été annexés à la commune de Saint-Denis-du-Sig. L'adjudication des 24,000 hectares disponibles de l'Habra, à une puissante compagnie, va donner un développement considérable aux travaux agricoles dans cette partie de la province d'Oran, où déjà l'agriculture a fait de très-notables progrès.

L'Empereur à Saint-Denis-du-Sig.

La visite de l'Empereur à Saint-Denis-du-Sig, est ainsi racontée dans une lettre adressée à *l'Echo d'Oran* :

Le lendemain de l'arrivée de l'Empereur à Oran, les habitants de Saint-Denis-du-Sig étaient prévenus, par une proclamation de M. Olivier, leur commissaire civil, que Sa Majesté daignerait venir juger par Elle-Même leurs travaux. Aussitôt chacun se prépare pour recevoir dignement l'Auguste

---

(1) L. Piesse. *Itinéraire de l'Algérie*. p. 285.

voyageur. On se réunit, on se groupe pour élever des arcs de triomphe. La commune est pauvre : elle ne peut pas faire grand'chose, mais la cotisation individuelle y suppléera. Une remarque à faire sur les ovations dont l'Empereur est l'objet dans sa marche triomphale à travers notre belle Colonie, c'est que partout l'enthousiasme est spontané ; qu'il ne porte pas cette estampille administrative, bien connue de ceux qui ont déjà vu d'autres monarques parcourir leurs Etats. Ici, comme ailleurs, rien de commande. Les ouvriers d'art dressent un arc de triomphe à l'entrée de la ville, avec cette inscription.

LES OUVRIERS D'ART A NAPOLÉON III !

Un peu plus loin, les espagnols en érigent un autre :

A L'EMPEREUR, LA COLONIE ESPAGNOLE RECONNAISSANTE !

La population israélite ne veut pas rester en retard sur ses concitoyens : elle dresse aussi son arc de triomphe, avec un verset de la Bible pour inscription :

BÉNI TU ENTRERAS, BÉNI TU SORTIRAS.

Un quatrième arc de triomphe, tout en verdure, garni de coton et de laine, est préparé un peu plus loin. Partout, sur le passage présumé de l'Empereur, se pressent des girandoles, des bannières, des drapeaux.

Le 19 mai, à midi et demi, l'Empereur, accompagné de M. le maréchal duc de Magenta, de MM. les généraux Fleury et Déligny, fut reçu par le conseil municipal, à la tête du pont du Sig, qui avait été décoré de banderoles et des divers attributs de l'agriculture.

Une foule immense acclamait le Souverain de ses vivats enthousiastes, pendant que M. le commissaire civil lui adressait ces mots, résumant si bien la pensée de tous :

« Sire,

« La joie qui éclate en ce moment dans tous les cœurs, a succédé à une consternation profonde.

« Le dirai-je, Sire! nous sommes heureux aujourd'hui d'avoir subi cette épreuve, car la bonté de Votre Majesté pour nous a doublé le prix d'une visite aussi providentielle.

« Nous apprendrons à nos enfants à bénir cette date et la population de Saint-Denis-du-Sig, dont je suis l'interprète, sera toujours la plus humble, la plus soumise et la plus dévouée à Votre dynastie. »

Sa Majesté daigna répondre qu'Elle eût beaucoup regretté de rentrer en France sans avoir vu le Sig. Continuant sa marche, une députation de quatre jeunes filles représentant les quatre races qui forment la population, c'est-à-dire une française, une espagnole, une israélite et une arabe, toutes en costume national, lui offrirent un immense bouquet, et l'une d'elles lui dit ce compliment, que l'Empereur écouta avec bienveillance :

« Sire,

« La Providence a voulu qu'il nous fût permis d'approcher de Votre Majesté. Nous vous offrons ces fleurs, puisées dans les trésors de Dieu. Sire, pour consacrer dans nos cœurs le souvenir de ce jour, puissent-elles être, auprès de Votre Majesté, les interprètes de nos sentiments les plus soumis et les plus dévoués. »

L'Empereur, visiblement ému, remercia les petites filles, qui furent bientôt remplacées par quatre petits garçons de l'école communale qui, eux aussi, voulaient donner au Souverain un témoignage de l'esprit dans lequel les populations civiles de l'Algérie sont élevées. L'un d'eux, gamin à la mine éveillée, lui dit ce petit discours :

« Sire,

« Au nom de mes jeunes camarades, daignez me permettre de vous souhaiter la bienvenue.

« Le souvenir du passage de Sa Majesté grandira avec nous dans nos cœurs et fera de nous, avec la grâce de Dieu, des hommes dignes d'une dynastie aussi glorieuse qu'aimée de la France.

« Nous serions heureux, Sire, si ce vœu pouvait être connu de Sa Majesté l'Impératrice et du Prince Impérial. »

Après avoir gracieusement remercié les gamins, tout fiers de la mission qu'on leur avait confiée, l'Empereur continua sa marche, au milieu des acclamations continuelles de la foule qui se pressait sur son passage, au point d'empêcher les chevaux d'avancer. La voiture impériale traversa ainsi la ville, après quoi elle se dirigea au grand trot vers le barrage, où le Souverain était attendu par MM. les ingénieurs, M. le commissaire civil et quelques colons, parmi lesquels se trouvait M. de Saint-Maur, toujours sur la brèche lorsqu'il s'agit de défendre les intérêts de la Colonie.

L'honorable président de la Chambre d'agriculture de la province présenta une requête, signée de plusieurs colons, au sujet de la suppression de la prime du coton. L'Empereur répondit qu'il apporterait toute sa sollicitude à cette question ; mais Sa Majesté ne dit rien qui eût le caractère d'une promesse.

M. Messager, représentant de M. Herzog, filateur, prit alors la parole en ces termes :

« Sire,

« Heureuse et fière de Vous voir au milieu de nous, notre petite colonie du Sig sera pour Votre Majesté un exemple bien frappant de ce que peut le travail, avec l'aide de Votre puissant concours.

« Notre industrie cotonnière souffre ; mais grâce à Votre sollicitude, les capitaux, venant en aide à cette souffrance, permettront de créer, dans notre belle province, les barrages nécessaires à la production du coton.

« Sire, la province d'Oran produit à peine ce que l'une de nos filatures peut consommer en une année.

« La matière première s'augmentant, les souffrances de l'industrie cotonnière diminuant, nous aurons tous, dans nos cœurs, le souvenir de Votre voyage, qui prouvera une fois de plus, Votre sollicitude et Votre amour pour notre mère-patrie. »

L'Empereur questionna beaucoup MM. les ingénieurs et les personnes présentes, sur l'influence que le barrage avait eu sur la prospérité du pays. Ces explications, auxquelles Il semblait prendre le plus grand intérêt, lui firent entrevoir l'avenir réservé à toutes les plaines susceptibles d'être irriguées. Aussi après quelques minutes de réflexion, se tournant vers MM. les colons, Sa Majesté leur dit : « Je m'occuperai sérieusement de « votre province en vous donnant des barrages ; je vois bien « que tout est là. »

Remerciant alors de nouveau le commissaire civil et ces messieurs de l'accueil qui lui avait été fait, l'Empereur est remonté en voiture et a pris immédiatement la route d'Oran.

Nous trouvons dans le *Courrier d'Oran* les détails suivants, qui ont été omis par le correspondant de l'*Echo*.

« De chaque côté du principal arc de triomphe dressé sur le passage du cortége impérial s'étageaient les divers produits du pays ; est-il besoin de dire que le coton, cette mine d'inépuisables trésors qu'a trouvée le Sig, était au premier rang ? L'Empereur a surtout remarqué une sorte de corbeille tout entière composée de coton, qui au moment où Il la considérait, s'est divisée par un ingénieux mécanisme, et a laissé s'échapper une nuée de petits oiseaux. Sa Majesté, dont le visage était éclairé d'une véritable joie, n'a pu s'empêcher de sourire à cette gracieuse allégorie.

« Les flots des indigènes empêchaient la voiture impériale d'avancer ; les arabes se ruaient — nous ne trouvons guère d'autre expression — sur le cortége du Souverain, qui, tout le long de la route, avait répondu à leurs acclamations par des poignées de pièces d'argent. Allez maintenant leur demander quel est le plus grand sultan du monde, et tous vous répondront que c'est le sultan de la France. Il est impossible, si on n'en a pas été le spectateur, de se faire une juste idée de l'exaltation qui bouillonnait dans toutes les têtes. »

Enfin, et pour ne laisser dans l'oubli aucun détail sur la visite de l'Empereur à Saint-Denis-du-Sig, nous reproduisons d'après un récit de l'*Echo d'Oran*, les paroles échangées entre Sa Majesté et M. Ferré, l'un des agriculteurs les plus distingués de la Colonie.

« En se rendant au Sig, Sa Majesté a remarqué une oasis délicieuse au milieu des terres cultivées par les arabes, et sur lesquelles on chercherait en vain un abri contre les ardeurs du soleil.

« C'était la belle propriété de M. Ferré, située Pont-de-l'Ougas et qu'on aperçoit à une distance de cinq kilomètres en ligne directe de la route d'Oran au Sig. Les belles plantations et les arbres gigantesques produisent un effet délicieux et reposent agréablement les yeux fatigués par le désert qu'affichent les cultures des indigènes.

« Ce tableau gagna la curiosité de l'Empereur qui voulut voir de près cette luxuriante végétation.

« L'intelligent M. Ferré avait heureusement placé, à l'entrée de sa ferme, quelques produits agricoles que Sa Majesté a fort admirés, en adressant avec une grâce parfaite quelques questions au propriétaire :

« — Faites donc voir ce coton ?

« — Voilà, Sire.

« — Il est très-beau. C'est vous qui l'avez cultivé ?

« — Oui, Sire.

« — Combien en avez-vous d'hectares cette année ?

« — Trente, Sire.

« — Combien y a-t-il d'années que vous cultivez le coton ?

« — Depuis l'origine de cette culture dans le pays.

« — Combien avez-vous pu produire ?

« — Sire, je ne pourrais le dire en ce moment.

« — Ces bœufs sont à vous ?

« — Oui, Sire.

« — Sont-ils du pays ?

« — Je ne sais ; mais je les ai achetés sur place.

« Du beurre de la ferme ayant été présenté, l'Empereur a dit : « Il est très-beau ce beurre. »

« Satisfait de tout ce qu'elle venait de voir et d'entendre, Sa Majesté a gracieusement salué, et en donnant l'ordre du départ, a dit : « Allez au pas. » Au bout de la propriété les chevaux de la voiture de l'Empereur ont pris le trot, et tout le cortége s'est dirigé vers le Sig, où M. Ferré s'est également rendu.

« Au retour, tous les employés et les ouvriers de la ferme de M. Ferré, ont acclamé de nouveau l'Empereur et le maréchal Gouverneur.

« Sa Majesté et tous les hauts fonctionnaires de sa suite ont alors abaissé leurs parasols et levant leurs képis en l'air, ont salué à deux reprises. »

MOSTAGANEM.

Mostaganem, chef-lieu de sous-préfecture et de subdivision militaire, est situé à un kilomètre de la mer et à 76 kilomètres d'Oran.

Cette ville, qui ne paraît pas avoir été occupée par les Romains, était florissante dès le moyen-âge ; elle prit un grand développement sous les Turcs, à partir du xve siècle. — Plus tard, à la suite des invasions espagnoles, elle fut à peu près abandonnée et perdit toute son importance commerciale. Pendant les premières années de la conquête, on plaça dans la ville un chef indigène pour l'administrer au nom de la France ; mais, en 1841, on y établit un commissariat civil, et les européens commencèrent à la peupler.

Aujourd'hui, la commune de Mostaganem, y compris ses trois annexes : Karouba, Mazagran et Ouréah, compte 11,959 habitants, dont 6,000 européens environ.

La ville de Mostaganem est traversée par le ravin d'*Aïn-Sefeur*, (source jaune). Son aspect est riant. Sur la principale place, toute formée de maisons à arcades, se trouve l'église, dont le clocher est remarquable. Un très-joli jardin public, et quelques édifices bien bâtis, contribuent à embellir cette charmante petite ville.

La banlieue de Mostaganem est couverte de plantations et de cultures maraîchères.

Aux alentours de cette ville, sont répandus de nombreux villages où la culture de la vigne, des céréales, du tabac et des arbres fruitiers, donne les meilleurs résultats.

Une première zone comprend Karouba, Ouréa et Mazagran.

A l'ouest s'étend la *Vallée des Jardins*, renommée pour sa fertilité, ses sites pittoresques et ses jolies maisons de plaisance.

Le fait d'armes qui s'attache au nom de Mazagran attire tout particulièrement l'attention sur cette place, qui fut le premier centre créé auprès de Mostaganem.

Le poste de Mazagran, qui avait eu à se défendre, en 1838 et en 1839, contre les agressions incessantes des tribus, se vit assiégé de nouveau le 2 février 1840, par 12,000 arabes, ayant à leur tête le khalifa d'Abd-el-Kader, Mustapha-ben-Temi.

La garnison française, qui se composait de 120 hommes, enveloppée pendant 4 jours par des forces si supérieures, fit une résistance héroïque, qui compte au nombre des faits d'armes les plus glorieux de nos glorieuses campagnes d'Afrique. Une colonne érigée à Mazagran, rappelle la belle défense du capitaine Lelièvre et de ses vaillants compagnons d'armes.

Mazagran est considéré comme un faubourg de Mostaganem, bien qu'il en soit séparé par une distance de 4 kilomètres. Son territoire est livré aux cultures maraîchères et arborescentes. Le sol n'y est pas moins favorable à la production de la vigne. Les colons s'y adonnent aussi avec succès à l'élève du bétail.

Viennent ensuite :

Pélissier, qui avait reçu primitivement le nom de *Libérés*, avec ses annexes de *Tounin* et d'*Aïn Boudinar ;*

Rivoli, sur la route de Mascara, et ses annexes d'*Aïn Nouissy* et de la *Stidia*, — cette dernière est peuplée en majeure partie d'émigrants prussiens ;

Aboukir et ses annexes : *Bled-Touaria* et *Aïn-Sidi-Chérif* ;

Aïn-Tédélès, sur la pente qui descend vers la vallée du Chélif ;

Sourk-el-Mitou, dont le territoire est planté d'arbres fruitiers qui donnent d'excellents produits et où l'on récolte des pêches et des abricots renommés. Et enfin le village qui porte le nom de *Pont du Chélif*.

Le plateau sur lequel est bâti Mostaganem se relève légèrement vers l'est et retombe dans la fertile vallée de La Mina. On y rencontre la ville de Relizane, dont le territoire est l'un des centres les plus importants de la production cotonnière (1).

L'Empereur à Mostaganem.

L'Empereur est arrivé à Mostaganem le 20 mai, à trois heures de l'après midi. Sa Majesté a été reçue à l'entrée de la ville par M. Bollard, maire de Mostaganem, par M. Otten, sous-préfet, et par M. Brosselard, préfet d'Oran, qui était arrivé la veille.

M. Bollard, en offrant à l'Empereur les clefs de la ville, a prononcé le discours suivant :

« Sire,

« J'ai le précieux honneur d'offrir à Votre Majesté les clefs de cette ville, et de lui présenter le corps municipal. Cette

---

(1) La dernière partie de cette notice est extraite d'un excellent article publié dans le *Moniteur de l'Algérie* du 22 mai 1865. Nous croyons savoir que cet article et plusieurs autres, relatifs aux localités visitées par l'Empereur, sont dus à M. Fenoux Maubras, l'un des employés les plus distingués du secrétariat général du gouvernement.

mission que votre présence rend si glorieuse pour moi, je ne saurais l'accomplir sans une profonde émotion.

« Ce n'est point, Sire, une chose ordinaire pour nos modestes populations que de posséder dans leur sein le Souverain illustre que le monde entier redoute, admire et nous envie, et de qui l'Algérie attend sa régénération. Aussi, à votre venue si ardemment espérée, tous les cœurs ont battu dans un même élan, d'immense espoir et de gratitude profonde.

« Que Votre Majesté, Sire, soit donc la bienvenue au milieu de cette population enthousiaste et fidèle ; variée dans ses origines, composée en nombre à peu près égal d'indigènes et d'européens, elle s'est, dès longtemps, unie dans un même sentiment d'amour pour la patrie française, d'admiration pour le monarque puissant qui préside à ses destinées.

« Qu'il me soit permis d'être son interprète et de vous dire combien elle est émue du précieux honneur que vous daignez lui faire, de vous exprimer aussi les relations cordiales qui n'ont cessé de régner entre les deux races, chaque jour réunies, dans une entente plus intime, par la communauté des intérêts et du labeur quotidien.

« La colonisation, Sire, telle que votre Gouvernement l'entend et la dirige, a un attrait irrésistible, et nul ne saurait la voir de près sans se sentir invinciblement entraîné. Laissez venir à nous les indigènes, Sire; nous les avons toujours adoptés comme d'indispensables auxiliaires et souvent comme d'utiles amis.

« Maintenant, Sire, daignez tourner vos regards augustes vers cette population qui se presse et vous entoure ; voyez la joie empreinte sur ces visages durcis au travail et portant le hâle du soleil algérien ; voyez cette jeune génération née d'hier sur ce sol déjà si français, où elle ne demande qu'à s'étaler vivace et laborieuse. Eh bien ! Sire, il n'y a pas un cœur qui ne vous appartienne, qui ne tressaille d'orgueil à la vue de son glorieux Souverain. »

L'Empereur a répondu à M. le Maire à peu près en ces

termes : « Je vous remercie, monsieur le Maire, de ce que vos
« paroles contiennent de gracieux pour moi. Je suis, en effet,
« venu pour constater les progrès de la colonisation. Ces pro-
« grès sont considérables, surtout à Mostaganem ; je suis étonné
« de tout ce que je vois. »

Le cortége impérial s'est ensuite dirigé vers la sous-préfecture. En descendant de voiture, l'Empereur a trouvé sur les
marches de l'hôtel, une petite fille de dix ans, délicieuse enfant,
qui, de sa main mignonne, lui a tendu un énorme bouquet et
lui a récité les vers suivants :

>   Sire, Mostaganem vous offre son hommage
>   Il espère qu'Allah bénira ce voyage !
>   Ma taille est assortie à cette humble cité,
>   Mais nos vœux, notre amour, notre fidélité,
>   Nous les exprimons, Sire, avec la confiance
>   Qu'ils sont dignes de vous et dignes de la France !...

La gracieuse enfant était une des filles de M. le sous-préfet ;
Sa Majesté lui a adressé un de ces bons sourires que les pères
seuls connaissent, et l'a joyeusement embrassée.

Pendant les réceptions qui ont eu lieu à l'hôtel de la sous-
préfecture. M. le Maire a remis à l'Empereur une adresse dé-
libérée par le conseil municipal et les notables de la population, demandant un embranchement sur le chemin de fer
d'Oran, qui relierait Mostaganem avec l'Hillil, par la vallée des
jardins et Bouguirat.

« Par ce tracé, est-il dit dans [l'adresse, les produits de
toute cette partie du Tell, centralisés à l'entrepôt de Relizane,
n'auraient à parcourir que 63 kilomètres, pour gagner les quais
de Mostaganem; suivant ainsi leur marche normale et séculaire ;
il leur en faudrait parcourir 127 pour arriver à ceux d'Oran. »

Nous reproduisons ci-après les conclusions de cette adresse:

« Daignez, Sire, ordonner par un décret, que cet embranchement soit exécuté simultanément avec la ligne principale ;
daignez accorder au concessionnaire de cet embranchement,

les mêmes faveurs qui ont facilité la concession de la grande ligne, et la construction en sera promptement sollicitée, soit par la Compagnie qui construit la ligne principale, soit par toute autre compagnie concurrente.

« En ce faisant, Sire, Vous rendrez justice à une population aussi laborieuse que dévouée ; Vous assurerez sa fortune acquise, et Vous poserez les bases de sa prospérité future !

« Cette question vitale d'un embranchement, Sire, se lie d'une manière étroite à celle de l'amélioration de notre rade.

« En l'état avec sa rade ouverte, sans abri, sans travaux susceptibles d'en améliorer l'accès, le port de Mostaganem est accessible pendant sept mois de l'année, et notre place est visitée annuellement par une moyenne de 420 navires.

« Sire, nous ne Vous demanderons pas de grands sacrifices pour la construction trop onéreuse d'un port, qui ne se présenterait pas néanmoins à l'examen de Votre Majesté, dans des conditions moins favorables que le port du chef-lieu.

« Un simple bassin-abri conviendrait à l'importance de notre commerce, suffirait à nos besoins. Un commencement de jetée nous a déjà rendu les plus grands services, son prolongement exécuté au moyen d'allocations annuelles, suffisantes et réelles, ne tarderait pas à rendre notre rade accessible en toute saison, même par les plus mauvais temps.

« Nous prenons la liberté, Sire, de solliciter de Votre Majesté, des allocations *réelles*, et nous n'hésitons pas à lui faire connaître que ces allocations nous ont été accordées, en principe, par Votre Conseil supérieur du gouvernement de l'Algérie, mais sans qu'il ait été possible à notre ville de bénéficier de leur emploi effectif.

« Tels sont nos vœux, Sire, un mot de Votre Majesté peut les satisfaire ; telles sont nos espérances légitimes ; nous osons Vous supplier de daigner les réaliser. »

L'Empereur a répondu qu'il étudierait avec le plus vif intérêt les diverses questions développées dans cette adresse.

Sa Majesté s'est ensuite entretenue avec M. le curé Barreau, avec le pasteur protestant et avec MM. les délégués du consistoire israélite. Elle a dit à ces derniers : « Que la situation de « la population indigène, avait attiré son attention et qu'elle ne « la perdrait pas de vue. » Puis, répondant à une allocution prononcée par M. le président du tribunal civil, Elle a exprimé sa satisfaction sur la manière dont la magistrature algérienne comprenait et accomplissait sa mission.

Après les réceptions, l'Empereur s'est placé au balcon de la sous-préfecture, et a été acclamé avec une extrême vivacité par la foule qui stationnait sous les fenêtres. C'est alors qu'un indigène désespérant, tant la foule était compacte, de parvenir jusqu'à la porte de l'hôtel, et apercevant l'Empereur au balcon, n'a rien trouvé de mieux que de lui adresser sa supplique au bout d'un long roseau. Sa Majesté a fort gracieusement accepté le pli si singulièrement offert.

L'Empereur avait déjà donné audience à un nombre considérable d'indigènes, et notamment au khalifa de la Mina, Sidi-el-Aribi, qui a été nommé, le surlendemain, grand-officier de la Légion d'honneur. Le même jour, le kaïd des Kaïds des Flittas, était élevé au grade de commandeur, l'agha de la Mina, au grade d'officier, et plusieurs autres chefs arabes étaient créés chevaliers.

Le 21 mai, après avoir entendu la messe, l'Empereur est monté en voiture pour se rendre à Relizane, et n'est rentré à Mostaganem que le soir à six heures.

Le 22 mai, l'Empereur a quitté Mostaganem. Une tente de bon goût avait été disposée sur la jetée, et c'est là que Sa Majesté a reçu les adieux de la population.

« A ce dernier moment, dit le *Courrier de Mostaganem*, l'Empereur s'est entretenu de nouveau avec M. Bollard, le chargeant d'être son interprète auprès des habitants de Mostaganem et de leur faire part de toute sa satisfaction. Sa Majesté a exprimé de rechef la pensée que son voyage à Mostaganem y laisserait d'heureuses traces. »

Avant de s'embarquer sur l'*Aigle*, qui allait le ramener à Alger, l'Empereur a décerné un grand nombre de décorations aux fonctionnaires français et indigènes.

AÏN-TÉDÉLÈS.

Aïn-Tédélès, chef-lieu de commune, est situé à 20 kil. de Mostaganem, sur un plateau dominant le *chélif*. — 819 hab.

Cette colonie agricole de 1848, constituée en centre de population le 11 février 1851, a été érigée en commune le 31 décembre 1856 ; elle renferme aujourd'hui deux annexes : *Sourk-el-Mitou* et *Pont-du-Chélif*.

Aïn-Tédélès est un des plus jolis villages et des mieux bâtis de la province d'Oran. Ses rues sont larges, bordées de trottoirs et ornées de belles plantations d'arbres.

L'Empereur à Aïn-Tédélès.

Lorsque, le 20 mai 1865, les habitants de Tédélès apprirent l'arrivée de l'Empereur à Mostaganem, ils décidèrent spontanément qu'une députation irait porter les vœux et les hommages de la population à Sa Majesté. On procéda à l'élection de six députés. L'unanimité des suffrages désigna MM. Bonneau, Clerc, Lagier, Brézoult, Lallemand et Boutié.

MM. les délégués de Tédélès ont bien voulu nous adresser une relation de l'accueil qui leur a été fait par l'Empereur. Cette relation, écrite sous l'impression du moment, est très-intéressante ; nous la reproduisons textuellement :

« Nous fûmes fiers d'avoir été désignés par le suffrage de nos concitoyens, pour les représenter dans cette occasion solennelle qui ne s'effacera pas de notre mémoire.

« Le samedi, 20 mai, nous nous rendîmes donc à Mostaganem, et nous prîmes rang, sur l'heure de 1 heure 1/2 environ, en dehors de la porte de la ville, pour recevoir le plus grand des Souverains ; ce qui ne manqua pas dans l'attente, de faire battre nos cœurs, quand le cortége impérial parut enfin sur la route d'Oran.

« Après le discours et la présentation des clefs par l'autorité municipale de Mostaganem, détails que nous passerons, monsieur, car vous les avez certainement, le cortége se remit en marche, entra en ville au milieu d'un enthousiasme général, jusqu'à l'hôtel de la sous-préfecture, transformé en résidence impériale. Sa Majesté ne tarda pas à paraître sur le balcon, où elle assista au défilé des troupes; puis, étant rentrée, Elle reçut les divers corps et services civils, ainsi que les chefs arabes.

« Nous restions les seuls du cortége qui, ainsi que les députations des autres communes, avions eu l'espoir d'être présentés à Sa Majesté, lorsque nous eûmes le regret d'apprendre après le passage des chefs arabes, que les présentations étaient terminées. Ce regret était d'autant plus grand chez nous, que notre commune, située à 21 kilomètres, tout à fait en dehors de l'itinéraire impérial, ne devait pas avoir l'honneur de La recevoir.

« Cependant nous nous ravisâmes (les soussignés délégués d'Aïn-Tédélès), et, espérant pouvoir encore donner de vive voix à Sa Majesté l'assurance de notre plus entier dévouement et lui témoigner de l'espoir que nous fondions sur son voyage parmi nous, nous lui adressâmes une demande respectueuse à ce sujet que nous portâmes à l'hôtel de la sous-préfecture, où nous priâmes de la faire passer entre les augustes mains de l'Empereur. Ce que l'on fit avec bienveillance ; et peu d'instants après nous étions admis.

« Jugez, monsieur, de notre émotion lorsque nous fûmes en

présence du Chef de l'Empire, sans avoir médité une seule parole, ni avoir désigné aucun de nous pour la lui porter ; mais le sourire bienveillant avec lequel Sa Majesté nous accueillit nous rassura aussitôt, et nous pouvons le dire chacun de nous a pu lui parler dans un ordre vraiment remarquable pour des gens plus habitués à manier les instruments aratoires que la parole. Permettez-nous, monsieur, de couper ce récit par cette réflexion : combien de petits fonctionnaires, d'humbles employés, vis-à-vis d'une si haute position, auraient besoin de prendre modèle sur le Chef de l'Etat à l'égard de leurs administrés ou du public.

« Il était environ cinq heures de l'après-midi, profitant avec un bonheur extrême du moment où l'Empereur pouvait avoir pris un peu de repos, après les présentations officielles, nous pûmes nous entretenir (c'est le mot) assez longuement avec Sa Majesté.

« Après l'avoir priée de venir visiter notre commune, ce qu'elle n'a pu nous promettre, étant fatiguée du voyage, nous dit-elle, comptant ses instants et voulant aller le lendemain à Relizane, Elle a écouté avec la plus grande attention nos demandes de route nous reliant au chemin de fer ; d'agrandissement du territoire communal etc, etc.

« M. le maréchal, Gouverneur Général , s'est alors joint à Elle, pour entrer dans des détails, et nous adresser au sujet de nos demandes des questions, auxquelles nous avons répondu avec l'assurance que nous laissait prendre la bienveillance impériale.

« Sa Majesté nous a demandé si nous n'avions pas fait une demande par écrit. Sur notre réponse affirmative, Elle nous a promis de lui donner toute sa sollicitude. Enfin , Elle a bien voulu s'enquérir de l'état de nos récoltes, des ressources, de l'espoir et de l'avenir de nos villages, avec une bonté semblable à celle d'un père pour ses propres enfants.

« Après avoir fait à Sa Majesté de très-respectueuses salutations, nous nous sommes retirés, émus de joie d'une réception aussi affable, nous si humbles sujets, devant le plus grand des Souverains de la terre.

« Nous ajouterons, monsieur, que nous étions en tenue de colons, c'est-à-dire que, comme vous le savez sans aucun doute, l'habit n'est pas notre vêtement de cérémonie. »

Nous avons l'honneur d'être etc.

> A. BONNEAU, propriétaire cultivateur ; — CLERC, propriétaire commerçant ; — LAGIER, Victor, chevalier de la Légion d'honneur, décoré de la médaille militaire, propriétaire cultivateur ; — BRÉZOUT, propriétaire cultivateur ; — LALLEMAND, membre de la Chambre consultative d'agriculture d'Oran, propriétaire cultivateur ; — BOUTIÉ. propriétaire, maître charron et forgeron.

RELIZANE.

Relizane, chef-lieu de commune et de commissariat civil, est situé dans la plaine de La Mina, à 55 kilomètres S. E. de Mostaganem. — La population de cette commune, qui comprend deux annexes : Hillil et Bouguirat, est de 2,500 habitants.

On a trouvé à Relizane, des sous d'or du Bas-Empire, et quelques vestiges d'antiquités qui font supposer que les Romains y possédaient un établissement. Les Turcs ont également occupé ce territoire. Ils avaient construit, sur La Mina, un barrage assez considérable qui a été réédifié depuis peu d'années.

Le décret de création de Relizane est du 24 janvier 1857, mais le peuplement, c'est-à-dire la distribution des terres, n'a commencé qu'en 1858, et s'est continué jusqu'en 1863. Ce centre n'a donc, à vrai dire, que cinq à six années d'existence, et il est très-remarquable qu'en si peu de temps, le chiffre de sa population ait pu s'élever à 2,500 habitants. Ce rapide accroissement est dû à la fertilité du territoire, qui est arrosé par les eaux de La Mina, et par l'excellente situation de Relizane, entre cette rivière et la route d'Alger à Oran, sur la ligne du chemin de fer en cours d'exécution.

La petite ville de Relizane a été créée par l'autorité militaire ; elle n'a été remise à l'administration civile que le 1er avril 1865, date du décret qui l'a constituée en commune et y a institué un commissariat civil (1).

L'Empereur à Relizane.

De grands préparatifs avaient été faits par les colons de Relizane, pour recevoir l'Empereur. On espérait que Sa Majesté pourrait consacrer quelques heures à ce centre important ; mais, par une circonstance restée sans explication, 8 ou 10,000 arabes, qui voulaient solliciter une amnistie en faveur des prisonniers faits à la suite de la dernière insurrection, ont envahi Relizane et n'ont point permis à l'Empereur d'y circuler librement ; en sorte que Sa Majesté a dû quitter le village sans mettre pied à terre.

Quoi qu'il en soit de ce fait regrettable, et qui a donné lieu à tant de versions différentes, nous allons résumer les détails de la visite impériale à Relizane, que nous trouvons dans une correspondance particulière et dans les récits des journaux d'Oran et de Mostaganem.

(1) L'administration municipale de Relizane est ainsi composée : M. Silvestre, commissaire civil, maire ; — MM. Panier, 1er adjoint ; Provost, adjoint de la section de Bougouirat ; Campang, adjoint de la section de l'Hillil ; — MM. le Vte d'Armagnac, Kaindler, Hirel de Choisy, Allègre, Jacques, Carriol, Canicio et Lorenzo, conseillers municipaux.

« C'était, lisons-nous dans une lettre écrite par un habitant de Relizane, c'était avec une bien vive impatience que depuis huit jours notre ville de Relizane attendait la visite de l'Empereur. Tous les habitants, sans distinction de nationalité ou de religion, avaient voulu témoigner de leur reconnaissance et de leur espoir en l'auguste visite qu'ils allaient recevoir. Arcs de triomphe, pavillons aux couleurs nationales, mâts de verdure pavoisés, rien ne manquait aux embellissements. Mais ce qui surtout avait été soigné et que nous tenions à montrer à Sa Majesté, c'était une exposition agricole qui avait été spontanément préparée. — Devant le pavillon de l'horloge, destiné à recevoir l'Empereur, s'élevaient deux superbes trophées formés avec les produits du sol: aux gerbes de blé et d'orge déjà mûres, (21 mai), venaient se marier le lin et des branches d'arbres fruitiers pliant sous leur fardeau; et, au-dessus de tout cela, le roi du pays, le coton, en capsule, égrené et passant aux égreneuses. Puis, les instruments aratoires, et à côté les animaux de travail. Tous les colons avaient répondu à l'appel, pour prouver qu'ils existent en Algérie et que les ennemis de la colonisation ne connaissent pas, ou plutôt ne veulent pas connaître les sérieux efforts que l'on fait tous les jours, les résultats que l'on obtient, et ceux que l'on obtiendra, maintenant que la protection de Sa Majesté nous est assurée. »

Le 21 mai, vers midi et demi, l'Empereur arrivait devant le barrage de *La Mina,* situé à trois kilomètres de Relizane. Sa Majesté fit arrêter sa voiture pour examiner les travaux; mais comme cette visite était imprévue, Elle ne trouva sur les lieux qu'un conducteur des ponts-et-chaussées, auquel Elle demanda si l'eau qui passait par dessus le barrage était perdue, et, s'il en était ainsi toute l'année. Il lui fut répondu que oui, et comme témoignage de l'assertion, on lui montra les deux vannes grandes ouvertes et qui n'ont pas moins d'un mètre carré d'ouverture. L'Empereur répondit alors : « Je vois que j'avais été bien renseigné ; » et le cortége continua sa route vers Relizane.

A l'entrée de la ville, s'élevait un arc de triomphe aux monumentales proportions, construit aux frais des habitants et par les soins d'un colon, M. Cordier. On lisait sur cet arc de triomphe l'inscription suivante :

LA VILLE DE RELIZANE
A NAPOLÉON III, RÉGÉNÉRATEUR DE L'ALGÉRIE.

Un autre arc de triomphe avait été élevé par l'armée, sous la direction de M. le capitaine adjudant-major Ségard, ex-directeur de la colonie.

Les fonctionnaires et les notables de la localité, s'étaient réunis au premier avis donné par un cavalier parti du village de l'Hillil.

Les pompiers, la milice et trois compagnies d'infanterie formaient la haie. Cette force armée se développant par intervalles sur un parcours de près de 800 mètres, était évidemment insuffisante pour contenir toute la foule des curieux, européens et surtout arabes, accourus au nombre de plus de six mille.

Aussitôt que la voiture de Sa Majesté a paru, un frémissement électrique a parcouru la foule, et des vivats, des acclamations enthousiastes se sont fait entendre de tous côtés. Sous l'arc de triomphe, le cortége impérial s'est arrêté. La figure de Sa Majesté était radieuse et souriante, et tout le monde avait les yeux fixés sur cette noble tête où sont empreints le génie et la bonté.

Alors M. Silvestre, nommé récemment commissaire civil et maire du district, s'est détaché du groupe et a prononcé d'une voix accentuée l'allocution suivante :

« Sire,

« L'an dernier, à pareille époque, l'insurrection semait le ravage et la mort dans ces campagnes.

« Quel changement inespéré ! quel bonheur inouï ! Vous êtes au milieu de nous, au milieu de ces colons si cruellement éprouvés !

« Puisse la Providence qui Vous envoie, conserver longtemps Vos jours et ceux de l'auguste famille impériale !

« Sire, s'il est un point de l'Algérie qui atteste la puissance de la colonisation, c'est sans contredit la ville naissante qui a l'insigne honneur de recevoir la visite de Votre Majesté.

« Appelé, depuis quelques jours, à succéder à l'autorité militaire qui l'a administrée jusqu'à présent avec tant d'intelligence, j'éprouve un véritable bonheur d'être l'interprète de la profonde gratitude et des vœux de la population dans une circonstance aussi heureuse pour elle, et qu'elle inscrira avec orgueil sur le blason communal.

« Créée sous votre règne glorieux, Relizane ne compte que six années d'existence, et malgré la fièvre des premiers temps et les malheurs qui l'ont frappée, elle renferme 2,500 habitants.

« La propriété urbaine et rurale y a acquis une valeur de 4 millions.

« La culture du coton y couvre une superficie de 1,000 hectares.

« C'est ici que le plus vaste champ est ouvert aux compagnies financières dont Votre Majesté annonce la venue.

« Cinq grands travaux, coïncidant avec l'achèvement de la voie ferrée, doivent donner à ce centre un développement considérable et lui assurer l'avenir le plus prospère :

« Construction d'un barrage-réservoir supérieur, qui permettra d'arroser 25,000 hectares ;

« Achèvement du réseau actuel des canaux d'irrigation ;

« Elévation et distribution en ville des eaux de La Mina ;

« Construction des établissements militaires destinés à recevoir la garnison, qui doit assurer définitivement la sécurité de la contrée en contenant dans leurs montagnes les turbulents Flittas ;

« Enfin, édification d'un hôpital pour les besoins de l'armée et de la colonisation.

« Sire, l'exécution de ces projets dépend de Votre munificence ; de tels bienfaits, joints aux nouveaux crédits pour réparer les désastres de l'insurrection, et à l'émancipation communale que Vous venez d'accorder, seront accueillis avec la plus vive reconnaissance par cette population énergique et dévouée qui est heureuse de Vous acclamer. »

Ce discours, où tous les besoins du pays sont exposés avec une grande netteté, a été suivi de nouveaux cris d'enthousiasme. Puis, le silence s'étant rétabli un instant, l'Empereur, avec cette bienveillance et cette sollicitude qui le caractérisent, a adressé à M. Silvestre plusieurs questions auxquelles il a répondu avec précision. « Notre éloignement, dit le rédacteur du *Courrier d'Oran*, auquel nous empruntons ces détails, ne nous a pas permis de les entendre toutes, mais nous savons qu'il a été parlé du moyen d'emmagasiner les eaux de La Mina, du développement pris par la culture du coton, du nombre et de la valeur des fermes disséminées dans la plaine, du chiffre de la population et des victimes de l'insurrection, de la création d'une ferme impériale sur mille hectares de terrains domaniaux disponibles, création qui se trouverait dans les meilleures conditions de réussite et qui servirait d'exemple aux cultivateurs d'une contrée de plus de 20,000 hectares. »

Les chevaux de la calèche impériale ont fait quelques pas et l'Empereur s'est trouvé en face d'un chœur de dix jeunes filles de colons, vêtues de blanc; trois, nous ne dirons pas les plus gracieuses, — toutes l'étaient également, — trois de ces demoiselles ont quitté leurs compagnes et sont venues s'incliner devant Sa Majesté pour lui offrir leurs présents.

Mlle Cariol a présenté un délicieux et charmant bouquet décrivant un N avec les pétales variées de ses fleurs; c'était l'œuvre d'un habile fleuriste à la disposition duquel M. Cariol père avait mis le parterre de son odorante et embaumée villa.

Mlle Allègre a présenté avec beaucoup de grâce une gerbe de tiges du lin le plus fin; elle a dû prouver à l'Empereur les brillantes destinées linières réservées à la Colonie, si le barrage-réservoir était bientôt exécuté.

Mlle Migette, fille d'un excellent agriculteur qui après avoir montré son aptitude et sa capacité aux environs de Mostaganem, en y créant un superbe domaine, est venu s'installer à Relizane, sur le champ de bataille presque vierge de la colonisation ; en effet, qu'est-ce qu'une culture de mille ou deux mille hectares en face d'une plaine de vingt-quatre mille hectares d'étendue, qui bientôt sera irrigable. M. Migette deviendra donc un planteur distingué en utilisant et en déployant dans cette fortunée contrée sa longue expérience agricole.

La fille de ce planteur a présenté une gracieuse corbeille bleue remplie de coton et de fleurs, et a prononcé ce petit compliment :

« Sire, nous vous offrons ces modestes produits du travail de nos mains et de celui de nos pères.

« Il y a quelques années, Relizane ne donnait ni fleurs ni coton.

« Les unes se faneront bientôt, mais nous espérons que vous voudrez bien conserver les autres pour les présenter à notre gracieuse Souveraine et au Prince Impérial, comme le tribut de nos respectueux hommages et de notre dévouement. »

Sa Majesté a adressé quelques paroles de remercîments aux jeunes filles, examiné avec soin les produits, le bouquet de fleurs où l'on avait eu l'ingénieuse pensée de tracer un N, et pris entre ses mains une gerbe de lin qui lui a été présentée en même temps. Le cortége impérial a continué sa marche au milieu des hourras ; mais, à partir de ce moment, il n'a pas été possible de contenir la foule des arabes avides de contempler le sultan des Français. Sa Majesté a passé devant l'exposition et devant la halle. Les flots des indigènes grossissant toujours elle n'a pu mettre pied à terre et bientôt la voiture impériale a dû s'arrêter, entourée de plus de 2,000 burnous. L'Empereur, toujours calme et souriant au milieu de ces hommes dont la plupart avaient combattu contre nous l'année dernière et voulant leur donner une preuve manifeste de sa bienveillance, a ordonné la délivrance d'un certain nombre de prisonniers retenus en France.

« Nous avons, dit une correspondance, salué de nos respects l'Empereur, le remerciant mille fois de son Auguste visite. Il a dû se convaincre qu'une poignée d'intrépides colons ne pouvait pas être abandonnée sans défense, entourée de plus de quarante mille arabes.

« L'Empereur, envahi par cette foule, a pu juger du sort qui serait réservé à la colonie de Relizane, si, une autre fois, comme il l'a essayé l'année dernière, l'Arabe tentait d'accomplir un drame sanglant, à l'instar de celui des vêpres siciliennes. Sa Majesté, qui a vu les montagnes du Dharar, les Flittas, et notre belle et luxuriante vallée de vingt-quatre mille hectares, a dû emporter deux convictions bien arrêtées : celle de la nécessité du grand barrage-réservoir et celle de la création d'une subdivision pour la défense de la colonie de Relizane.

« Nos besoins et nos vœux sont connus, ils seront comblés et satisfaits. »

Enfin, la voiture put partir, et Sa Majesté rentra à six heures un quart à Mostaganem, heureuse du bien qu'Elle venait de faire et ayant admiré ce magnifique pays de Relizane auquel est réservé un si splendide avenir.

PROVINCE
DE
CONSTANTINE.

La province de Constantine est limitée : au nord, par la mer ; à l'est, par la Tunisie ; au sud, par le Sahara, et à l'ouest, par la province d'Alger.

Le territoire de cette province comprend presque toute l'ancienne *Numidie*, et cette partie de la *Mauritanie Césarienne*, dont Maximien forma la *Mauritanie Sitifienne*.

Sous le gouvernement Turc, toute cette contrée forma une seule province confiée à l'autorité d'un bey qui résidait à Constantine.

La contenance superficielle de la province de Constantine est de 175,000 kilomètres carrés ; sa population s'élève à 286,000 habitants, dont 236,000 indigènes et 50,000 européens.

Cette province est divisée, comme les deux autres provinces, en deux territoires.

1º Le *territoire civil*, administré par un préfet et formant un département.

2º Le *territoire militaire*, administré directement par le général, commandant supérieur de la province, et formant une division militaire.

Le département de Constantine se divise en cinq arrondissements : *Constantine, Bône, Guelma, Philippeville* et *Sétif*.

Ces cinq arrondissements comprennent 24 chefs-lieux de communes : Constantine, Batna, Bône, Bougie, Bouhira, Bugeaud, Condé-Smendou, Djidjelli, Duvivier, Duzerville, El-Arrouch, El-Ouricia, Gastonville, Guelma, Jemmapes, Le Kroubs, La Calle, Mondovi, Penthièvre, Philippeville, Robert-Ville, Saint-Charles, Sétif et Souk-Ahras.

35 villages sont annexés à ces 24 communes.

Ce qui porte à 59 le nombre des centres de population habités par des européens, dans la province de Constantine.

Sur ces 59 villes ou villages, il n'en existait que 6 au moment de la conquête. Le bilan de la colonisation européenne dans cette province est donc de 53 villages créés.

La division de Constantine comprend quatre subdivisions : Constantine, Bône, Batna et Sétif; seize cercles : Constantine, Collo, Ain-Beida, Tebessa, El-Miliah, Bône, La Calle, Souk-Ahras, Batna, Biskara, Sétif, Bordj-Bou-Areridji, Bougie, Bouçada et Takitount, et cent-trente kaïdats ou commandements arabes.

Ce qui distingue essentiellement la province de Constantine c'est la richesse et l'étendue de ses forêts, qui occupent 1,100,000 h., tandis que la contenance totale des forêts de l'Etat, en France, n'est que de 1,077,000 h. — Au 1er janvier 1864, plus de 150,000 h. de forêts de chênes-liéges, étaient concédés dans cette province.

CONSTANTINE.

Constantine, chef-lieu de préfecture et de division militaire, est situé à 482 kilomètres d'Alger, et à 83 kilomètres du port de Philippeville.

La ville de Constantine est bâtie sur l'emplacement de Cirta, qui avait été fondée par les Grecs, et qui devint la capitale de la Numidie. Cirta ayant été détruite par les lieutenants de Maxence (304 après J.-C.), fut réédifiée par Constantin, qui lui donna son nom.—Constantine résista aux Vandales ; mais, sous la domination arabe, on y laissa périr les beaux aqueducs et les égouts construits par les Romains. Kaïr-ed-Din Barberousse s'en empara en 1520, et depuis cette époque, jusqu'à sa prise par le général Valée, en 1837, elle obéit à des beys, vassaux du dey d'Alger.

Placée dans une dépression que forme la chaîne limite du Tell et des grandes plaines centrales, Constantine occupe un plateau dont les contours dessinent un trapèze régulier, qui a son angle le plus aigu tourné vers le midi, tandis que les trois autres font exactement face aux trois autres points cardinaux.

Sur les deux faces du sud-est et du nord-est, ce plateau a été séparé de la masse à laquelle il appartient, par une déchirure profonde dans laquelle coulent, sous le nom d'*Oued-Roumel*, rivière du sable, les eaux réunies de l'*Oued-el-Hammam* et de l'*Oued-Bou-Merzoug*.

Pendant un assez long parcours, ce n'est qu'un ravin d'une soixantaine de mètres de largeur, à l'extrémité duquel on avait jeté ce pont fameux appelé *El-Kantara*, qui s'est écroulé en 1856. Arrivé en cet endroit, le ravin s'évase progressivement et prend enfin une grande largeur, le torrent disparaît à plusieurs reprises sous des bancs de roches épaisses, et reparaît ainsi trois fois dans des gouffres profonds, jusqu'au moment où il s'élance en cascades écumantes dans la belle vallée qui le conduit à la mer.

Et comme la surface du plateau s'est de plus en plus élevé à mesure que le fond de l'abîme s'abaissait toujours, au-dessus des cascades se dresse un promontoire immense d'environ 200 mètres de hauteur, qui justifie pleinement le surnom d'*Aérienne*, donné jadis à Constantine par les arabes.

Constantine ainsi limitée, est dans une véritable presqu'île, qui n'est facilement abordable qu'au sud-ouest. Aussi, est-ce de ce côté que se trouve la porte principale, la *Porte Valée*, et qu'aboutissent les trois grandes routes qui la mettent en rapport avec Philippeville au nord, Djidjelli au nord-ouest, Batna et Biskara, les clefs du Sahara, au midi ; Sétif et Alger à l'ouest (1).

Constantine est divisée en deux quartiers, dont la physionomie est bien distincte : le quartier européen et le quartier arabe. Dans le premier, qui comprend l'ancien et très-beau palais d'Ahmed-Bey, affecté aujourd'hui au logement du commandant supérieur, les maisons françaises ont remplacé les constructions indigènes ; on y retrouve le mouvement de nos grandes villes de la Métropole. Le quartier indigène a conservé toute son originalité. « Rien n'est plus curieux, dit M. L. Piesse, que cette fourmilière qu'on appelle le quartier arabe, où les rues et les impasses, étroites et tortueuses, à ciel ouvert ou voûtées, font le labyrinthe le plus inextricable que l'on puisse imaginer. »

La population totale de la commune de Constantine est de 45,743 habitants ; elle se compose de 17,153 européens, et de 28,590 indigènes : musulmans ou israélites.

Constantine doit à sa position centrale au milieu de la pro-

---

(1) Cette description est extraite textuellement de la *Géographie de l'Algérie*, publiée en 1858, par M. O. Mac-Carthy.

vince, et sur la route qui unit les oasis du sud-est de l'Algérie au littoral de la mer, d'être une place commerciale fort importante. — Sur les marchés quotidiens de la ville, sur les marchés hebdomadaires du cercle, abondent : blés, orges, fèves et pois ; laines brutes et travaillées ; bestiaux de toute espèce, cuirs, fruits et surtout des dattes et des figues. En retour de ces marchandises qu'ils apportent des tribus voisines, les Arabes et les Kabyles font provision d'huile, de savon, d'épiceries, de denrées coloniales, de bonnets de laine, de tissus de soie et de coton.

La fabrication des ouvrages en peaux et des tissus de laine, forme la principale industrie des indigènes. Les européens ont créé de nombreuses minoteries, alimentées par les blés de la province, dont le marché de Constantine est toujours abondamment approvisionné.

L'Empereur à Constantine.

Le yacht impérial, qui avait quitté Alger le samedi, 27 mai, à 11 heures du matin, mouillait à minuit dans la rade de Stora.

Le lendemain, l'Empereur entendait la messe à Philippeville, et repartait immédiatement après pour Constantine, où il arrivait à 4 heures et demie du soir.

Ainsi, le samedi matin, Sa Majesté avait travaillé avec le maire d'Alger, et le dimanche au soir, il était reçu par le maire de Constantine.

La ville de Constantine, si diversement peuplée, s'était mise en grands frais pour recevoir l'Empereur. Tous les habitants sans exception, avaient prêté leurs concours matériel ou pécuniaire. Aussi les rues et les places de l'ancienne et de la nouvelle ville rivalisaient-elles de splendeur. Ce n'étaient que pavillons, guirlandes de fleurs, trophées. Chacun avait voulu avoir son arc de triomphe. Le commerce, la municipalité, les musulmans, les israélites, les maltais, étaient représentés spécialement. On ne comptait pas moins de sept arcs de triomphe, ainsi répartis :

1º Le commerce, à la halle aux grains ;
2º La municipalité, au rond point Valée ;
3º La population musulmane, entre ce dernier et la porte Valée ;
4º Les israélites, à l'entrée de la ville, dans l'intérieur ;
5º La chambre de commerce, rue du Palais ;
6º Les maltais, sur la place de la Préfecture ;
7º Les propriétaires du quartier Saint-Jean, hors la ville.

A 4 heures, une salve d'artillerie annonçait à Constantine l'arrivée de l'Empereur au pied de la côte. Un instant après, les goums qui couronnaient le Coudiat, faisaient entendre leurs détonations.

L'état-major de la place, les caïds de la province et les spahis qui s'étaient rendus au-devant de Sa Majesté, faisaient partie de son escorte.

Le cortége impérial s'est arrêté sous l'arc de triomphe dressé par la municipalité. M. de Contencin, maire de Constantine, entouré des membres du conseil municipal, a offert à Sa Majesté les clefs de la ville, en lui adressant l'allocution suivante :

« Sire,

« J'ai l'honneur de présenter à Votre Majesté les clefs de la ville de Constantine

« L'enthousiasme qui vous attend, Sire, en pénétrant dans ses murs, est celui qui a accueilli Votre Majesté au seuil de toutes les cités algériennes ; c'est la plus franche et la plus chaleureuse manifestation par laquelle elles puissent témoigner à l'Empereur leur dévouement respectueux et leur reconnaissance.

« Que Votre Majesté daigne recevoir avec bienveillance les vœux et les assurances de fidélité des habitants de Constantine.

« Je suis heureux et fier, Sire, que la position qui m'a été accordée par la haute confiance de Votre Majesté, me permette d'être aujourd'hui l'interprète des meilleurs sentiments du corps municipal et de toute une population, fidèle et dévouée, qui n'a qu'un seul et même cœur pour souhaiter la bienvenue à l'Empereur, le bonheur à sa dynastie et qu'une seule et même voix pour acclamer ce cri tout français : *Vive l'Empereur! Vive l'Impératrice! Vive le Prince Impérial!* »

L'Empereur a remercié le maire de l'accueil si sympathique que lui faisait la population de Constantine ; et jetant ensuite les yeux sur les clefs de la ville qui lui étaient présentées : « Conservez ces clefs, ajouta-t-il, dans cette ville que nous « avons conquise et que nous saurons bien garder. »

L'Empereur, arrivé au Palais, a reçu successivement dans le grand salon, toutes les autorités de la ville et les représentants des divers services.

M. Barnoin, président de la chambre de commerce, a demandé à l'Empereur la permission de déposer en ses mains l'adresse suivante exprimant les vœux du commerce de Constantine :

La Chambre de Commerce de Constantine à Sa Majesté Napoléon III, Empereur des Français.

« Sire,

« L'Algérie toute entière salue, le cœur plein de joie, votre retour au milieu de nous. En venant seconder nos efforts, vous voulez connaître nos intérêts ; votre haute et généreuse pensée est digne de la politique sage de l'Empereur ; elle sera pour cette terre à jamais française, un bienfait ineffaçable.

« Daignez nous permettre, Sire, de vous offrir le tribut de notre reconnaissance, et d'exposer, en quelques mots, à Votre Majesté, nos aspirations et nos vœux.

« Le commerce, libre et protégé comme en France par des institutions libérales, augmente chaque jour, en Algérie, le mouvement des échanges, dont les progrès se manifestent par le chiffre toujours croissant de nos transactions. Le nouveau régime de la navigation que nous devons au gouvernement éclairé de Votre Majesté, facilitera encore nos moyens d'action ; mais les intérêts matériels, comme les intérêts de l'industrie, commandent que tous les produits fabriqués ou manufacturés en Algérie, sans exception, soient accueillis en franchise, en attendant qu'une assimilation plus complète à la Métropole, nous permette de voir l'Algérie convertie en départements français.

« Pour l'agriculture, l'industrie et le commerce, comme aussi pour le développement de la population européenne, il n'est pas de meilleur moyen que de créer des voies de communication de toute nature et de tirer des eaux, qui ne sont pas très-abondantes, le plus grand parti possible. Les intérêts généraux nous engagent donc à vous demander, Sire, que des mesures efficaces soient prises en vue de l'achèvement de nos ports et de nos routes, de la prompte exécution de nos chemins de fer, et que, dans l'intérêt de l'agriculture surtout, les chemins vicinaux soient enfin créés. Nous demandons aussi à Votre Majesté que les travaux ayant pour objet l'irrigation des terres, soient entrepris sur une vaste échelle et poussés avec activité.

« Le défaut de communication avec Alger, a mis plusieurs fois notre commerce en souffrance.

« Par la voie de terre, l'ouverture de la route impériale apporterait la vie et le mouvement dans l'intérieur des deux provinces, en attendant que le réseau de nos voies ferrées, complété par la création de la ligne d'Alger à Tunis, y apporte la richesse et la prospérité. Sur le littoral, un service de correspondance et de transport confié à l'industrie privée, remplacerait avec avantage les bateaux de l'Etat, qui, n'étant pas emménagés pour ce service spécial, n'embarquent aucune espèce de marchandises, tandis que l'insuffisance de 6 places réservées aux passagers, oblige tous les autres voyageurs à endurer sur le pont l'intempérie des saisons.

« En vue de conserver les indigènes dans nos murs, il était

interdit naguère d'acquérir leurs immeubles. Lorsque cette entrave à la liberté des transactions fut levée, le commerce était déjà établi autour du Coudiat-Aty, où il s'est maintenu et développé parce que tous les intérêts européens sont venus s'y grouper. Nos intérêts, Sire, et notre avenir commercial seraient, dès lors, gravement compromis, si la gare du chemin de fer était placée ailleurs que sur la rive gauche du Rhummel.

« Les intérêts de la population indigène, mêlés aux nôtres, sont désormais placés sous l'Egide de l'Empereur ! C'est de ce contact que jailliront la concorde et la prospérité de l'Algérie. Mais, pour obtenir plus sûrement cet heureux résultat, il vous paraîtra utile, Sire, de chercher avec sollicitude des moyens plus énergiques que ceux employés jusqu'à ce jour pour diriger le courant d'immigration sur l'Algérie, où l'immigrant français se porterait plus facilement s'il y trouvait les institutions de la mère-patrie. La naturalisation accordée aussi promptement que possible et sans frais à tout étranger qui en ferait la demande, serait aussi un pas immense fait vers ce but.

« Tels sont, Sire, les vœux que la Chambre de commerce de Constantine prend la respectueuse liberté de déposer aux pieds de Votre Majesté, en vous priant d'agréer l'humble expression de son profond amour et de son inaltérable dévouement. »

Le soir, les choristes du 83ᵉ de ligne, de concert avec les enfants de l'école des Frères et de la maîtrise, ont exécuté, dans les jardins du palais, une cantate composée en l'honneur du voyage de l'Empereur. Sa Majesté est descendue et a félicité les chanteurs de la manière la plus gracieuse.—Le supérieur a profité de ce moment pour lui présenter le fils Jouane, né le même jour que le Prince Impérial.—Après s'être informé de l'état de sa famille, et avoir appris que sa mère était veuve et sans ressource, l'Empereur a remis 500 francs au Frère, pour cette pauvre femme.

A huit heures, l'Empereur parcourait la ville avec M. le maréchal de Mac-Mahon, et M. de Toustain du Manoir, préfet du département.

La journée du lendemain, 30 mai, a été comme toutes les précédentes depuis un mois, entièrement consacrée à l'étude des affaires, à la visite des lieux, aux réceptions et aux bonnes œuvres. Si on récapitulait tout ce que l'Empereur a fait d'utile au pays, pendant ces 30 jours, de même que l'on a calculé le nombre de kilomètres parcourus, on serait émerveillé d'une pareille activité, d'un pareil dévouement !

Pendant une grande partie de la matinée, l'Empereur s'est entretenu avec M. de Contencin, des diverses questions qui intéressent la ville et dont quelques-unes avaient une réelle importance, en raison de la divergence des opinions émises jusqu'alors.

A 3 heures de l'après-midi, Sa Majesté se rendait en voiture aux cascades du Rhummel, visitait à pied les usines Lavie, dont l'ensemble forme la minoterie la plus importante de l'Algérie, pénétrait ensuite dans les profondeurs du ravin, jusqu'au point où sont forcés de s'arrêter les plus intrépides touristes, et ne pouvait se lasser d'admirer le spectacle de cette nature bouleversée, ces voûtes gigantesques qui relient, à plus de cent mètres d'élévation à pic, le Sidi-Mecid au rocher de Constantine.

En remontant des cascades du Rhummel, l'Empereur s'est rendu en voiture au pont d'El-Kantara, par la seule route possible du Bardo. Sa Majesté accompagnée de M. le Maire, s'occupait encore sur les lieux de la question de la gare. Ensuite malgré la course extrêmement pénible faite dans le ravin, l'Empereur renvoyait ses équipages et remontait à pied la ville à travers les quartiers arabes et les rues Pérégaux, Vieux, Rouaud, etc.

Avant de rentrer au palais, Sa Majesté se rappelant l'espoir qu'elle avait donné deux heures avant aux représentants du commerce qu'elle visiterait la halle, se rendit encore à pied sur ce point où le commerce avait élevé son bel arc de triomphe, dans la confection duquel on avait fait entrer, dit-on, près d'un million de francs de marchandises.

En effet, voulant sortir des sentiers battus, le commerce avait construit un magnifique monument avec du blé, de l'orge, de la farine et des laines, et l'avait couronné d'un immense fronton en toisons.

Les abords de l'arc de triomphe étaient envahis par la foule. Cependant les représentants du commerce et de l'agriculture parvinrent à remettre des adresses à l'Empereur. Mais à peine Sa Majesté avait-Elle prononcé quelques mots de satisfaction qu'Elle était littéralement enveloppée. Ce ne fut pas sans difficulté qu'Elle put pénétrer dans la halle, où l'attendait une nouvelle et plus bruyante ovation. Les indigènes mêlaient leurs acclamations à celles des européens, et quelques-uns, sans doute pour rendre hommage à l'Empereur, jetaient des toisons de laines aux pieds de Sa Majesté.

Le lendemain, 1er juin, l'Empereur partait pour Batna, mais avant de s'éloigner de Constantine, Elle remettait à M. de Toustain, préfet du département, une somme de vingt-mille francs pour être répartie de la manière suivante :

Société de secours mutuels de Constantine. . . .	3,000 fr.
Société municipale de secours mutuels *la Famille,* de Constantine.	3,000
Société de secours mutuels des Sapeurs-pompiers.	2,000
Bureau de bienfaisance.	3,000
Commission de bienfaisance musulmane	3,000
Société des Dames de charité.	2,000
Société de la Crèche	1,000
Secours particuliers.	3,000

Après avoir bravé les fatigues d'un voyage à Biskra, par une chaleur écrasante, et au milieu de nuages de poussière que soulevaient les voitures et l'escorte, l'Empereur est revenu à Constantine, s'arrêtant une journée seulement à Batna afin de pouvoir visiter les ruines si curieuses de Lambèse.

En passant au Kroubs, l'Empereur put se rendre compte de l'importance de ce marché, qui fournit aujourd'hui à l'approvisionnement de plusieurs départements français.

M. de Ruzé, prévenu de l'arrivée de Sa Majesté, avait fait

descendre d'El-Haria ses troupeaux de bœufs et de moutons : plusieurs centaines de têtes de bétail. — M. de Ruzé, après avoir présenté à l'Empereur son associé, M. Samson, qui dirige l'exploitation, pria Sa Majesté de vouloir bien honorer sa ferme d'une visite. Mais l'heure était trop avancée, et, malgré son désir, l'Empereur ne put accéder à cette demande (1).

Une cavalcade, composée d'une quarantaine d'habitants de Constantine, pour la plupart commerçants ou industriels, était allée au devant de l'Empereur, jusqu'à 5 ou 6 kilomètres de la ville.

L'Empereur fit arrêter ses voitures, et accueillit avec un gracieux empressement la nouvelle escorte, invitant MM. Battandier et Joly de Brésillon, qui étaient en tête, à se tenir aux deux portières de sa voiture.

Une riche branche de cerisier et deux corbeilles de cerises, présentées par de jeunes filles à Sa Majesté, au moment où Elle passait devant la pépinière, ont été également accueillies avec une vive satisfaction par l'Empereur et par les hauts personnages de sa suite. Jamais bonne idée n'a eu peut-être plus d'à-propos et n'a paru mieux goûtée.

Rendue au palais, Sa Majesté n'a pas tardé à reprendre la suite des affaires auxquelles Elle s'était rapidement initiée le dimanche et le lundi précédents. Dans un dîner auquel assistaient M. le Préfet, M. le Maire, M, l'Inspecteur général des Ponts et Chaussées, M. l'Ingénieur en chef du département et M. l'Ingénieur en chef de la Compagnie du chemin de fer, la question de l'emplacement de la gare a été de nouveau agitée et discutée avec ardeur. Elle a été définitivement tranchée en faveur du Mousourah, entraînant forcément avec elle, dit-on, l'ouverture d'une rue Impériale directe de 10 mètres de lar-

---

(1) Le chiffre des bœufs engraissés chaque année dans cette belle exploitation est d'environ 3,000 ; celui des moutons, de 10,000. — L'Empereur en apprenant ces résultats importants a conféré la décoration de la Légion d'honneur à M. de Ruzé.

geur. La question de la suppression des fortifications de Bône, et de la remise des terrains à la commune a été également décidée.

Le dimanche, l'Empereur se rendit à l'église pour y entendre la messe. M. Pavy, vicaire-général, en lui offrant l'eau bénite adressa à Sa Majesté l'allocution suivante :

« Sire,

« Quels que soient mes sentiments d'admiration et d'amour pour Votre Majesté, je dois par convenance les contenir en ce moment. Vos longues fatigues, vos nombreuses affaires, le temps qui vous presse, mettent une garde à mes lèvres, et m'interdisent tout discours. Je me contenterai donc de vous répéter ce que vous savez déjà, que le clergé et les fidèles de Constantine sont tout à vous ; à vous, dans la plénitude même des termes de l'Eglise : *Corda, voces et opera*.

« Ce faible témoignage de notre dévouement, vous daignerez l'agréer, Sire, avec cette bonté qui vous caractérise et qui n'a d'égal que le bonheur que nous avons nous-même à vous l'offrir. »

Sa Majesté a répondu à peu près en ces termes :

« Je vous remercie des bonnes paroles que vous voulez bien
« m'adresser ; partout sur mon passage, le clergé m'a fait un
« accueil empressé ; j'en garde un bon souvenir.

« Je suis venu encore une fois avant de vous quitter, im-
« plorer le secours du Ciel. Priez toujours pour la France et
« pour l'Algérie. »

La quête pour les pauvres fut faite par madame de Toustain, et, ce jour-là, la moisson fut abondante.

Le soir, après le dîner, Sa Majesté s'est entretenue avec plusieurs de ses invités et, notamment, avec MM. Barnoin, président de la chambre de commerce, Cauro, président du tribunal de commerce, et Battandier, banquier.

Une allusion ayant été faite par ce dernier au dénouement imprévu de la question de la gare, Sa Majesté a expliqué ce dénouement par la grande différence de niveau et la déclivité du sol que présente le Bardo. Ces difficultés, cependant, a-t-elle ajouté, pourront être surmontées par la puissante Compagnie du chemin de fer, dès qu'elle reconnaîtra la nécessité de prolonger la voie jusqu'au centre européen et commercial de la ville.

Dans la soirée, Sa Majesté a écouté de la fenêtre, sur la cour du palais, la cantate déjà exécutée huit jours avant par les musiciens du 83e de ligne et les enfants de l'école des Frères. Cette composition musicale, due à M. Manens, chef de musique, a gagné encore à la seconde audition.

A dix heures du soir, les soldats ont donné à la population le spectacle de la *retraite aux flambeaux* dont l'effet est toujours magique.

Le lendemain, l'Empereur reprenait la route de Philippeville, après avoir fait les nominations suivantes dans l'ordre de la Légion d'honneur.

OFFICIERS :

MM.

PAVY, vicaire-général.
VÉRILLON, capitaine en retraite.

CHEVALIERS :

MM.

TOUTAIN, conseiller de préfecture.
JOUYNE, président du tribunal de première instance.
CHAIX, maire de Messaoud.
SI EL MEKKI BEN BADIS, cadi, membre du conseil général.
MARTIN, ingénieur civil.
FOACIER DE RUZÉ, propriétaire, agriculteur.
PIOLLE DE CHAMPFLORIN, inspecteur des Contributions diverses.
CHEYLUT, inspecteur des lignes télégraphiques.

LE KHROUBS.

Le Khroubs, chef-lieu de commune, est situé à 16 kilomètres de Constantine, sur la route de Batna.

Ce village, créé le 6 août 1859, sur la rive droite de l'oued Bou-Merzoug, s'est promptement développé et a été érigé peu d'années après en chef-lieu de commune, en y annexant les Oulad-Ramoun. La population totale de cette commune est de 1639 habitants : européens et indigènes.

Le nom de Khroub ou plutôt de Khrouroub, signifie masures, ruines; il a été donné à ce village par les arabes, à cause des antiquités romaines qui l'entourent.

Le territoire de la commune du Khroubs est fertile. On y cultive les céréales, la vigne et le lin.

Ce village doit sa prospérité en grande partie au marché de bestiaux qui s'y tient tous les samedis et qui est le plus important de la province de Constantine.

L'Empereur au Khroubs.

Le Kroubs avait été brillamment paré avec des pavillons, de la verdure et des fleurs. Toute la population attendait l'Empereur et l'accueillit par les vivats les plus enthousiastes quand il traversa ce centre pour se rendre à Batna, le 30 mai; M. Cauzon, maire de la commune, lui adressa l'allocution suivante, dans laquelle il signale la bonne entente qui règne entre les indigènes et les européens là où il sont réunis :

« Sire,

« Les habitants européens et indigènes de la commune du Khroubs étaient jaloux de joindre leurs voix à celles qui partout, dans ce second empire où se prolonge la France, ont acclamé votre présence.

« Les insulaires et les européens ont été profondément émus des paroles que, dès son débarquement, Votre Majesté, a daigné adresser aux populations ; ils y ont trouvé l'expression d'un sentiment, vaguement compris encore, et qui, cependant, depuis plusieurs années déjà, avait fécondé leurs relations réciproques. C'est que les races ne sont point nécessairement hostiles par cela qu'elles diffèrent d'origine, c'est qu'à côté de la communion de croyances il y a celle du labeur accompli de moitié et des dangers affrontés sous le même drapeau ; c'est qu'au dessus de la fraternité du berceau et du langage, il y en a une plus large et plus sainte, la fraternité de la grande famille humaine.

« Déjà unis par ces liens fondamentaux dont chaque jour leur démontre la puissance et le bienfait, les habitants européens et indigènes de la commune du Kroubs se rapprochent encore aujourd'hui, Sire, par la communauté de leur dévouement à Votre Majesté et par ce cri de ralliement désormais commun à tous : *Vive l'Empereur ! Vive l'Impératrice! Vive le Prince Impérial !* »

Ce petit discours a paru être agréable à l'Empereur, qui s'est entretenu un instant avec M. Cauzon des intérêts de sa commune, et qui lui a remis 200 francs pour les pauvres.

BATNA.

Batna, chef-lieu de commissariat civil et de subdivision militaire, est situé sur l'Oued-Batna, à 117 kilomètres de Constantine. Sa population est de 6,639 habitants.

En 1844, pendant l'expédition de Biskara, on établit au lieu dit : *Ras-el-Aïoun-Batna*, (tête des sources de Batna), un camp destiné à protéger la route du Tell au Sahara, et à dominer les montagnes de l'Aurès. La situation était bien choisie, car Batna est à 1021^m au dessus du niveau de la mer.

Il se forma peu à peu, autour de ce camp, un centre de population qui prit d'abord le nom de Batna, puis celui de nouvelle Lambèse, en 1848, et qui fut définitivement constitué, par décret du 20 juin 1849, sous son nom primitif de Batna.

Batna est aujourd'hui une charmante petite ville, possédant un cercle, un théâtre, un musée. Ce musée, il est vrai, est en plein air, et sert en même temps de promenade. Il a été formé par M. le colonel Buttafoco, avec les fragments des monuments antiques de Lambèse.

Le territoire de Batna est fertile et bien cultivé. Ses principales productions consistent en céréales, plantes maraîchères, vignes et vergers. Les forêts de cèdres et de chênes verts qui en dépendent, sont extrêmement remarquables, et deviendront une source de richesse pour cette partie de la province de Constantine.

L'Empereur à Batna.

Nous empruntons au journal l'*Indépendant de Constantine* la relation suivante :

— 31 MAI. — Dès l'annonce de la prochaine arrivée de l'Empereur, le conseil municipal, l'administration, les habitants, se concertent en toute hâte sur les dispositions à prendre ; tous rivalisent de zèle et d'ardeur. Une souscription publique est ouverte et, en quelques heures, elle atteint la somme suffisante pour faire face aux frais de la solennité. Une commission de dix membres est aussitôt instituée.

Sous sa direction et avec le concours de M. Bocca, architecte, s'est élevé alors, comme par enchantement, au rond-point d'où l'on voit les quatre portes de la ville, un arc de triomphe d'un aspect monumental. Sa hauteur est de douze mètres sur dix de largeur.

L'Empereur, parti de Constantine à 6 heures du matin, n'est arrivé à Batna qu'à 6 heures et demie du soir, ayant interrompu la rapidité ordinaire de sa marche pour assister à une splendide *difá*, que lui ont offerte les chefs indigènes et les goums réunis à El-M'lila. On porte à plus de 6,000 le nombre des arabes qui ont pris part à cette représentation de *gala*.

M. le colonel Séroka, commandant de la subdivision, à la tête de goums nombreux, s'était porté à la rencontre du cortége impérial, jusqu'à trois kilomètres en avant de Batna. A son arrivée au milieu des goums, Sa Majesté a été saluée par des acclamations frénétiques, accompagnées des modulations stridentes de leur musique primitive, les cavaliers agitant leurs drapeaux et faisant tournoyer leurs armes en l'air, comme dans le délire d'une grande fantasia.

Après avoir accueilli sur sa route les hommages des colons du village de Fesdis, l'une des annexes de la commune de Batna, et s'être entretenu pendant quelques instants, *en patois des Basses-Pyrénées*, avec l'adjoint auquel il a remis une somme de 500 francs pour les pauvres, Sa Majesté est arrivée à Batna, où elle a été reçue, au son des fanfares militaires et des salves d'artillerie, par le commissaire civil faisant fonctions de maire, le conseil municipal et les fonctionnaires des divers services publics. En remettant à l'Empereur les clefs de la ville, M. le baron Bron a prononcé d'une voix ferme et accentuée l'allocution suivante :

« Sire,

« J'ai l'honneur de présenter à Votre Majesté, avec les clefs de la ville, l'hommage respectueux de dévouement du conseil municipal et de la population de Batna.

« Par cette visite, Votre Majesté comble nos vœux et dépasse nos espérances.

« Sa main puissante vient s'étendre sur cette terre éloignée, poste avancé de la civilisation, et répandre ses bienfaits jusqu'aux portes du désert.

« Comme César, Napoléon III pourra dire : *veni, vidi, vici...*

« Soyez béni, Sire, pour le bien que vous apportez, et pour les bonnes paroles que Votre Majesté a daigné laisser aux rivages d'Alger.

« Nous, nous avons *une confiance entière* dans la sollicitude de l'Empereur, *une foi profonde* dans le génie qui gouverne notre belle France, notre bien-aimée patrie.

« Exprimons notre gratitude à Votre Majesté par ce cri parti du cœur : *vive l'Empereur ! vive l'Impératrice ! vive le Prince Impérial !* »

De nombreux et chaleureux vivats ont suivi cette allocution à laquelle Napoléon III a répondu avec bienveillance :

« Monsieur le commissaire civil,

« Je suis satisfait de ce que vous me dites. Vous avez raison
« de penser que je suis venu pour connaître aussi les besoins
« de votre localité. »

Sa Majesté s'est aussitôt enquise de la population européenne de Batna, de l'époque de la création de ce centre, de la richesse de son sol, de l'importance de ses cultures ; il a été répondu brièvement à toutes ces questions qui témoignaient d'une grande sollicitude pour les intérêts agricoles. Continuant sa marche, le cortége impérial s'est arrêté de nouveau à la hauteur de l'arc de triomphe ; la milice et la troupe de ligne formant toujours la haie. Une députation de jeunes filles, appartenant aux quatre religions du pays, s'est alors avancée et a remis à l'Empereur une magnifique corbeille de fleurs sur laquelle était déposée, au même instant, l'adresse des habitants, lui portant l'expression de leurs vœux et de leurs besoins.

Voici les conclusions de cette adresse :

« Par la constitution de la propriété individuelle, l'Arabe, devenu notre nouveau compatriote, se rendrait aux bienfaits de notre civilisation ; et pour faciliter son assimilation entière, nous serions heureux de le voir placé sous les lois du Code Napoléon.

« C'est ainsi qu'étant tous abrités sous le drapeau de la France, l'Algérie recueillerait les fruits d'une transformation complète, à laquelle elle ne cesse d'aspirer.

« Que Votre Majesté daigne nous permettre de lui adresser les vœux que nous formulons :

« Des voies de communication reliant les centres importants de notre province, pour faciliter l'écoulement de nos richesses agricoles et forestières ;

« Des compagnies puissantes, appelées à donner une grande extension à l'industrie cotonnière dans le cercle de Biskra et dans la plaine de Bérika ;

« L'aménagement des eaux, des canaux et des barrages ;

« Des centres agricoles ou fusionneraient les races ;

« Des députés au Corps législatif ;

« Des Conseils municipaux et des Conseils généraux électifs. »

« L'Algérie, Sire, est pleine de reconnaissance, et c'est avec bonheur qu'elle a recueilli ces augustes paroles, prononcées à votre départ d'Alger :

« Je pars avec une confiance entière dans l'avenir de l'Al-
« gérie et une foi profonde dans sa prospérité future. »

Les réceptions officielles ont eu lieu immédiatement à l'hôtel de la subdivision. On a beaucoup remarqué avec quel bon goût et quel art étaient décorés le portique et la cour intérieure de ce bâtiment d'architecture orientale, quoique de construction récente, devenu pour quelques heures la résidence d'un hôte illustre.

Au dîner de Sa Majesté, auquel avaient été gracieusement conviés M. le colonel Séroka, commandant la subdivision, M. le baron Bron et plusieurs officiers de la garnison, diverses questions intéressant l'avenir de l'Algérie, ont donné lieu à des appréciations d'une haute portée politique. Une des préoccupations réelles de l'Empereur est de prévenir désormais les insurrections périodiques des tribus du Sud, dont le moindre effet est de paralyser le développement de la colonisation.

— 1er JUIN. — Ce matin, l'Empereur, accompagné des généraux Fleury, Castelnau, de son médecin M. Corvisart, de M. Urbain, interprète général, de M. Fenoux, l'un des rédacteurs du *Moniteur de l'Algérie*, des officiers de sa maison, de M. Gudin, peintre de marine, et autres personnes de sa suite, a continué son excursion vers Biskra. La chaleur excessive de cette journée n'a pu affaiblir en rien sa résolution de tout voir, de tout connaître par lui-même. A moitié route, le déjeuner a été servi en pleine oasis d'El-Kantara : une large pierre servait de siége à Sa Majesté, sa table était un tronc de palmier ; la gaieté la plus franche n'a cessé de présider à ce repas champêtre, dans un lieu où il semble que la nature se soit plue à déployer ses plus belles richesses, comme pour mieux déterminer la limite de notre conquête. L'Empereur a reçu gracieusement la pétition de l'aubergiste de l'endroit ; ses enfants ont obtenu une marque de sa munificence. Quelques heures ont suffi pour visiter les plantations de coton de M. Dufourg, et étudier la position topographique de Biskra.

Après une nuit passée sans sommeil et par une chaleur tropicale, l'Empereur est rentré à Batna. Sur son refus, les honneurs militaires ne lui ont pas été rendus.

— 2 JUIN. — Le repos et les soins que nécessitait pour Sa Majesté, la fatigue d'un trajet de 256 kilomètres parcourus en trente heures au plus, sur une route à peine carrossable, ne l'ont pas empêchée de recevoir les diverses personnes qu'elle avait jugées dignes de la décoration. Elle a voulu leur distribuer elle-même ces récompenses.

MM. Viel, payeur, Chassaing (l'intrépide tueur de lions), les deux frères Mahmoud, caïds, ont été faits chevaliers de la Légion d'honneur. MM. de Mauvise, lieutenant-colonel du 66e de ligne, Renard, médecin-major de l'hôpital, et le caïd Si-Boudiaf ont été promus officiers de l'ordre. Ce cérémonial terminé, l'Empereur et sa suite sont allés visiter les ruines romaines de l'antique Lambœsis.

Après avoir examiné quelques instants l'extérieur de la Maison centrale, jadis lieu de détention affecté aux détenus politiques, le Prœtorium et les statues mutilées qui y sont encore conservées, ont fixé longtemps son attention. M. le colonel Martin, directeur des fortifications de la province, et M. Hirvoix, chef de la police de sûreté, tous deux arrivés la veille à Batna, assistaient à cette visite qui ne s'est pas prolongée plus d'une heure. La population du village qui a pris la dénomination de Lambèse, s'était portée au devant de l'Empereur. Sa Majesté a adressé des questions et des paroles bienveillantes à l'adjoint, et lui a remis un secours de 300 francs pour les pauvres.

Trois chefs indigènes ont pris place, le soir même, à la table de l'Empereur, qui, cette fois encore, a interrogé de nouveau M. le commissaire civil sur les besoins les plus urgents de la localité. A huit heures et demie, tous les invités se sont retirés. S. Exc. le maréchal de Mac-Mahon et son état-major ont seuls parcouru la ville illuminée comme pendant les deux soirées précédentes.

— 3 JUIN. — L'Empereur et sa suite ont quitté Batna ce matin, à sept heures.

EL-KANTARA.

El-Kantara est une oasis, située à 179 kilomètres de Constantine, entre Batna et Biskara. Elle est formée de trois dacheras (village), qui sont : *Khrekar*, sur la rive gauche de l'oued-

Kantara ; *Dahraouia*, sur la rive droite ; *Kbour-el-abbas*, au confluent de l'oued-Kantara et de l'oued-Biola. La population de ces trois villages est de 1800 âmes.

L'Empereur à El-Kantara.

L'Empereur se rendant à Biskara s'est arrêté, le 30 mai, à El-Kantara pour déjeuner.

Un bel arc de triomphe, composé de branches de palmiers et de tentures indigènes, et dont la voûte était ornée de régimes de dattes, avait été élevé à l'entrée de l'oasis.

L'Empereur invita les caïds et les aghas qui étaient venus le saluer à prendre le café, et tenant sur les genoux le fils de l'un d'eux, il félicita le père sur la gentillesse de son enfant.

Cette aimable familiarité encouragea deux jeunes européens qui se trouvaient non loin de là et qui s'approchèrent de Sa Majesté. C'étaient le petit garçon et la petite fille d'un colon appelé Bertrand, (le seul de la région, ajoute M. Fenoux auquel nous empruntons ce récit). — L'Empereur les accueillit avec bonté et leur demanda leurs noms et celui de leurs parents. Le jeune garçon restait muet d'émotion, tandis que la fillette répondait avec autant de tranquillité que de gentillesse.

Ces deux enfants ainsi rencontrés aux portes du désert, au milieu d'une oasis, loin de tout centre européen, avaient intéressé l'Empereur.

— Veux-tu que je t'achète un cheval, daigna demander Sa Majesté à l'aîné ?

— Oh ! non, *Monsieur l'Empereur*.

— Eh bien ! que désires-tu alors ? Veux-tu de l'argent ?

— Merci, *Monsieur l'Empereur*, j'en ai.

Et le pauvre enfant exhiba gravement un porte-monnaie duquel il fit sortir triomphalement une grosse pièce de deux sous.

Sa Majesté la lui prit des mains, en lui disant :

— Tiens, voilà la monnaie de ta pièce.

Elle lui glissa dans la main, deux beaux napoléons, en même temps qu'elle remettait à la petite fille une pièce de 5 francs toute neuve, toute brillante comme au sortir du balancier (1).

BISKARA.

Biskara, chef-lieu de cercle militaire, est situé à 126 kilomètres de Batna et à 236 kilomètres de Constantine, sur le versant méridional de l'Aourès, à l'entrée du désert. — Sa population composée en très-grande partie d'indigènes est de 4,000 habitants.

Biskara, ancienne capitale des oasis du Zab, fut occupée le 4 mars 1844 par le duc d'Aumale, mais la garnison qu'il y laissa ayant été massacrée par surprise, une seconde expédition eut lieu le 18 mai suivant, et la ville demeura définitivement entre nos mains.

« Les villages, groupes de maisons et de tentes, dont la réunion forme la Biskara moderne, sont : *Bab-el-Khrokhra*, au nord de la Casbah ; *Bab-el-Rhalek* à l'est ; *Mçid*, au sud-est ; *Koura*, au sud-ouest ; *Bab-el-Darb*, à l'ouest ; et en deçà de l'Oued Biskara : *Gaddécha*, au Nord-Est ; et enfin *Filiach*, au sud-est. — Tous ces villages sont bâtis en toub, et n'ont rien de remarquable que l'étrangeté de leur construction et le pittoresque de leur position au milieu d'une forêt de 140,000 palmiers, et de 6,000 oliviers entre lesquels les indigènes font du jardinage et un peu de céréales (2). »

---

(1) *Voyage de Sa Majesté Napoléon III en Algérie* — page 320.
(2) *Itinéraire de l'Algérie*, par L. Piesse.

Le marché de Biskara est très-fréquenté. Les gens du Souf et de Tougourt y apportent leurs produits, qui consistent en dattes, blé, laine et bestiaux.

Séjour de l'Empereur à Biskara.

L'Empereur parti de Batna, le 31 mai à 4 heures du matin, est arrivé à Biskara le même jour, à 4 heures et demie soir.

Sa Majesté est entrée à Biskara, escortée par les escadrons de chasseurs d'Afrique, par les spahis et les goums du cercle. Toutes ces troupes, le commandant supérieur, M. le chef d'escadron d'état-major Forgemol, en tête, s'étaient portées à la rencontre du cortége impérial jusqu'à trois kilomètres de la place.

On remarquait surtout les goums venus des régions sahariennes de Tougourt, du Souf et d'Ouargla, qui avaient traversé les profondeurs du désert pour joindre leurs hommages à ceux des tribus de la frontière du Tell.

A l'entrée de la ville, sous un arc de triomphe élevé par la population européenne, M. le commandant de place faisant les fonctions de maire a présenté les clefs à Sa Majesté, et l'a assurée des sentiments de dévouement et de fidélité des habitants de l'oasis.

Plus loin, les indigènes avaient érigé un second arc de triomphe, sous lequel l'Empereur dut passer avant de faire son entrée au fort.

Partout, les acclamations les plus enthousiastes ont accueilli le passage de l'Empereur, et elles ont redoublé encore lorsque Sa Majesté, après avoir reçu MM. les officiers et les employés civils, a parcouru les rues de Biskara, accompagnée de M. le commandant supérieur et de quelques officiers de sa suite.

Lors des réceptions, l'Empereur a adressé de nombreuses questions à M. le curé de cette paroisse perdue dans le désert, au directeur de l'école arabe-française, et à M. le président de de la Société de secours mutuels, auquel il a laissé une somme de 500 francs pour les besoins les plus urgents de la Société.

L'Empereur a voulu visiter l'oasis des palmiers. Il s'y est rendu, entouré d'un cortége brillant de chefs indigènes, aux burnous de pourpre, suivi des cavaliers réguliers, des goums et de la foule innombrable des habitants.

Le cortége, qui s'avançait lentement, rencontrait sur son passage des improvisateurs indigènes, qui chantaient la bienvenue du grand Sultan de la France et de l'Algérie, en s'accompagnant à la manière des bardes, de leurs instruments primitifs ; les femmes indigènes, non voilées, se pressaient en groupes nombreux ; d'autres, perchées sur des chameaux, se montraient richement parées dans leurs *atatouches* entr'ouverts ; toutes poussaient de joyeux *you! you!* dès qu'elles apercevaient l'Empereur.

Il serait impossible d'imaginer un spectacle plus admirable et plus saisissant que cette marche triomphale de l'Auguste Visiteur vers la première oasis du Sahara : le désert, cette mer de sable, s'étendant à perte de vue ; le ciel embrasé dont la splendeur pourprée contraste avec la teinte uniformément grise du sol ; la verdoyante oasis s'épanouissant comme un immense bouquet ; la foule joyeuse, enivrée, aux types si divers, tels étaient les grands traits du plus magnifique tableau qu'il soit possible de concevoir.

A plusieurs reprises, l'Empereur a manifesté son admiration (1).

(1) *Moniteur de l'Algérie* et *l'Africain*

PHILIPPEVILLE.

Philippeville, chef-lieu de sous-préfecture, est situé au fond du golfe de Stora, (Sinus Numidicus) et à 84 kilomètres N. de Constantine.

Le 8 octobre 1838, une colonne de 4,000 hommes, partie du camp d'El-Arrouch, par ordre du maréchal Vallée, vint occuper sans résistance l'emplacement de l'antique *Russicada*. Les indigènes occupaient une trentaine de gourbis dont ils furent expropriés, de leur plein gré, moyennant la faible indemnité de 360 francs. Le sol jonché de ruines fournit des matériaux considérables pour l'édification de la nouvelle ville, qui, cinq ans plus tard, le 9 février 1843, était érigée en commune.

La ville est bâtie sur deux mamelons séparés par un long ravin, qui est devenu une grande et belle rue à arcades ; elle est bornée par la mer, au nord ; par la vallée de Saf-Saf qu'elle domine, à l'est et au sud ; et par le ravin des Beni-Melelk, à l'ouest.

La commune de Philippeville compte aujourd'hui 13,675 habitants, dont 11,982 dans la ville, et 1,693 dans les annexes : *Stora, Vallée, Damrémont et Saint-Antoine.*

L'élément européen forme la plus grande partie de cette population, qui est ainsi composée : *Français :* 6,145 ; *Italiens :* 2,034 ; *Anglo-Maltais :* 2,015 ; *Espagnols :* 658 ; *Allemands :* 482 ; *Suisses :* 239 ; *Polonais :* 15 ; *Belges et Hollandais :* 29 ; *Grecs :* 4 ; *Anglais :* 3 ; *Indigènes :* 2,055.

Philippeville possède toutes les institutions et tous les établissements d'une ville de second ordre : tribunal de première instance, chambre de commerce, caisse d'épargnes, société de secours mutuels, collège, bibliothèques, cours publics, musée archéologique, théâtre, deux imprimeries, deux journaux.

Au point de vue commercial la place de Philippeville vient

immédiatement après Alger et Oran ; elle centralise le transit direct sur Constantine et les pays au delà, vers le Sahara. Le mouillage des navires a lieu à Stora ; mais bientôt le port qui se construit en ce moment permettra l'embarquement et le débarquement des marchandises sur le quai même de Philippeville et ce point, relié d'ailleurs à Constantine par un chemin de fer également en construction, acquerra une véritable importance commerciale.

Les exportations consistent : en grains, huiles, bois, liéges, écorces, bestiaux, laines, cuirs, cires, minerais de fer, marbres, parmi lesquels ceux de Filfila, similaires de ceux de Carrare.

La ville manque d'eau potable ou du moins celle que donnent les citernes laisse beaucoup à désirer. Mais cette situation très-fâcheuse va cesser prochainement. La commune de Philippeville a emprunté 650,000 francs destinés à la construction d'un canal qui portera les eaux de Filfila dans l'intérieur de la cité.

Philippeville ne renferme aucun monument moderne qui mérite d'être signalé ; mais son musée archéologique, créé en 1859, sous les auspices de M. le maire A. Wallet, par M. Joseph Roger, offre beaucoup d'intérêt.

Ce musée a été organisé sur les ruines d'un théâtre Romain, qui constitue lui-même un des plus curieux monument de Rusicada. Il se compose de 1700 objets d'antiquités en marbre blanc, (statuettes, fragments, têtes d'impératrices, Jupiter, Mercure, Minerve,) bronzes, objets de toilette en os et en ivoire, miroirs métalliques, verre émaillé, verroteries et céramiques, inscriptions. — deux colonnes milliaires ; une magnifique mosaïque représentant une Bacchante (sujet complet), 90 épitaphes ; 3 sarcophages, 12 statues plus grandes que nature, (marbre blanc de Filfila) 5 bas-reliefs et 560 médailles.

Le catalogue de ces richesses archéologiques a été rédigé par M. Roger, qui par son zèle intelligent a formé en peu d'années une des plus belles collections de l'Algérie. Ce musée est très-fréquenté. Il a été visité de 1860 à décembre 1864, par 488 étrangers et par 3,848 habitants de la ville ou de l'arrondissement de Philippeville.

L'Empereur à Philippeville.

Le dimanche, 28 mai, à 7 heures du matin, le yacht impérial, escorté des escadres française et italienne, arrivait devant Philippeville.

La rade offrit en ce moment un spectacle magnifique.

Vingt vaisseaux ou frégates brillamment pavoisés, mêlant la voix de leurs canons aux acclamations de la foule, qui bordait la côte ; les évolutions de l'escadre italienne qui s'éloignait, après avoir salué la ville ; le yacht s'avançant, entouré d'une quantité considérable de canots, d'où s'élançaient les cris de *Vive l'Empereur*, mille fois répétés et auxquels répondaient les vivats de la population et ceux des ouvriers du port, agitant de nombreux drapeaux, tout enfin dans cette mise en scène, éclairée par un soleil splendide, contribuait à donner un aspect grandiose et gai, tout à la fois, au débarquement du cortège impérial.

Sa Majesté fut reçue sur le quai par M. A. Wallet, maire de Philippeville, assisté de son conseil municipal (1), et par toutes les autorités civiles et militaires.

M. A. Wallet adressa à l'Empereur le discours suivant, en lui remettant les clefs de la ville :

« Sire,

« Depuis que Votre Majesté a mis le pied sur le sol de l'Al-

---

(1) L'administration municipale de Philippeville est ainsi composée :
M. A. Wallet, maire ; — MM. Delay ✶ et de Nobély ✶, adjoints à Philippeville, de Gourgas, adjoint à Saint-Antoine ; Gémilly, adjoint à Stora. — MM. Chirac, Allaman, Primard, Nielli, Grehg, Ricoux, de Boisson et Henri Teissier, conseillers municipaux.

gérie, un sentiment unanime de joie et de gratitude, s'est manifesté dans l'esprit des populations impatientes de vous voir.

« Vous avez daigné nous visiter, Sire, que Votre Majesté soit la bienvenue.

« La jeune cité toute française, dont j'ai l'honneur de vous présenter les clefs, vous devait déjà une profonde reconnaissance pour les décrets qui l'ont dotée d'un port et d'un chemin de fer, gages de sa prospérité.

« Votre présence, Sire, la noble pensée qui vous a fait quitter votre auguste compagne, l'Impératrice, le Prince Impérial, votre fils bien-aimé, pour vous conduire au milieu de nous, augmenteront notre reconnaissance.

« Que Votre Majesté me permette de déposer à ses pieds, l'expression de notre amour et de nos respects ! »

Sa Majesté répondit qu'Elle s'intéressait vivement à la prospérité de Philippeville, prospérité que la construction du chemin de fer et l'exécution des grands travaux publics, ne tarderaient pas à développer.

L'Empereur s'est ensuite entretenu avec M. Nouvion, sous-préfet de l'arrondissement, avec M. de Boisson, président de la chambre de commerce, de diverses questions importantes pour l'avenir de Philippeville. M. de Gourgas, président de la Société de secours mutuels, M. Gay, ingénieur des Ponts et Chaussées, et M. Lambert, inspecteur des forêts ont eu également l'honneur d'être interrogés par Sa Majesté. Puis, s'adressant aux chefs arabes, qui étaient venus lui offrir leurs hommages, l'Empereur leur a dit : « Qu'il ne voulait voir dans
« les indigènes que des compatriotes, des Français, et que, les
« traitant à ce titre, il attendait d'eux le même dévouement à
« la patrie commune. » Il est inutile d'ajouter que les chefs arabes ont protesté de leur profond dévouement et de leur éternel attachement pour l'Empereur des Français.

L'Empereur s'est rendu à l'église pour entendre la messe, et a remarqué en parcourant la rue impériale les arcs de triomphe et les autres ornements qui la décoraient.

Les arcs de triomphe étaient au nombre de trois, l'un élevé par la municipalité, l'autre par les Italiens et le troisième par les sapeurs-pompiers.

Après la messe, Sa Majesté est partie pour Constantine.

La ville a conservé son air de fête, même après le départ de l'Empereur. Le soir il y a eu illumination générale. Le port surtout était resplendissant : de grands feux brillaient sur les jetées, reflétés par la mer qui en doublait l'éclat. Un feu d'artifice a été tiré du Cercle du Commerce. La musique du *Solférino* a joué plusieurs morceaux d'une manière remarquable.

Le lendemain un punch était organisé par la population qui s'était associée pour témoigner ses sympathies à MM. les officiers de l'escadre.

Cette fête était présidée par M. Nouvion, sous-préfet, et par M. A. Wallet, maire de Philippeville.

Dès l'arrivée de M. Bourgeois, chef de l'état-major général, représentant M. le vice-amiral comte Bouët-Willaumez, M. Nouvion a pris la parole et a porté, en ces termes, un toast à la famille impériale.

« Messieurs,

« J'ai l'honneur de porter un toast à LL. MM. l'Empereur et l'Impératrice et au Prince Impérial.

« Messieurs,

« Lorsque le Souverain d'une grande nation daigne quitter le siége du gouvernement de son Empire pour étudier sur place les intérêts d'une colonie, c'est que cette colonie renferme des éléments de prospérité et de grandeur, et qu'il veut encourager les efforts de ceux qui se dévouent à son développement.

« Les Algériens ont compris tout ce qu'il y a de grand et de généreux dans la pensée qui a conduit l'Empereur Napoléon III de ce côté de la Méditerranée, où une nouvelle France s'est créée au milieu de difficultés immenses.

« Aussi, Messieurs, Sa Majesté a-t-elle parcouru les trois provinces au milieu de l'enthousiasme et des acclamations unanimes. Il y a deux jours, notre cité a pu témoigner à Son Souverain son admiration et sa profonde reconnaissance ; nous serons admis à l'acclamer de nouveau.

« Ces manifestations spontanées et sincères prouvent une fois de plus que les habitants de l'Algérie sont bien les dignes enfants de la France, au cœur patriotique et dévoué à l'Empereur !

« Soyons fiers, Messieurs, de l'auguste sympathie que nous avons inspirée et remercions-en l'Empereur par ce cri national qui déborde de tout les cœurs :

« *Vive l'Empereur! Vive l'Impératrice! Vive le Prince Impérial!* »

Des acclamations unanimes de *Vive l'Empereur!* approuvèrent ces paroles, véritable expression des sentiments de la population.

M. A. Wallet a ensuite porté le toast suivant à la marine :
« Messieurs,

« A la marine française, qui a si glorieusement porté le drapeau de la France dans le monde entier !

« A ses illustres chefs !

« A vous tous, Messieurs, nos hôtes d'aujourd'hui, qui laisserez dans nos cœurs, un souvenir inséparable du grand évènement qui doit changer les destinées de l'Algérie !

« A Messieurs les officiers de l'escadre ! »

Les cris de : *Vive l'escadre! vive la marine!* s'échappèrent de toutes les poitrines.

M. Bourgeois, chef d'état-major général répondant à ces deux toast s'est exprimé en ces termes :

« Je veux chercher, Messieurs, à me faire ici l'interprète des sentiments du vice-amiral comte Bouët-Willaumez et de l'escadre entière, en vous proposant un toast :

A L'ALGÉRIE !

A LA VILLE SI FRANÇAISE DE PHILIPPEVILLE !

« Oui, Messieurs, l'escadre est fière d'être associée au grand évènement qui doit assurer la régénération de l'Algérie. —

Elle est fière aussi d'être auprès de vous comme la main de la France tendue à travers la Méditerranée.

« Si venait la guerre, elle saurait être, au besoin, comme un pont toujours debout entre l'ancienne et la nouvelle France, pour donner passage aux vaillants défenseurs que vous enverrait notre brave armée.

« Elle ne veut aujourd'hui que s'unir à vous dans un sentiment de reconnaissance pour le Souverain qui brave en ce moment de dangereuses fatigues, pour faire entrer votre beau pays dans une ère nouvelle de prospérité. »

Ces paroles ont été chaleureusement applaudies aux cris répétés de : *Vive l'Empereur! vive l'Algérie! vive Philippeville!*

Une improvisation du brave commandant des troupes, M. Rinaldi, a obtenu aussi un grand succès.

Trois jours après les officiers de l'escadre donnaient, à bord du *Solférino*, une fête splendide à laquelle assistait toute la population. — Les marins ont joué un vaudeville avec un entrain charmant et ensuite l'orchestre a donné le signal d'un bal qui s'est prolongé jusqu'à 5 heures du matin.

Le 6 juin, en revenant de Constantine, l'Empereur traversa de nouveau Philippeville. Avant de s'embarquer pour se rendre à Bône, Sa Majesté décora de sa main, en leur adressant les paroles les plus flatteuses : M. Nouvion, sous-préfet, M. Delay, adjoint au maire de Philippeville, et M. Gay, ingénieur des ponts et chaussées (1). Elle serra ensuite la main à M. le maire A. Wallet, et le pria d'exprimer ses regrets aux habitants de

---

(1) En publiant ces nominations, le journal le *Zéramna* fait connaître qu'elles ont été accueillies avec sympathie par la population, et ajoute, en ce qui concerne M. le sous-préfet de Philippeville, les réflexions suivantes, que nous reproduisons avec un véritable plaisir : « M. Nouvion est un jeune administrateur, mais il compte déjà de longues années de services dans les hautes administrations. Tout le monde peut apprécier ses heureuses dispositions et son dévouement à la prospérité de ses administrés. »

Philippeville, de ne pouvoir demeurer plus longtemps parmi eux. Voici ses propres expressions : « Dites bien à votre bonne « population combien je regrette de ne pouvoir lui consacrer « plus de temps, mais que j'emporte un excellent souvenir, je « suis ravi de tout ce que j'ai vu. »

SAINT-ANTOINE.

Saint-Antoine, annexe de la commune de Philippeville, est situé à 6 kilomètres de cette ville, sur la route de Constantine
Ce village créé en 1844, dans la belle vallée du Zéramna et sur l'Oued de ce nom, a été annexé à la commune de Philippeville le 31 janvier 1848. Sa population est de 251 habitants.

Les belles forêts situées sur le territoire de Saint-Antoine, exploitées avec intelligence, la fertilité du sol, et de nombreuses plantations contribuent à la prospérité de ce village, qui est en outre fort animé par le passage des voitures se rendant à Constantine.

L'Empereur à Saint-Antoine.

Le 28 mai, l'Empereur, venant de Philippeville, s'arrêta un instant à Saint-Antoine où deux arcs de triomphe lui avaient été élevés : l'un par les habitants du village, et construit avec des fleurs et de la verdure ; l'autre, préparé par les soins des concessionnaires des forêts, était formé avec du liége, et offrait dans son ensemble, un spécimen de toutes les formes de ce produit, depuis le liége brut jusqu'au liége artistement travaillé.

Sa Majesté, après avoir échangé quelques paroles avec l'inspecteur des forêts et avec MM. Jibbé et Lichtenstein, représentants de deux sociétés forestières, et avoir répondu par des saluts réitérés aux vivats des colons qui ne cessaient de l'acclamer, a continué sa route vers Constantine.

EL-DISS.

El-Diss est un ancien camp situé à 13 kilomètres de Philippeville, sur la route de Constantine. L'Empereur s'y arrêta le 28 mai avec sa suite pour déjeuner. La table fut mise au bord d'un ravin, abrité par des lentisques et dépendant de la propriété du sieur Pascal Brugelli.

Le 6 juin, en revenant de Constantine, l'Empereur ne fut pas peu surpris de trouver, sur l'emplacement même de cette courte station, un petit monument commémoratif, portant, sur une table de marbre l'inscription suivante, écrite en lettres d'or :

S. M. NAPOLÉON III
EMPEREUR DES FRANÇAIS
A DÉJEUNÉ ICI
LE 28 MAI 1865.

L'Empereur, remarquant la famille Brugelli qui le saluait avec enthousiasme, fit arrêter sa voiture, et après avoir remercié Pascal Brugelli, lui demanda s'il désirait quelque chose : —Non, Sire, répondit le colon. — Mais dans quel but, reprit l'auguste visiteur, avez-vous fait cette dépense ? — Pour perpétuer dans ma famille et dans le pays le souvenir de votre voyage. — Merci, vous ne désirez rien, insista l'Empereur ! — Non, Sire, répondit de nouveau Brugelli, en remettant à Sa Majesté une petite adresse dont l'Empereur voulut bien prendre connaissance immédiatement, et dans laquelle M. Pascal Brugelli exprimait tout son bonheur d'avoir donné pendant quelques instants l'hospitalité à l'illustre Souverain « qui était venu constater par lui-même les besoins de la Colonie avec un soin et une sollicitude que ne montra jamais le meilleur des princes. »

Cet incident du voyage impérial ne manque pas d'intérêt. Une réponse remplie d'à-propos que l'on prête à Brugelli a surtout été remarquée. On lui demandait pourquoi il n'avait placé qu'une inscription sur le monument à quatre faces qu'il venait d'élever? « C'est que, chaque année, a-t-il répondu, quand ma récolte me le permettra, j'inscrirai sur une plaque nouvelle ce que l'Empereur aura fait pour l'Algérie, après son voyage. »

Voici, sur ce digne colon, quelques renseignements biographiques, qui font connaître comment on parvient en Algérie à se créer un petit avoir.

Pascal Brugelli est un de ces rudes travailleurs que l'île de Malte fournit à l'Algérie. Journalier d'abord chez l'un de ses compatriotes, il fut plus tard embrigadé parmi les cantonniers à une époque où ces agents étaient obligés de faire preuve d'énergie et de dévouement, en butte qu'ils étaient sans cesse aux attaques des indigènes. Il fut remarqué par son intelligence, son aptitude et son courage En 1845, il était brigadier au défilé d'El-Diss, l'un des points les plus exposés aux tentatives des maraudeurs.

Plus tard, et au moyen de quelques économies qu'il avait pu réaliser par un travail incessant, il acheta sur ce même point d'El-Diss, une concession qu'avait obtenue son beau-père Figuera et, pour s'adonner complètement à la culture, résigna ses fonctions de brigadier cantonnier. En octobre 1863, sa famille s'étant augmentée, (il est père de quatre garçons et de deux filles) il demanda et obtint de l'administration une concession de huit hectares de terres limitrophes de celles qu'il avait mises en valeur.

Aujourd'hui, Brugelli vit du produit de ses terres, de son débit et d'un moulin à farine qu'il a acheté et fait valoir par lui-même. Ses revenus suffisent à sa modeste existence de travailleur. Les indigènes, ses voisins, trouvent chez lui assistance et protection, et souvent des secours. Il est aimé d'eux, et vit avec eux sans inquiétude pour ses récoltes et son troupeau.

Comme il l'a dit dans sa lettre à l'Empereur, Pascal est attaché de cœur à la France qui lui a donné sa modeste fortune, et c'est un sentiment tout spontané et désintéressé qui l'a porté à édifier de ses deniers, le monument qui consacre le souvenir d'une halte de Sa Majesté sur la limite du domaine que son travail lui a donné.

Le passage de l'Empereur à El-Diss a inspiré au savant conservateur du musée archéologique de Philippeville, M. Joseph Roger, les réflexions suivantes, qui ont un véritable intérêt au point de vue historique.

« L'histoire nous apprend que l'Empereur Adrien visita les provinces d'Afrique, en l'an 129 de l'ère de J.-C., et que, rentré à Rome, il accorda des priviléges aux dites provinces.

« Il y a donc 18 siècles révolus que les anciennes provinces *romaines* d'Afrique furent visitées comme nous venons de le dire, par un souverain.

« En 1830, la France fit successivement la conquête de ces mêmes provinces où la barbarie avait succédé, depuis des siècles, à la civilisation romaine, à la moralisation chrétienne.

« Nous voici arrivés bientôt à la trente-cinquième année d'occupation, et S. M. l'Empereur des Français est venu, comme l'Empereur Adrien, visiter ces mêmes provinces, afin de vivifier par sa présence, affirmer par un voyage fatiguant, l'aspiration qui est celle de tous les cœurs français : la pacification par l'instruction, le commerce et l'industrie...

« En se rendant de Philippeville à Constantine, Sa Majesté, lorsqu'elle prit son déjeuner à El-Diss, ne se doutait guère qu'elle se trouvait vis-à-vis la nouvelle voie romaine qui fut construite par l'ordre de l'empereur Adrien, afin de satisfaire plus amplement aux besoins commerciaux qui reliaient *Rusicade* (Philippeville) à *Cirta* (Constantine). Ce précieux document est gravé sur une colonne milliaire que, grâce au concours obligeant du service des ponts et chaussées, nous sommes parvenu à abriter au Musée archéologique, le 24 août 1864. Elle gisait, depuis 1859, époque à laquelle nous en fîmes la reconnaissance, sur la voie romaine, vis-à-vis le neuvième hectomètre compris entre les bornes kilométriques 10 et 11 de la route Impériale actuelle. »

SAINT-CHARLES.

Saint-Charles, chef-lieu de commune, est situé à 17 kilomètres de Philippeville, dans la vallée du Saf-Saf, à l'embranchement des routes de Constantine et de Jemmapes.

Ce village, créé le 6 avril 1847, sur le territoire de la tribu des Beni-Béchir, a été livré à la colonisation civile en 1852, et constitué en commune le 22 août 1861. Sa population est de 941 habitants, dont 634 indigènes.

Les terres de Saint-Charles, arrosées par l'oued Saf-Saf et par l'oued Zerga, sont très fertiles. On y cultive les céréales, le tabac, le coton, la vigne, l'olivier et le mûrier. De riches paturages favorisent l'élevage des bestiaux qui font l'objet d'un commerce important.

L'Empereur à Saint-Charles.

Les colons de Saint-Charles, sous la direction de leur maire, M. Merle des Isles, avaient élevé à l'entrée du village un arc de triomphe, formé avec les produits de l'agriculture et les instruments du travail. Cet arc de triomphe était ainsi composé :

Deux charriots attelés chacun de deux bœufs, et placés à droite et à gauche de la route, supportaient sur une base de fourrage, une foule de produits agricoles, tels que blé, orge, fèves, tabac, maïs, sorgho, mûriers, oliviers, vignes, légumes, etc. Sur le devant des charriots, les initiales de leurs Majestés avaient été formées avec du coton en bourre. Un peu au-dessus, on avait placé avec ordre un échantillon de tous les instruments aratoires, encadrant un écusson aux armes impériales. L'aigle tenant dans son bec une couronne, planait au sommet de ces trophées agricoles.

A 11 heures du matin, le 28 mai, le cortége impérial arriva sous l'arc de triomphe, près duquel toute la population formait la haie. L'Empereur répondit à la petite allocution qui lui fut adressée par M. Merle des Isles, et remarquant avec satisfaction le trophée agricole et les nombreux bestiaux que l'on avait réunis sur la place du marché, lui dit : « M. le Maire, « vous avez voulu me montrer ce que vous produisez dans « votre commune, c'est très-bien et très-beau, je vous en fais « mon compliment. »

Sa Majesté interrogea ensuite le maire sur l'état des récoltes, sur le chiffre de la population, et demanda si les indigènes vivaient en bonne intelligence avec les européens. M. le maire répondit que la bonne harmonie n'était pas souvent troublée, mais que les indigènes n'aimaient pas le travail.

Passant à un autre ordre d'idées, l'Empereur dit au maire : « La terre vous manque probablement ; mais rassurez-vous, « vous allez avoir une bonne Société, la Société du crédit fon- « cier, qui vous permettra d'acquérir des terres et d'étendre « le cercle de vos exploitations. »

Le cortége impérial se mit en route lentement et s'arrêta un peu plus loin, près de l'arc de triomphe que la Compagnie du chemin de fer avait élevé sur un pont. M. Lesca, entrepreneur de ces importants travaux, reçut l'Empereur à la tête de cinq cents ouvriers, qui acclamèrent Sa Majesté.

L'Empereur s'informa de l'état des travaux, et apprit avec satisfaction qu'ils marchaient rapidement.

Puis, au moment de s'éloigner de Saint-Charles, Sa Majesté fit approcher le porte bannière de la Société de secours mutuels, qui l'escortait, et lui demanda si la Société était nombreuse, si elle existait depuis longtemps. Il lui fut répondu qu'elle avait été créée depuis peu de temps, et qu'elle ne comptait encore que trente membres, Sa Majesté dit alors : « Moi aussi, je veux concourir à sa formation, » et prenant son porte monnaie, le vida dans le chapeau du porte bannière, que le maréchal de Mac-Mahon offrit à Sa Majesté, en voyant son intention.

Du point où le cortége était arrivé, l'Empereur voyait tout le village : l'église ornée de guirlandes et de drapeaux, l'arc de triomphe dressé par l'entreprise Lesca, devant la maison occupée par ses employés, un autre arc de triomphe, élevé à la porte du village, par la milice et formée avec des fusils, des sabres et des baïonnettes, et sur la place, un beau troupeau de bœufs, un peu plus loin, sur la ligne du chemin de fer, depuis Saint-Charles jusqu'à l'Oued-Amar, les wagons chargés et ornés de drapeaux, de guirlandes, étaient mis en mouvement, et parcouraient une certaine étendue de terrain.

L'Empereur témoigna à M. Merle des Isles la satisfaction que lui faisait éprouver tout ce qu'il voyait, le remercia de l'accueil qu'il avait reçu à Saint-Charles et ajouta : « Je ne « vous dis pas adieu, M. le maire, mais au revoir, dans quelques jours je reviendrai ici. »

Au retour de Constantine, l'Empereur s'arrêta en effet à Saint-Charles, pendant quelques instants. Il remarqua le nouvel arc de triomphe que les entrepreneurs du chemin de fer avaient construit, et répondit avec beaucoup de bienveillance aux acclamations des ouvriers, qui portaient une bannière sur laquelle étaient inscrits ces mots : *A Napoléon III, le travail reconnaissant.*

Les colons et les indigènes entouraient le cortége impérial. Sa Majesté jeta des pièces de monnaie à un groupe d'arabes qui se tenait sur le bord de la route. Remarquant quelques-uns d'entre eux qui étaient déguenillés, Elle dit au maire : « Ces indigènes sont donc bien malheureux ? » M. Merle des Isles les connaissait presque tous, et savait qu'ils n'étaient pas dans la misère, aussi répondit-il : « Sire, l'Arabe, en général, ne change de vêtement que lorsqu'il est complétement usé ; quant à ceux que vous voyez là, ils voudraient faire croire qu'ils sont malheureux, mais ils sont au contraire dans l'aisance, et sont ordinairement beaucoup mieux vêtus. » L'Empereur parut étonné de cette réponse.

L'attention de l'Empereur se porta sur un petit enfant habillé en zouave, qui s'était glissé presque sous les roues de la voiture, et s'adressant à M. le maire, Sa Majesté lui dit : « Veuillez faire retirer cet enfant, il pourrait lui arriver « malheur ; dites-lui que j'ai reçu la pétition de sa mère. »

L'Empereur s'entretint avec M. le curé et M. le maire, des intérêts de la commune, des besoins de la population, et leur dit ensuite adieu, en les remerciant très-gracieusement.

Après le départ de l'Empereur, le sieur Rolland, qui tient l'hôtel de la Poste, et qui avait entendu les paroles échangées entre le maire et Sa Majesté au sujet de la misère des arabes, demanda à l'indigène Ahmed-ben-Damen, dont il avait souvent remarqué la bonne tenue, pourquoi il était aussi salement vêtu ; celui-ci répondit, qu'il était venu dans cet état, uniquement pour exciter la pitié de l'Empereur, et obtenir de lui des secours comme il en distribuait partout.

Ce trait et celui de l'indigène qui faisait sonner les pièces de 5 francs données par l'Empereur, pour s'assurer si elles étaient de bon aloi, dépeignent bien le caractère des arabes, qui sont généralement, sauf de très-honorables exceptions, menteurs et méfiants.

GASTONVILLE.

Gastonville, chef-lieu de commune, est situé à 25 kilomètres de Philippeville, sur la route de Constantine, non loin de la rive gauche du Saf-Saf.

Fondée en 1848, et administrée militairement, la colonie agricole de Gastonville, fut remise, en 1852, à l'autorité civile. Elle a été érigée en chef-lieu de commune par un décret impérial du 22 août 1862. Sa population est de 580 habitants, dont 152 indigènes.

Ce village doit son existence et sa prospérité relative à sa situation sur les routes de Robertville et de Constantine ; mais l'industrie des transports par le roulage devant beaucoup souffrir de la création du chemin de fer qui doit relier Philippeville à Constantine, il est à désirer que l'on puisse augmenter dans un bref délai les ressources agricoles du village, en donnant de nouvelles terres aux colons, et en exécutant le barrage projeté de Zardezas.

De grandes fermes se rattachent à la commune de Gastonville, la ferme Lestiboudois de 600 hectares et la ferme Hubert de Sainte-Croix.

L'Empereur à Gastonville.

Spontanément, tous les colons de Gastonville s'étaient mis à l'œuvre pour préparer une belle réception à l'Empereur.

Les fleurs, les feuillages, les produits agricoles et les instruments aratoires, artistement combinés, formaient des arcs de triomphe. — La sœur Théodule, religieuse de la Doctrine chrétienne, aidée par les petits enfants confiés à ses soins et par toute la population, avait tressé les couronnes. On remarquait notamment une aigle impériale aux ailes déployées, entièrement composée de fleurs.

A l'entrée du village, l'Empereur fut reçu par le maire, M. Tierce, par les membres de la société de secours mutuels et par les enfants des deux écoles et de la salle d'asile. — Un petit garçon et une petite fille débitèrent de gracieux compliments en offrant des fleurs à Sa Majesté. La petite fille était un peu émue, l'Empereur l'encourageait en lui caressant les joues et en lui disant : « Dis, dis, ma petite fille. »

L'instituteur avait composé une cantate, mais il comprit qu'il n'aurait pas le temps de la faire exécuter par son petit monde, qui courait autour de la voiture impériale en criant : *Vive l'Empereur, Vive le Prince Impérial.* Il s'excusa de ne pouvoir se faire entendre. M. le maréchal de Mac Mahon prit la cantate, et, avec son bon sourire affectueux, dit à l'instituteur qu'on la chanterait en route.

A son retour l'Empereur s'arrêta de nouveau à Gastonville, et dit au Maire qu'il s'était occupé à Constantine de la question du barrage des Ardezas. Toute la population était encore sur pied, la rue principale traversée par le cortége impérial, ne formait, dans toute son étendue, qu'un vaste bocage de verdure et de fleurs. — Les vivats accueillirent Sa Majesté et l'accompagnèrent bien loin sur la route.

EL-ARROUCH.

El-Arrouch, chef-lieu de commune, est situé à 32 kilomètres de Philippeville sur la route de Constantine, au confluent du *Saf-Saf* et de l'*Entsa*.

Ce village, créé en 1844 sous la protection d'un camp, a été érigé en chef-lieu de commune en 1861. Il comprend trois annexes: *Sainte-Wilhelmine, El-Kantour* et *Thoumettes*. Sa population totale est de 2,391 habitants, dont 1,650 indigènes.

El-Arrouch est un des centres agricoles les plus prospères de l'arrondissement de Philippeville. Les eaux d'une source abondante y sont amenées par un canal voûté. Son territoire parfaitement arrosé est très-fertile, et d'excellents pâturages favorisent l'élevage du gros bétail. Il se tient à El-Arrouch, tous les vendredis, un marché où les huiles, les céréales, les laines, les peaux et les tissus sont l'objet de transactions importantes.

L'Empereur à El-Arrouch.

Le 27 mai, les colons d'El-Arrouch avertis que l'Empereur traverserait leur village le lendemain, s'étaient tous mis à l'œuvre pour préparer une belle réception à Sa Majesté.

La veille au soir, les portes avaient été ornées avec de la verdure et des drapeaux, un très-bel arc de triomphe s'était élevé comme par enchantement au milieu du village.

« Le 28, dès le matin, dit une correspondance particulière, les habitants sont dans la plus grande animation; les uns, conduisent les instruments aratoires, sur un emplacement désigné, en dehors de la porte, les autres décorent les maisons de guirlandes et de drapeaux aux couleurs nationales. — A 8 heures, une dépêche annonce le débarquement de Sa Majesté à Philippeville, et son départ pour Constantine à 9 heures. — Cette nouvelle se répand comme un torrent, tout le monde veut mettre la dernière main à l'ornementation de sa maison, y ajouter encore quelques bouts de guirlandes.... »

« Vers midi, (nous continuons à copier la lettre dont on vient de lire un passage), vers midi, on aperçoit dans le lointain au milieu d'un tourbillon de poussière, le cortége impérial, une commotion électrique s'empare de la foule, l'Empereur est là, il arrive, tout le monde s'approche, s'aligne pour mieux voir. La milice forme la haie de chaque côté de la route. Quelques instants après, la voiture débouche au tournant, alors un long cri de : *Vive l'Empereur!* s'échappe de toutes les poitrines, le cortége ralentit sa marche, Sa Majesté s'arrête à la porte.

« L'Empereur adressant la parole à M. Vuillemin, maire d'El-Arrouch, lui dit : Approchez M. le Maire, avez-vous été militaire? Sur la réponse négative du maire, l'Empereur lui désigne un des conseillers municipaux décorés, et lui demande s'il a été militaire, oui, Sire, répond M. Vuillemin. — Alors Sa Majesté voulut savoir si cet ancien serviteur avait une concession, et s'il était heureux de sa position à El-Arrouch. — Puis, il interrogea M. le Maire sur les récoltes, sur le travail des colons et enfin sur tout ce qu'il lui importait de connaître dans l'intérêt de notre village.

« Après avoir écouté avec une bienveillante attention un discours prononcé par le Maire, l'Empereur se dirigea vers l'arc de triomphe où l'attendaient les enfants des écoles. L'un d'eux, à peine âgé de six ans, s'étant approché de la voiture impériale, monta sur le marche pied et là, soutenu par M. le curé, adressa ce petit compliment à Sa Majesté :

« Sire,

« Nous aussi, petits enfants de l'Algérie, nous voulons être de cette fête et offrir à notre Empereur nos hommages respectueux et nos petits cœurs.

« Les enfants de France vous aiment beaucoup, Sire, nous voulons vous aimer plus qu'eux encore !

« Vous êtes venu dans nos contrées pour faire du bien à tous, soyez-en à jamais béni !

« On nous a dit que le bon Dieu vous a donné pour compagne, un ange que toute la France aime et vénère, dites-lui s'il vous plaît, Sire, qu'ici on l'adore. On nous a dit encore que la divine Providence vous a envoyé un Prince qui sera un jour notre

Empereur, nous prions le bon Dieu de nous le conserver et de lui donner un cœur noble et généreux comme le vôtre, pieux et bon comme celui de son auguste mère. »

-Pendant que l'enfant parlait, Sa Majesté avait l'air d'éprouver la plus grande satisfaction. Elle a répété à plusieurs reprises, ainsi que les hauts personnages qui étaient dans sa voiture, « comme cet enfant parle bien ! »

Les sentiments exprimés par ce jeune enfant ont paru faire impression sur Sa Majesté, qui l'a remercié très-gracieusement. L'Empereur a remis une somme de 280 fr. au Maire pour les pauvres et la Société de secours mutuels.

Sa Majesté s'est remise ensuite en route au milieu des acclamations générales. Les décorations faites devant l'hôpital, ont été particulièrement remarquées.

L'air de bonté, de satisfaction, répandu sur la figure de Sa Majesté, a laissé parmi la population, une impression profonde. On se demande quand l'Empereur repassera, tous se promettent de le fêter encore mieux à son retour.

L'heureux jour du retour arrive, les maisons, les monuments publics, ont conservé leurs décorations, leurs drapeaux, mais partout on renouvelle les robes de verdure. Une dépêche télégraphique annonce le départ de Constantine pour 11 heures un quart. A une heure et demie, tout le monde est déjà à son poste. La milice, la municipalité, les chefs de service, sont réunis à la porte de Constantine.

Vers les trois heures, arrive le convoi impérial. Cette fois, les indigènes, qui avaient entendu parler de la générosité de Sa Majesté, se trouvent en plus grand nombre; à 50 mètres de la porte, ils se jettent sur la voiture impériale, étalent à dessein la lèpre hideuse de la misère ; l'escorte est obligée de dégager la voiture.

Un cri prolongé de : *vive l'Empereur, vive l'Impératrice, vive le Prince Impérial*, accueille Sa Majesté à la porte. Elle nous honore d'un salut gracieux, sa voiture marche au pas, ce n'est qu'une ovation jusqu'à l'arc de triomphe, où l'attend une grande partie de la population. Comme la première fois, les enfants sont à leur poste, la plupart avec des corbeilles de fleurs.

M. le maire s'étant approché de la voiture impériale, Sa Majesté lui a montré un morceau de galette très-noire : « voilà ce que m'a remis un arabe, en me disant : regarde, « Sultan, comme nous sommes malheureux, voilà ce que nous « mangeons. — Est-il bien vrai que les indigènes soient si « malheureux ? »

M. le maire a répondu à Sa Majesté, que c'était la vérité ; mais qu'ils étaient malheureux par leur faute, que beaucoup d'entre eux ne travaillent pas, qu'une partie ne travaille qu'à deux époques de l'année, au moment des labours et au moment des récoltes.

Cette déclaration a paru étonner Sa Majesté, elle a répété plusieurs fois : « — C'est bien vrai, ce que vous dites, monsieur le « maire ? — C'est la pure vérité, Sire. »

Au moment où M. le maire se proposait de faire connaître à Sa Majesté que la paresse, et par suite la misère, poussaient les indigènes au vagabondage, au vol, la foule est arrivée ; une petite fille lui a présenté un bouquet, et a récité quelques vers de circonstance, qui ont été gracieusement accueillis.

Le matin même, un honorable colon, avait été père d'un gros garçon, il a l'heureuse idée de présenter un placet à Sa Majesté pour qu'Elle daigne en être le parrain honoraire, ce placet est agréablement reçu, Sa Majesté répète : « — C'est bien, très-bien ; « mais le nom du père ? Par oubli il n'a pas été inscrit au bas « du placet. — Losson, Sire, lui dit le père. » Alors, M. le général Fleury inscrivit lui-même le nom au bas du placet.

P. S. L'enfant a été nommé *Louis Napoléon*. M. le maire a représenté Sa Majesté aux fonts baptismaux, et peu de jours après, M. le curé recevait, revêtu de la signature Impériale, l'acte de baptême qu'il avait envoyé à Sa Majesté en double expédition.

CONDÉ-SMENDOU.

Condé-Smendou, chef-lieu de commune, est situé à 28 kilomètres de Constantine, sur la route de Philippeville.

Ce village a été fondé en 1847, sur l'emplacement d'un ancien camp. Sa position, au milieu des terres fertiles et bien arrosées, en a fait un centre agricole important. On l'a récemment érigé eu chef-lieu de commune, en y annexant le village de Bizot.

La population de Condé-Smendou n'est que de 210 européens environ, mais sa banlieue comprend plus de 3,000 indigènes.

L'Empereur à Condé-Smendou.

Nous trouvons, dans le journal l'*Indépendant* de Constantine, le compte-rendu suivant de la réception qui a été faite à l'Empereur par les habitants de ce village :

Grâce à une souscription des habitants, s'élevait au milieu du village un arc de triomphe de verdure, surmonté d'une aigle couronnée, au-dessous de laquelle se voyaient ces mots, écrits avec des fleurs : « A Napoléon III, l'Algérie reconnaissante. » Sur les bas-côtés, on lisait, à droite : « 1865 » et à gauche : « Ère nouvelle. »

De chaque côté, les nombreux enfants des écoles étaient placés sur des gradins en amphithéâtre.

Chaque maison était pavoisée et ornée suivant l'inspiration de chacun.

Sa Majesté a été, à ses deux passages, le 28 mai et le 5 juin, accueillie par des vivats frénétiques. Elle s'est arrêtée chaque fois environ vingt minutes, laissant à tous le temps de lui remettre leurs placets. Les arabes ont même abusé de la bienveillance de Sa Majesté. Profitant du manque de police, ils ont envahi violemment les abords de la voiture impériale, demandant l'aumône ou remettant des pétitions. L'une d'elle était vraiment originale : c'était une demande de dégrèvement d'impôts, accompagnée d'une gerbe d'épis de blé et d'orge, attestant par leur maigreur que la récolte serait mauvaise.

Le grand nombre, l'air de santé des enfants, a fixé l'attention de Sa Majesté, qui s'est même levée dans sa voiture pour mieux se rendre compte, et les a remerciés par un signe de leurs cris multipliés de : « *Vive le Prince Impérial !* »

Les colons de Smendou ont remis une adresse à l'Empereur. M. Clair, maire de la commune, lui a dit ces simples paroles, qui ont, ainsi que le fait remarquer M. Fenoux, auteur d'une relation du voyage impérial, quelque chose de touchant dans leur forme naïve :

« Sire,

« Que le bon Dieu protége votre voyage et que votre voyage soit prospère à notre colonie Algérienne. »

BIZOT.

Bizot, village annexe de la commune de Condé, est situé à 15 kilomètres de Constantine, sur la route de Philippeville. — 200 habitants.

Ce village a été créé le 15 janvier 1856. On lui a donné le nom d'un général du génie, tué à Sébastopol. — Territoire fertile. — Belles fermes. — Cultures diverses.

Passage de l'Empereur à Bizot.

Le 28 mai, l'Empereur se rendant à Constantine a traversé le village de Bizot. Sa Majesté a fait arrêter sa voiture un instant pour recevoir les fleurs que des jeunes filles vêtues de blanc lui offraient. Les colons auxquels s'étaient joints grand nombre d'indigènes, entouraient l'Empereur et l'acclamaient avec enthousiasme, lorsque survint un incident qui a été raconté en ces termes par *l'Indépendant de Constantine* :

« L'empressement des Arabes à se porter aux pieds du *sultan*, avait été tel, qu'un des gendarmes maures, pour le contenir, avait usé du plat de son sabre. Un des indigènes reçut au cou une blessure très-peu grave et sans doute involontaire. Il n'hésita pas à la montrer à l'Empereur et à se plaindre vivement en langue *sabir*.

« L'Empereur, dont jusque-là la figure rayonnait de contentement, se rembrunit tout d'un coup. Il manifesta son mécontentement en termes très-vifs, et pour atténuer l'effet de cette scène, il jeta aux Arabes qui se trouvaient réunis une assez grande quantité de pièces de 5 francs neuves.

« C'est ici qu'est le trait de mœurs. On vit *nos nouveaux compatriotes*, qui s'étaient rués et précipités sur cette pluie de *douros,* se retirer à l'écart, et faire sonner successivement toutes les pièces pour s'assurer de leur bon aloi. Servilité, fierté et défiance, voilà l'Arabe. (1) »

Quelques jours après, l'Empereur revenant à Philippeville, s'est encore arrêté à Bizot. Sa Majesté accueillie par les vivats des colons, a écouté avec une bienveillante attention le discours suivant, prononcé par M. Lalanne, remplissant les fonctions d'adjoint :

---

(1) *L'Indépendant* du 9 juin 1865.

« Sire,

« Votre Majesté nous a dit d'espérer. Nous regrettons de ne pouvoir exprimer à Votre Majesté toute notre gratitude pour cette consolante parole.

« Mais, Sire, le village de Bizot s'estime heureux et fier d'être placé sous le patronage d'une femme qui a eu l'insigne honneur de bercer sur ses genoux le jeune Prince Impérial. Il est fier surtout, Sire, de pouvoir se dire le très-obligé de Sa Majesté l'Impératrice, pour la jolie église que nous devons à son auguste munificence.

« Maintenant, Sire, nous attendons avec confiance que votre main souveraine découle sur nous ce trésor de bienfaits que Votre Majesté prépare, et alors, comme aujourd'hui, nos cœurs seront remplis pour Elle des plus vifs sentiments de reconnaissance. »

BONE.

Bône, chef-lieu de sous-préfecture et de subdivision militaire, est situé sur le littoral algérien, entre le port de Philippeville et celui de La Calle. Le savant géographe O. Mac-Carthy en donne la description suivante :

« Bône, l'ancienne *Aphrodisium*, l'*Annaba*, (la ville aux jujubiers) des Arabes, s'élève à l'endroit même où la côte escarpée du cap de Garde voit lui succéder de longues plages basses, près de l'embouchure de la Seybous, sur un plateau rocheux, peu élevé, formant un angle droit auquel la ville doit sa forme carrée.

« Entre la Seybous et la petite rivière de Bou-Djemaâ, un groupe de collines aux profils arrondis, ombragés d'arbres, portent les derniers vestiges de l'ancienne *Hippone*, la cité royale des vieux chefs indigènes que Carthage et Rome avaient soumis à leur pouvoir, la ville de Saint-Augustin, à laquelle elle doit une bien autre gloire plus durable et plus vraie, celle qui s'attache au souvenir d'un des plus grands et des plus hardis lutteurs de l'église naissante.

« Bône, Hippone, la mer, la plage, la Kasbah, les montagnes, tout cela forme un ensemble ravissant et un des plus charmants paysages de la côte. Bône est du reste une jolie ville, assez bien percée et bien bâtie, ayant dans sa partie centrale une petite place fort agréable.

« Le rôle commercial de la ville de Bône promet d'être, dans l'avenir, considérable, puisqu'elle est appelée à devenir l'entrepôt des produits de toute la partie orientale de la province, quand de bonnes routes la rattacheront à Souk-Harras et à Tebessa comme elle l'est à Guelma, quand ses vastes plaines seront couvertes de cultures et de fermes, quand l'exploitation de ses mines de fer aura reçu l'impulsion puissante qu'elle attend depuis longues années. — Bône fait déjà un commerce important en blé, orge, bœufs, mulets, chevaux, moutons, laines, cire, etc. » (1).

La population de la commune de Bône est de 16,442 habitants, dont 5,293 indigènes.

L'Empereur à Bône.

Le 6 juin, à 8 heures du matin, le yacht impérial mouillait dans la rade de Bône.

Avant de descendre à terre, l'Empereur donna audience au prince Si Taïeb, frère et ambassadeur de S. A. le bey de Tunis. Sa Majesté s'entretint longuement avec ce prince, qui est

---

(1) *Géographie de l'Algérie*, p. 436.

un des musulmans les plus instruits et les plus distingués de notre temps ; puis Elle invita Son Altesse et plusieurs personnes de sa suite à s'asseoir à sa table, ainsi que Mgr Hutter, évêque de Tunis et M. Duchesne de Bellecourt, consul-général et chargé d'affaires de France à Tunis.

A midi, une salve de cent un coups de canon annonçait le débarquement de l'Empereur. Sa Majesté, reçue sous un élégant pavillon, par les autorités civiles et militaires, était accueillie par les vivats les plus chaleureux de toute la population, qui était vraiment heureuse de pouvoir offrir l'expression de sa vive reconnaissance au régénérateur de l'Algérie.

M. Lacombe, maire de Bône, remit les clefs de la ville à l'Empereur en lui adressant l'allocution suivante :

« Sire,

« L'arrivée de Votre Majesté, si vivement désirée et si impatiemment attendue, comble aujourd'hui tous nos vœux. Aussi, en la voyant au milieu de nous, l'impulsion première de nos cœurs est de rendre grâce à la Providence d'avoir bien voulu lui conserver la santé pendant le long et pénible voyage qu'Elle vient d'accomplir jusqu'aux limites du désert, pour le bonheur de l'Algérie et la plus grande gloire de son règne ; car nous chercherions en vain dans l'histoire des siècles passés l'exemple d'une pareille sollicitude d'un souverain pour son peuple. Soyez donc le bienvenu.

« Pardonnez, Sire, l'émotion que j'éprouve en vous présentant les clefs de la ville de Bône ; je n'aurais jamais espéré qu'un si grand honneur me fût réservé. Mais, puisque nous avons le bonheur de vous posséder, entrez, Sire, et daignez visiter notre modeste cité ; là, comme partout sur son passage, Votre Majesté trouvera des cœurs dévoués, une population avide de la connaître et heureuse de pouvoir lui témoigner les sentiments d'amour, de fidélité et de reconnaissance dont elle a toujours été animée pour son Empereur. »

Sa Majesté a répondu :

« Je suis heureux, Monsieur le Maire, de voir qu'on m'ex-

« prime les mêmes sentiments de fidélité partout, en Algérie
« comme en France. »

L'Empereur a remis ensuite, lui-même, aux colons et aux fonctionnaires, dont les services lui avaient été signalés, la croix de la Légion d'honneur : Sa Majesté a décoré MM. Joannon, membre du conseil général, propriétaire de la ferme de Daroussa ; Verron-Bellecourt, chef du service des tabacs ; Flageollat, ingénieur des mines; Nicolas, membre du conseil général, propriétaire à Mondovi.

Cette distribution de croix a inspiré les réflexions suivantes à un journaliste de la province de Constantine :

« Les décorations accordées par l'Empereur, en quittant la dernière ville de colonisation qu'il ait visitée, sont des plus significatives. A Bône, MM. Nicolas et Joannon ont été faits chevaliers de la Légion d'honneur, en récompense des sacrifices, des efforts constants et des capitaux considérables, affectés à leurs grandes cultures.

« Ces distinctions, auxquelles applaudit toute la province, montrent de quel côté se portait l'attention du Souverain ; elles sont l'indice peu contestable du courant d'idées dans lequel l'Empereur, convaincu par ses propres yeux, était entraîné avant de quitter l'Algérie. — Ainsi, au spectacle du travail national et civilisateur, s'est évanoui soudain le mirage du trop fameux royaume arabe. F. G. »

Après les présentations officielles, durant lesquelles l'Empereur s'est entretenu avec diverses personnes, Sa Majesté est montée en voiture au milieu des acclamations de la foule. Elle a passé sous l'arc de triomphe construit à la Marine, avec du liége et du minerai ; puis, contournant extérieurement l'arsenal, Elle a traversé la ville par la rue Neuve-Saint-Augustin, aux deux extrémités de laquelle l'attendaient deux nouveaux arcs de triomphe : celui de la ville et celui de la communauté israélite. De là, après avoir fait le tour de la place d'Armes, également ornée de trois arcs de triomphe élevés, le premier par la chambre de commerce, le second par les corailleurs, le troisième par la population maltaise, et après avoir passé devant la mosquée brillamment décorée par les musulmans, Elle est ressortie de la ville par la rue de Constantine. L'Empereur s'est arrêté à l'extrémité des Allées pour exprimer à M. le curé le regret de ne pouvoir visiter l'église, et il s'est rendu, par le chemin de la Conduite-d'Eau et celui du Ruisseau-d'Or, aux ruines d'Hippone, où l'attendait M. le maire. Sa Majesté, après avoir visité les citernes et le tombeau de saint Augustin, a jeté un regard d'admiration sur le magnifique panorama qui s'étendait à ses pieds.

Nous trouvons, dans une correspondance particulière, les détails suivants sur cette excursion de l'Empereur, dans les environs de Bône.

M. le Maire et M. de Gantès, sous-préfet de l'arrondissement, avaient insisté auprès de l'Empereur pour obtenir un sursis à son départ, qui était fixé pour cinq heures. Sa Majesté avait répondu : qu'Elle regrettait bien vivement de ne pouvoir contremander son départ ; mais qu'Elle était pressée et qu'il lui était impossible de prolonger son séjour à Bône.

Dans le but d'utiliser le mieux possible le peu de temps que l'Empereur pouvait consacrer au chef-lieu de son arrondissement, M. le sous-préfet proposa à Sa Majesté, qui voulut bien y consentir, de visiter les environs de la ville.

Dirigé par M. de Gantès qui se tenait à cheval, à côté de la voiture de Sa Majesté, le cortége impérial se mit en marche.

L'avenue Randon, l'une des plus jolies promenades de cette charmante ville, fut d'abord parcourue ; le cortége suivit ensuite l'allée qui entoure la pépinière et dont les arbres forment un berceau de verdure impénétrable au soleil ; de là il descendit par la route de l'Edough à la colonne Randon, monument élevé en souvenir de la route ouverte par le maréchal, pour pacifier le pâté de l'Edough et mettre en valeur ses richesses forestières.

De la colonne Randon, le cortége impérial remonta vers le chemin de ceinture en passant par la Conduite d'Eau. Cette route est sans contredit l'une des plus belles de l'Algérie : elle est plantée à droite et à gauche de trembles, qui ont atteint une hauteur prodigieuse, et bordée sur tout son parcours de jardins jonchés de fleurs et de verdure. L'Empereur fit mettre ses chevaux au pas pour jouir plus longtemps du bien-être qu'il semblait y éprouver.

Du chemin de ceinture, la promenade se continua vers Hippone, en longeant le Ruisseau-d'Or, que bordent, sur toute la ligne, des ormes touffus et gigantesques. Sur le mamelon d'Hippone, l'Empereur mit pied à terre et visita les ruines des citernes romaines.

Sa Majesté se rendit ensuite au haras de l'Alélik. Les colons européens et indigènes avaient installé, dans les prairies de ce bel établissement, leur plus beau bétail au nombre de 4 ou 5,000 têtes, leurs instruments aratoires, tout attelés, leurs charrettes chargées de sacs de blé, de balles de foin, de laine, de coton. Une teilleuse mue par une locomobile transformait en quelques minutes des gerbes de lin en filasses, et un superbe service de table en toile damassée, tissée en France, avec du lin de la localité, faisait pressentir l'avenir de cette riche culture.

L'Empereur parut s'intéresser vivement à cette exhibition, et se mêlant à la foule des colons, il causait avec chacun d'eux, avec cette bonté, cette familiarité qui l'ont rendu si populaire.

Après s'être entretenu avec les représentants des associations cotonnières organisées entre européens et indigènes, l'Empereur poursuivit son excursion en suivant la rive gauche de la Seybouse, jusqu'à l'usine de l'Alélik, le seul haut fourneau que possède encore l'Algérie. Sa Majesté est montée en wagon sur le chemin de fer que la Compagnie Talabot a fait construire pour l'exploitation des mines d'Aïn-Mokra. L'intention de Sa Majesté était d'aller jusqu'aux mines, mais l'heure du départ approchait; Elle dut se borner à aller jusqu'en vue du lac Fetzara, dont le desséchement semble la préoccuper vivement.

A cinq heures le cortége impérial rentrait en ville, et Sa

Majesté se rendait immédiatement à bord de l'*Aigle*, après toutefois avoir remercié par quelques bonnes paroles M. de Gantès qui venait de lui faire faire une si charmante promenade autour de la ville. Sa Majesté avait déjà exprimé à M. Lacombe tous ses regrets de ne pouvoir prolonger son séjour à Bône, Elle le pria de remercier la population de l'accueil si sympathique qu'elle avait reçu et lui fit remettre une assez forte somme pour les œuvres de bienfaisance de la ville.

Le départ de l'Empereur fut suivi de près de celui de l'ambassade Tunisienne, qui était à Bône depuis plusieurs jours.

Le bey de Tunis avait voulu, comme l'empereur du Maroc, complimenter le souverain de la France, qui venait si près de ses Etats, et lui offrir les assurances des meilleurs sentiments; il avait confié cette haute mission à son frère, le prince Si-Taïeb.

Son Altesse le prince Si-Taïeb était accompagné du général Raffo, qui lui servait d'interprète, de l'amiral Si-Hassein, du général Si-Selim, et de M. Tajuri, médecin de Son Altesse le bey Si-Sadok.

M. Duchesne de Bellecourt, chargé d'affaires de l'Empereur à Tunis, et monseigneur Hutter, évêque *in partibus* de Rosalia et évêque de Tunis, étaient venus également présenter leurs respectueux hommages à Sa Majesté.

A peine descendu à terre, le prince Si-Taïeb s'était rendu à l'hôpital, et l'avait visité dans tous ses détails. Puis il avait fait remettre 2,000 francs au bureau de bienfaisance, insistant pour que ces secours fussent distribués entre tous les indigents sans acception de nationalité ou de religion.

La population de Bône a été sensible à cette délicate attention et a fait un excellent accueil au prince Tunisien. On lui avait d'ailleurs rendu officiellement tous les honneurs dus à son rang et à la haute mission qu'il était venu remplir.

Dès son arrivée, M. le vicomte de Gantès, sous-préfet de Bône, et M. le colonel commandant les troupes de la garnison étaient allés à bord du *Sid*, lui souhaiter la bienvenue.

Avant son départ, le prince avait également reçu la visite de M. de Toustain du Manoir, préfet de Constantine, qui s'exprime très-facilement en arabe, et qui a eu avec Son Altesse, une longue conversation.

BOUGIE.

Bougie, chef-lieu de commune et de cercle militaire, est situé au fond de la baie de ce nom, sur un mamelon qui se détache des hautes masses rocheuses du Babor. Sa population est de 3,167 habitants.

Nous empruntons à la *Géographie* de M. O. Mac-Carthy, une très-intéressante description de cette ancienne cité romaine, si importante autrefois, si réduite aujourd'hui, mais qui n'en demeure pas moins une des plus jolies villes du littoral algérien.

« L'aspect général du vaste golfe de Bougie est d'une rare munificence. Son angle occidental est formé par le Djebel-Gouraïa, masse abrupte escarpée, haute de 670 mètres, qui projette en avant de grands caps, dont le plus remarquable est le cap Cabron, qu'un de ses éperons traversé par une large porte, où passe la mer, a rendu célèbre dans l'antiquité, sous le nom de *Treton promontorium*, le promontoire percé.

« C'est en dedans et à l'abri de ces caps, que s'élève Bougie, la *Saldæ* des Romains, la *Boudjeïa* des indigènes, jadis capitale d'un royaume puissant, et pendant plusieurs siècles l'une des plus riches villes du bassin méditerranéen. Dominé par les croupes hardies qui se dressent brusquement en arrière, bâtie en amphithéâtre sur les derniers ressauts de la montagne, ayant ses maisons placées à différentes hauteurs, et mêlées çà et là de groupes d'orangers, de grenadiers, de figuiers de Barbarie, elle ajoute singulièrement à la beauté des sites qui l'environnent. Un ravin profond, l'Oued Abzaz, la coupe en deux, et explique dès lors la forme plurielle donnée à son nom latin, *Saldæ*, les Saldes.

« Peu de points de la terre d'Afrique, ont eu autant de maîtres que celui-ci. Tous les peuples qui, depuis vingt siècles, ont envahi ce coin du monde, l'ont successivement occupé. L'enceinte romaine est reconnaissable sur un assez grand nombre de points. L'enceinte Sarrazine remonte sans doute à l'époque où, en 987, Bougie devint la capitale des Hammadites ; c'était une muraille haute et continue, flanquée de tours, ayant un périmètre double de celui qu'avait celle des romains, et à laquelle appartient tout ce qui, de l'enceinte actuelle, regarde directement la haute mer.

« Nous ignorons qu'elles furent les destinées de *Saldæ* après la chute de l'empire romain, mais ce que nous savons positivement, c'est qu'entre les mains des arabes, Bougie atteignit à un haut degré de splendeur et qu'au milieu du XIe siècle, on y comptait 50 à 60,000 âmes. La découverte de l'Amérique et celle du passage du cap de Bonne-Espérance, lui firent grand tort, et au commencement du XVIe siècle, elle n'avait déjà plus que la moitié de son ancienne population. Ce fut à cette époque que les espagnols s'en emparèrent ; on était en 1509, ils la gardèrent jusqu'en 1555. Leur occupation fut loin de lui être favorable, et sa déchéance ne s'arrêta plus sous l'autorité capricieuse et despotique des trois compagnies turques qu'y installèrent les deys d'Alger. Aussi à peine y trouva-t-on deux cents maisons en partie ruinées, lors de sa prise par nos troupes, le 29 septembre 1833.

« La ville moderne occupe à peu près le terrain qu'embrassait l'enceinte romaine, qu'elle est encore, du reste, loin de remplir. Un système complet d'alignement et de nivellement en a rendu le parcours commode ; des communications larges et faciles conduisent aux principaux points de défense : la Kasbah, le fort Mousa, le fort Sidi Abd-el-Kader, et une route aisée monte par des pentes multipliées au fort du *Gouraïa*, clef imprenable de cette position qu'il domine et maitrise.

« La ville de Bougie a dans sa position tous les éléments d'une prospérité certaine, d'un avenir qu'on ne saurait prévoir. Centre d'une région montagneuse abondante en produits de tous genres, elle est de plus le port de Sétif, qui étend ainsi sa sphère d'influence jusque dans les parties les plus éloignées du Sahara ; elle est le débouché naturel, forcé, de tout le vaste bassin de l'Oued-Sahel, une des plus riches parties de l'Algérie centrale, elle doit enfin reprendre le rang qu'elle avait jadis, alors que ses négociants étaient en relations avec la France, l'Espagne, l'Italie, la Morie, la Turquie, l'Asie mineure, la Syrie et l'Egypte.

« Le marché de Bougie est déjà des plus importants. Il s'y fait annuellement plus de trois millions d'affaires en huile et en céréales (1). »

L'Empereur à Bougie.

La population de Bougie, sous la direction de son maire, M. Canton, avait paré la ville ; elle avait trouvé, dans ses magnifiques jardins, des fleurs et de la verdure en quantité suffisante pour orner toutes les rues. Trois arcs de triomphe, rivalisant d'élégance, avait été dressés par les européens, par les musulmans et par les israëlites.

A 8 heures, l'Empereur qui venait d'arriver, escorté par l'escadre, descendait à terre et félicitait M. Canton, d'être le maire d'une aussi jolie ville. Il ajoutait, dit-on : « Bougie est en vérité la plus charmante ville de l'Algérie. »

Le conseil municipal (2), les autorités civiles et militaires,

---

(1) *Géographie de l'Algérie*, par M. O. Mac-Carty, page 427.
(2) L'Administration municipale de Bougie est ainsi composée :

M. le curé et tous les habitants réunis autour de l'Empereur, l'ont accueilli avec cet enthousiasme dont Sa Majesté voyait partout l'expression sincère, énergique et quelquefois si vive, qu'il était impossible de s'entendre.

L'Empereur est ensuite monté en voiture, et s'est dirigé vers le camp, toujours suivi des vivats et escorté d'une foule d'arabes des deux sexes et de tous âges, au milieu de laquelle sa voiture n'avançait que difficilement : quelques poignées de pièces de cinq francs ont été lancées bien à propos pour disperser cette cohue, subitement transformée en lutteurs.

M. Niocel, maire de Sétif, assisté de son conseil municipal, et accompagné d'un détachement de la milice à cheval de sa localité, a reçu Sa Majesté sous un arc de triomphe improvisé à la hâte, à mi-chemin du campement de la colonne expéditionnaire.

Sa Majesté a paru très-flattée de cet hommage, qui fait honneur au maire de Sétif et à tous ceux qui se sont joints à lui, pour venir, au prix d'un pénible voyage, au devant de l'Empereur, qui n'a pu aller voir Sétif.

De retour du camp à une heure, Sa Majesté a de nouveau traversé la ville pour se rendre sur le quai, où elle s'est embarquée au cri mille fois répété de *Vive l'Empereur !* Jusqu'à six heures du soir, moment où le yacht impérial a quitté la rade, on a pu apercevoir Sa Majesté contemplant le magnifique panorama qui se déroule autour du golfe.

Ces détails sont extraits d'une lettre adressée au journal l'*Indépendant* de Constantine. Voici maintenant la relation envoyée au *Moniteur du soir*, en ce qui concerne la visite du camp.

A l'est, au pied de la ville, s'ouvre une large vallée qui s'enfonce harmonieusement dans le pâté montagneux et dans la-

---

M. Canton, maire, M. Cornisset, adjoint; MM. Parès, Catelot, Fosseret, Grasson, Salom et Ahmed-bel-Hadj-Ali, Cadi, conseillers.

quelle viennent expirer, en s'enchevêtrant, les croupes ondulées des hautes montagnes de la Kabylie.

Au moment de l'arrivée de Sa Majesté, cette vallée offrait un coup d'œil magique : l'armée des Babors, forte de quinze mille hommes, était campée sur le bord de la mer, et, des bateaux de l'escadre, on pouvait suivre, comme d'un avant-scène, tout le mouvement pittoresque qui se faisait dans le camp; sur la plage, quelques cavaliers arabes s'exerçaient à la joute équestre devant les Kabyles au front découvert et à la jambe nue.

A huit heures environ, l'Empereur, accompagné du maréchal de Mac-Mahon, du général Fleury, du général Castelnau, du colonel Reille et des officiers de sa Maison, mettait pied à terre, acclamé par les vivats de la population de Bougie, qui s'était portée tout entière sur le lieu de débarquement.

Sa Majesté, après avoir été saluée par le général Périgot, commandant la colonne expéditionnaire, traversa la cité qui fut tour à tour carthaginoise, romaine, vandale, moresque, espagnole, berbère, et qui est aujourd'hui française. La pauvre petite ville, qui ne compte pas plus de trois mille habitants, avait fait tout ce qu'elle avait pu pour recevoir dignement son Souverain : les rues étaient pavoisées, et la population, en habits de fête, formait la haie sur le passage de l'Empereur.

Le cortége impérial se dirigea immédiatement vers le camp de la colonne expéditionnaire.

Une élégante tribune en feuillage avait été dressée au milieu de la vallée : c'est sous cet abri agreste, improvisé par les soldats, que Sa Majesté se plaça pour assister au défilé des vainqueurs du jour.

De ce point, le panorama était encore plus grandiose que de la baie ; en face de la tribune impériale, se détachaient d'un côté Bougie, avec ses vieilles murailles romaines, vandales et sarrasines ; de l'autre, sur la mer limpide et bleue, les masses sombres et terribles de la flotte cuirassée ; à deux pas, le défilé émouvant de nos braves soldats, bronzés par le soleil, halés par la victoire, couverts de poussière, marchant fièrement sous la fatigue, et acclamant l'Empereur avec cette ardeur militaire qu'ils mettent dans toutes leurs actions. Certes, il est rare de voir un pareil spectacle dans un tel cadre, et c'est visiblement ému que l'Empereur distribua les récompenses à ces phalanges victorieuses dont on pouvait voir les conquêtes en levant les yeux vers le Babor.

L'après-midi fut consacrée par Sa Majesté à étudier les besoins de cette partie de notre Colonie ; et tandis qu'elle se préoccupait de l'avenir de ce point maritime, trois mille hommes appartenant au corps expéditionnaire s'embarquaient à bord de la flotte cuirassée aux cris mille fois répétés de : *Vive l'Empereur, vive l'Impératrice, vive le Prince impérial.*

Un dîner réunit autour de l'Empereur tous les colonels de la colonne expéditionnaire, et le soir, l'*Aigle* appareillait pour la France aux vivats des populations et des soldats laissés sur le sol africain.

APPENDICE.

APPENDICE

COLONISATION.

L'Algérie a été pendant plusieurs siècles un nid de pirates qui écumaient la Méditerranée et imposaient au commerce européen des pertes annuelles considérables, que les gouvernements civilisés cherchaient à éviter en payant des tributs humiliants.

Prenant en main, comme toujours, la cause de l'humanité et de la civilisation, la France, sans calculer les dangers de l'entreprise dans laquelle avaient échoué Charles-Quint et Lord Exmouth, réussit en 1830, à pénétrer dans ce repaire redouté.

Conduite par les évènements à occuper d'une manière définitive toute l'Algérie, la France, après une glorieuse conquête a songé à la féconder par le travail de ses colons, et à initier à la civilisation et au bien-être, des populations vouées à l'ignorance, à la misère et à l'exploitation.

A cette mission sacrée, la France est éminemment propre; tandis que d'autres peuples égoïstes et violents font la paix autour d'eux par la solitude, le Français sympathique et véritablement animé de l'esprit de charité et de justice, respecte partout où il s'établit les lois de l'humanité, poussant quelquefois le scrupule jusqu'à investir les populations vaincues de droits qu'elles n'avaient jamais eus.

C'est ce que nous avons fait en Algérie, où nous voulons constituer chez les arabes la propriété individuelle. Au communisme confus, incertain, ennemi de tout progrès par l'absorption de l'individu ; à l'indivision patriarcale, où tout est précaire, et où la multiplicité des ayant-droits est une cause d'inextricables embarras pour la transmission des immeubles, la France essaie de substituer la propriété personnelle, authentiquement transmissible, l'héritage nettement défini.

Aux efforts faits pour régénérer et civiliser la race vaincue, la France ajoute le travail de ses propres enfants, celui des autres nations européennes qu'elles convie à l'œuvre magnifique de la colonisation. Voyons si les résultats obtenus jusqu'ici doivent enlever l'espoir d'arriver au but qu'il s'agit d'atteindre, s'ils ne sont pas plutôt un puissant encouragement à persévérer et à s'avancer d'un pas ferme dans une voie largement ouverte, et déjà presque débarrassée des difficultés de tous genres qui en interdisaient l'accès.

Pour établir le bilan de la colonisation en Algérie, il est nécessaire de jeter un coup d'œil sur ce qu'était ce pays avant la conquête française.

Abstraction faite de la Kabylie, dont les habitants, de race Berbère, sont attachés au sol et ont de temps immémorial des institutions municipales, conséquence naturelle de la propriété individuelle du sol et de la culture, en dehors du Sahara où sont cultivées et habitées à demeure, de rares oasis disséminées sur une étendue de 46 millions d'hectares, le Tell tout entier qui comprend 14 millions d'hectares de terres cultivables, servait au parcours des nomades, n'occupant le sol qu'à titre précaire, et déplaçant leurs campements dans un espace déterminé pour chaque tribu, suivant les besoins de leur industrie pastorale.

On sait ce qu'est l'industrie pastorale au point de vue agricole. Partout où l'Arabe et son troupeau viennent pacager, des incendies volontaires allumés pour nettoyer le sol et y provoquer une pâture précaire le déboisent complètement ; la terre se ravine, les sources tarissent et sont remplacées par des torrents. C'est là le régime auquel l'Arabe a condamné l'Espagne, la plus riche contrée de l'Europe. L'invasion musulmane y a laissé la funeste tradition du parcours des troupeaux et du ravage des bois ; c'était l'état de l'Algérie lorsque nous sommes venus providentiellement nous y établir.

« Partout, dit M. Daru, inspecteur de colonisation, des broussailles énormes, des marais; çà et là quelques tentes, quelques bestiaux; de tous côtés l'aspect bien caractérisé de l'inculture, de la solitude ».

Il reste bien dans quelques parties de l'Algérie, surtout dans les massifs de la Kabylie et dans la province de Constantine, de grandes surfaces peuplées de chênes-liéges dont l'étendue totale est évaluée à 2,500,000 hectares et dont la valeur actuelle est portée par l'administration à 1,200 millions; mais ces bois étaient en mauvais état, incessamment mutilés par la dent des troupeaux ou ravagés par l'incendie. Il a fallu l'industrie européenne représentée par de riches et intelligents concessionnaires, pour sauver ces débris du régime forestier de l'Algérie, et donner l'espoir de créer à leur aide, une source de richesses incalculables, tant au point de vue du produit direct, le liége, qu'au point de vue de la météorologie et de l'hydrologie de la région. Or, cette richesse, ne l'oublions pas, est toujours menacée par les torches incendiaires des Nomades.

Les besoins des Arabes, proportionnés à l'état primitif de leur civilisation, étaient presque nuls. L'Algérie n'avait pas de voies de communication, les tribus étaient sans cesse en guerre les unes contres les autres, et les autorités Turques avaient grand soin de maintenir cet état d'hostilité qui faisait une partie de leur sécurité ; aucun commerce enfin n'était possible sur une étendue de côtes de 250 lieues infestées par la piraterie. Toutes ces circonstances expliquent pourquoi la production était bornée aux nécessités de la consommation locale. Aussi, avant 1830, le commerce d'importation et d'exportation de l'Algérie était nul ou presque nul.

La France prend possession de ce sol ; elle y établit ses courageux colons, et malgré l'insalubrité des marais créés par l'ignorance et la paresse arabes, malgré les luttes incessantes provoquées par le fanatisme ou une politique de tâtonnements, en 1861, 30 ans après la prise d'Alger, le commerce de l'Algérie s'élevait à 238 millions qui se décomposent ainsi :

Importations . . . . 137 millions.
Exportations . . . . 101 —

Ce chiffre de 238 millions, constaté par l'enquête de M. de Forcade Laroquette, place l'Algérie au sixième rang des contrées commerçantes du globe avec la France, et ce résultat est obtenu par 200,000 européens, dans un pays à transformer entièrement, où tout a dû être créé, où les routes sont insuffisantes, où les chemins de fer sont à l'état de projet, où quelques barrages pratiqués çà et là, n'empêchent pas de laisser perdre improductifs à la mer des millions d'hectolitres d'eau qui transformeraient la production agricole d'un pays, où un système d'irrigation bien entendu suffirait pour obtenir les plus riches cultures industrielles (1).

Quels sont en effet les produits agricoles que peut donner l'Algérie, et comment s'établit la balance commerciale entre la France et les pays européens.

Les principaux objets d'échanges de l'Algérie avec l'Europe (38 millions) et avec la France (63 millions), sont : Les céréales, les laines, les bestiaux, les huiles, les tabacs, les cuirs, les cotons, la soie, la garance, les plantes textiles, les produits forestiers, les minerais de plomb, de fer, de cuivre, les mar-

---

(1) Ce qu'il y a de remarquable dans l'essor commercial de l'Algérie, c'est qu'en fait, il ne date que de 1847, époque de la conquête et de la pacification de tout le pays, moins le massif de la Kabylie qui n'a jamais donné d'inquiétude aux colons à cause de sa constitution municipale et sédentaire.

bres de toute espèce, même les plus riches, comme les marbres onyx.

Or, de tous ces produits déjà si variés, les céréales et les bestiaux suffiraient seuls pour enrichir la Colonie en comblant les déficits qui se produisent éventuellement dans la métropole ou en Angleterre, comme pendant la guerre de Crimée, si les cultures étaient plus étendues, plus irriguées, si les moyens de transport étaient plus faciles et la population européenne plus considérable.

L'Algérie est providentiellement apte à la culture du coton longue-soie qui, jusqu'à présent, n'avaient été obtenue que dans les *Sea Islands* de la Georgie et dans nos Antilles. La production de la soie en Algérie, peut être encore une source d'incalculables richesses pour la Colonie, où la maladie des vers à soie est l'exception, tandis qu'elle semble être devenue malheureusement la règle dans la métropole.

Les huiles algériennes, si notablement améliorées par l'industrie européenne, peuvent venir aussi suppléer à l'insuffisance de nos récoltes provençales.

Lorsque les arabes voudront donner à leurs moutons les soins de nos éleveurs français, on verra reparaître en Algérie les belles races mérinos qui font la fortune des colons australiens.

Dans les terres non irrigables le cultivateur algérien s'est longtemps borné à récolter des céréales, produit riche quand il réussit, mais dépendant trop des conditions météorologiques pour donner des résultats réguliers et sur lesquels on puisse compter.

Depuis quelques années, la culture de la vigne tend à se répandre dans les terres sèches et sur les côteaux de l'Algérie ; elle y donne des vins généreux, alcooliques et analogues aux vins de l'Espagne, ou des vins rouges ayant peu de bouquet et semblables à nos vins de Provence.

Là dessus, grand émoi de nos producteurs des pays vinicoles, qui se voient fermer irrévocablement les riches marchés de l'Algérie. C'est là une erreur économique à plusieurs points de vue.

Les négociants de Cette ont constaté au contraire que la consommation des vins français, va toujours augmentant en Algérie ; malgré les importantes plantations de vignes qui s'y font tous les ans.

De plus il est constant que l'augmentation de la population européenne, dans de notables proportions, ne peut que faire augmenter la consommation de nos vins, par des quantités que comblerait difficilement la production de l'Algérie.

Outre ces grands produits agricoles ou naturels que nous avons énumérés, l'Algérie doit aussi à la beauté de son climat, à sa proximité du continent européen, le privilége de produire en quantités indéfinies des légumes et des fruits de primeur.

L'horticulture maraîchère, et même la production des fleurs et des parfums si recherchés par l'art de la distillation, seraient donc encore d'importantes ressources pour notre belle Colonie africaine.

Il n'est pas inutile de signaler aussi, ce que l'horticulture et et l'acclimatation européenne doivent déjà et devront de plus en plus à l'Algérie. Nous voulons parler des pépinières du Hamma et du magnifique jardin d'acclimatation d'Alger. On y obtient sous l'habile direction de M. Hardy et au moyen de graines auxquelles il faut une latitude privilégiée pour mûrir, des produits qui alimentent toutes les pépinières et tous les jardins des amateurs de l'Europe.

Par cet exposé rapide et insuffisant, nous espérons cependant avoir démontré que la possession de l'Algérie vaut mieux pour la prospérité de la France que la possession des Indes ; que la colonisation doit faire produire à ce beau pays, des denrées d'échanges avec nos manufactures et avec l'Europe.

Que l'on ne redoute plus l'extension de la colonisation qui aura pour effet d'initier les Arabes à nos procédés agricoles, à nos mœurs et à nos lois ; que l'on ne craigne pas une forte immigration européenne. Nous avons montré les merveilleuses perspectives du commerce de la métropole avec une population d'un million d'européens, sur une terre qui peut nourrir 13 millions d'habitants. Que l'on hâte donc ces résultats par tous les moyens possibles.

Ce qu'il faut aux pays nouveaux, c'est une grande liberté d'allures, une grande facilité d'initiative, de transactions, de vie communale.

Ce n'est que dans ces conditions auxquelles aspire l'Algérie, qu'il sera possible de détourner, à son profit, une certaine partie du courant d'émigration européenne. Ce qu'il lui faut ce sont des ports francs et hospitaliers, des libertés municipales et provinciales, des droits politiques bien définis.

Avec ces réformes dont l'Empereur a pu voir le vœu unanime et la nécessité pour notre belle Colonie, avec l'action administrative se bornant aux grands travaux d'utilité publique, l'Algérie ne peut que se peupler rapidement et prospérer. Qu'on lui prodigue les écoles, les routes, les chemins de fer, les barrages et, si on lui rend les institutions libres de la métropole, en verra quel degré de prospérité peut atteindre ce beau pays, quelle puissance il peut donner à la France. Sachons ce que nous voulons faire en vue de ce qu'il importe d'obtenir, et en présence des féconds résultats produits déjà par le voyage de l'Empereur, qui dès ses premiers pas avait vu la véritable solution de la question algérienne, et promettait le concours aux travaux publics d'une puissante compagnie financière.

N'oublions pas, car il faut être juste, ce que disait il y a cinq ans, M. Mercier-Lacombe, l'un des hommes qui ont le mieux aimé, le mieux connu l'Algérie :

« En fait de colonisation je n'ai pas de système, j'ai des
« principes. Or, le premier de mes principes, le voici : la colo-
« nisation de l'Algérie est une question de travaux publics. »

L. TURREL, d. m. p.

AGRICULTURE.

Aux divers points de vue de la qualité des terrains, de leur exposition et de la température, l'Algérie est une terre vraiment privilégiée.

Le sol, presque partout noir, ou d'un rouge brun, formé par la désagrégation de roches primitives abondantes en sels potassiques, ou, dans les plaines alluvionnaires, riche en humus et en calcaires, est une admirable terre à froments, d'une fécondité inépuisable.

La température, assez analogue dons la région du *Tell* à celle de l'Italie et de l'Espagne, favorise toutes les cultures industrielles, depuis le lin jusqu'au coton, depuis la garance jusqu'au tabac. En même temps, la vigne y prospère comme en Espagne et en France, et donne des rendements inconnus sur nos sols épuisés.

Enfin, partout où un cours d'eau, un barrage, un forage artésien fournissent aux irrigations, il n'y a pas d'interruption à la production du sol, où reviennent trois ou quatre récoltes successives.

Dès l'antiquité, l'Afrique du Nord était déjà renommée pour sa fertilité en grains.

Les romains, après avoir soumis cette contrée, en firent le *grenier de l'Italie*, et ce surnom appliqué par Salluste, a survécu comme le signe distinctif d'une aptitude spéciale.

Pline raconte dans un chapitre de son HISTOIRE UNIVERSELLE, intitulé : *De la fertilité du blé en Afrique,* que l'intendant de l'empereur Auguste lui envoya un pied de froment d'où sortaient près de 400 tiges, toutes provenant d'un seul grain ; et qu'un intendant de Néron lui envoya 300 tiges de froment, également produites par un seul grain.

Les mêmes faits ont été remarqués depuis l'occupation française. Il y a peu d'années, un colon de Misserghin a offert, à la Société d'agriculture d'Oran, un pied d'orge contenant 313 épis provenant d'un seul grain.

La surface cultivée en céréales s'élevait, en 1864, pour les trois provinces, à 2,430,332 hectares ; le nombre des hectolitres récoltés, à 18,218,673. « Mais, ajoute M. Hub. Michaux, auquel nous empruntons ces renseignements, il importe de faire remarquer que cette production est inférieure de 7,290,073 hectolitres, à celle de l'année précédente : les événements de guerre ont, d'une part, diminué le travail et, d'autre part, rendu impossible le recensement de certains cercles. On peut donc considérer le rendement normal des cultures comme s'élevant à 25,508,753 hectolitres, et le nombre d'hectares ensemencés à 3 millions environ (1). »

Le blé dur d'Algérie est justement renommé sur nos marchés du midi et dans toute l'Italie. Un fabricant de Marseille, M. Joseph Brunet, a eu la pensée de l'employer dans la fabrication des semoules, et il y a trouvé la source d'une fortune considérable. Ses semoules, couronnées à toutes les expositions, servent à fabriquer des pâtes alimentaires qui sont préférées aux pâtes d'Italie elles-mêmes.

A la suite de l'exposition de Londres, l'Empereur a décerné à cet industriel la croix de la Légion d'honneur, voulant faire connaître à tous, le haut intérêt qu'il porte aux progrès de l'industrie et à la prospérité de l'Algérie.

Les cultures légumineuses ont pris depuis quelques années

---

(1) Voir l'excellent article publié par M. Hub. Michaux, dans la *Revue contemporaine* du 31 juillet 1865, sous le titre de : *Situation agricole et industrielle de l'Algérie*.

un grand développement. L'exportation des légumes qui était de 1,034,000 kilogrammes en 1863, s'est élevé, en 1864, à 5,934,000 kilogrammes. Cette branche de négoce a donc sextuplé en une année.

La vigne, dont la culture est assez récente en Algérie, occupe actuellement 9,715 hectares. Le rendement en vin est, en moyenne, de 11 hectolitres 11 litres par hectare.

Le nombre des arbres fruitiers relevé dans le recensement de 1864, est de 8,387,457, dont 2,274,535 pour les européens, et 6,112,922 pour les indigènes. En 1864, l'exportation des fruits s'est élevée à 2,607,775 kilogrammes.

L'oranger est une culture importante pour l'algérien. On comptait en 1864, 202,858 pieds d'orangers, citronniers et cédratiers, donnant 36,107,770 kilogrammes de fruits, et 1,696 kilogrammes de fleurs ; l'Europe consomme plus du tiers de cette récolte.

Voici, d'après un travail récemment publié par M. Eugène Testut, inspecteur de colonisation, le tableau général des cultures algériennes.

L'Algérie produit des grains : blés, orges, seigle, avoine, fèves, maïs; des fruits; des plantes tinctoriales; des fourrages; du coton; du tabac; du lin; du chanvre, de la soie, etc...

Les vignes, les oliviers, les amandiers, les figuiers, les orangers, les citronniers y réussissent admirablement.

Dans le Tell, on rencontre partout l'orme, le frêne, le tremble, et dans les terres humides, le saule, le peuplier. On cultive avec succès de nombreux arbres fruitiers : le grenadier, le caroubier, le cerisier, l'abricotier, le prunier, le pommier, le cognassier, le jujubier, le noyer, le pêcher, le mûrier, le genévrier, etc.

A ces productions principales, on peut ajouter comme accessoires et objets d'exportation : les laines, les peaux sèches, le crin végétal, l'alpha, le diss, les écorces à tan, les pâtes, le miel, la cire, les poissons salés, les sangsues, les légumes frais, (primeurs) et les légumes secs; toutes les cultures maraîchères, des fleurs et des essences ; une foule d'objets dits de l'industrie algérienne, et enfin les produits du sud : dattes, tapis, plumes et œufs d'autruche, étoffes de laine, chapeaux de paille de palmier, garance de Tougourt.

Les forêts sont riches en tuyas, chênes-liége, chênes-zéens, chênes à glands doux, cèdres, oliviers, pins d'Alep. Le palmier-dattier est le roi du désert.

L'Algérie possède les éléments naturels, primitifs, essentiels de tout pays producteur : une terre fertile, un soleil ardent, d'abondantes eaux et un climat privilégié. Que ne peut pas faire le génie de l'homme avec de tels éléments de succès dans le siècle des progrès économiques, de la vapeur et de l'électricité ?

La terre, est vaste, et n'a de limites que les sables du désert ; elle est féconde ; elle ne peut manquer à l'activité des colons.

Le soleil est vivifiant autant que dans aucune contrée du globe.

L'eau est partout. A la vérité, elle va se perdre encore en masses énormes dans la mer, parce que, durant des siècles, les arabes n'ont rien fait pour la retenir à la surface du sol. Mais elle suinte de tous côtés sous nos pieds. Sur nos têtes, le ciel en est prodigue pendant la saison pluvieuse, autant qu'il s'en montre avare pendant la saison sèche. C'est à notre prévoyance de rétablir l'équilibre : question de sondages, de barrages-réservoirs et d'aménagement des eaux ; mais surtout question d'argent et de bras.

O. T.

BARRAGES-RÉSERVOIRS.

On a évalué à trois milliards de francs, la valeur qu'on pourrait tirer des eaux que les fleuves de France déversent annuellement à la mer.

Ce nombre de trois milliards représente plus de fois trois francs qu'il ne s'est écoulé de minutes depuis la naissance de Jésus-Christ.

Ou bien encore, en le supposant divisé entre tous les français, le revenu de chacun d'eux serait augmenté de 80 francs.

On voit que l'humanité n'est pas à bout de ressources, et qu'il est facile aux nations d'accroître rapidement le bien-être des peuples.

Si, maintenant, nous comparons la France à l'Algérie au point de vue de la richesse du sol par les irrigations, nous arrivons à des résultats encore plus surprenants.

En effet, en France, il tombe plus d'eau l'été que l'hiver, par les orages ; Paris en reçoit 0^{m}53 par année, et peu chaude. En Algérie, au contraire, toutes les pluies tombent dans la même saison, et sont suivies de plusieurs mois de chaleurs et desécheresse ; la côte en reçoit 0^{m}90 par année.

Les hivers de France détruisent les plantes précieuses ; les hivers d'Algérie sont un printemps qui ranime tout.

D'ailleurs, l'effet de l'eau sur la végétation est proportionnel à sa température ; c'est-à-dire, que 2 d'eau à une température 2, produit un effet égal 4, et 4 d'eau à une température 4, donne un effet égal 16. Ainsi s'expliquent les prodiges agricoles des pays chauds.

De ce rapprochement rapide, on peut conclure que le seul aménagement des eaux en Algérie, représenterait une somme de richesses qui laisserait loin derrière nous tous les peuples de l'Europe.

Cela posé, quel moyen employer pour arriver à cet aménagement?

1º *Dérivation*. Pour les cours d'eau à pente rapide, un simple bourrelet de la hauteur du genou à travers le lit avec un canal de dérivation amène sur le sol, l'été, le filet d'eau que donnent la plupart de nos torrents. C'est ce qui est pratiqué à la sortie de l'Atlas le long de la Mitidja.

Mais ce filet d'eau déjà faible en juillet, devient insignifiant ou nul en août et septembre, quand les plantes en auraient le plus besoin.

Il faut donc recourir à un autre moyen : les *réservoirs*.

On arrive ainsi à imiter ce qu'ont fait les peuples méridionaux aux jours de leur puissance.

2º. *Réservoirs*. Tels qu'ils sont envisagés aujourd'hui, les réservoirs sont de grands ouvrages d'art qui ne peuvent s'entreprendre que par de puissantes compagnies ou sous la protection de l'Etat.

Le premier de ces réservoirs, celui du hamiz, dans la province d'Alger, complétement étudié et sur le point de s'exécuter, doit convertir l'est de la vaste Mitidja en un immense jardin, plus riche que la magnifique plaine de Valence dont l'Espagne s'énorgueillit à juste titre. Ses eaux se répandront sur une étendue de vingt territoires communaux de France. Il coûtera deux fois autant que l'hôtel d'Orient sur le boulevard d'Alger, et quatre fois moins que ce boulevard.

Par ce rapprochement, on peut juger du meilleur placement de fonds.

Cependant, ces grands réservoirs seront toujours en nombre restreints ; ils ne s'établiront qu'à grands frais et sur certains points favorables par les conditions topographiques et géologiques ; leurs résultats ne peuvent être immédiatement avantageux à toute la population.

Nous pensons que les *réservoirs en petit* dans les vallons, possibles presque partout, avec les ressources d'une commune ou même d'un ou plusieurs propriétaires réunis, contribueraient très-rapidement à la prospérité publique.

Voici comment on pourrait les construire :

A travers une petite vallée, à pente assez douce, élevez un bourrelet en remblai de niveau comme pour une chaussée. N'y pratiquez aucun ponceau, aucune ouverture. Laissez passer un hiver pour le tassement, ou mieux, amenez, s'il est possible, sur son couronnement, un filet d'eau qui l'entretienne à l'état d'humidité aux premières pluies. A une extrémité, pratiquez dans le sol naturel, une tranchée assez large dont le fond soit à 3 mètres plus bas que la crête du barrage, et laissez venir les eaux.

Pour arroser, l'été, placez un ou plusieurs syphons qui, une fois amorcés, videront le réservoir, en faisant passer l'eau au-dessus du barrage sans y toucher, jusqu'à 10^m de hauteur. Le débit des syphons peut être accru ou ralenti au moyen d'un appareil fort simple fermant à clef.

A l'aide de la main d'œuvre militaire, ces barrages se construiraient à peu de frais, et répandraient partout l'abondance.

Pour en diriger la construction, il suffit de savoir mesurer le bassin qui déverse ses eaux dans le vallon à barrer et faire un nivellement.

F. G. GRANGER.

Alger, le 15 juillet 1865.

ATLAS.

C'était en 1830, à l'époque du débarquement de cette vaillante armée, qui en vingt jours montra à l'Europe étonnée, combien était puérile la crainte que lui avaient inspirée, durant trois cents années, les pirates barbaresques.

Ils descendaient tous, jeunes et vieux, sur ce rivage, derrière lequel se cachait l'inconnu, l'esprit rempli de ces idées étranges qu'évoquait depuis tant de siècles le mot *Afrique*, cherchant partout des mystères, des prodiges ou des monstres, plongeant un regard avide dans les profondeurs de l'horizon, pour y rencontrer l'Atlas, *fabulosissimum montem*, la très-merveilleuse montagne, l'objet du plus étonnant de ces mystères ou de ces prodiges.

Peu de jours s'étaient écoulés, que les plateaux du Sahel leur montraient une chaîne indiscontinue de montagnes qui de la gauche, allaient vers la droite, se perdre dans les brumes du couchant. Puis à quelques mois de là, ils purent contempler, vers le soleil levant, et derrière ces montagnes, au profil tourmenté, la masse obèse du Djeurdjeura, que les froids de décembre avaient recouvert d'un épais manteau de neiges. Chose particulière, ce ne fut pas à ces hautes sommités qu'ils appliquèrent le nom d'Atlas, ce fut à ce rideau de pentes d'un vert sombre qui firent croire un instant que la grande plaine de la Mtidja devait s'appeler Mtihîdja, la *Couronnée*. Seulement, comme ils ne pouvaient s'habituer à voir dans ces sommets dont la hauteur était loin d'être importante, l'*Altissimum montem* des écrivains latins, ils les nommèrent *Petit Atlas*. Ce n'était et ce ne pouvait être là, en effet, que la base, le piédestal de cette cîme altière au lieu et place de laquelle l'imagination féconde des anciens avaient placé ce géant, dont les formidables épaules supportaient le ciel.

Un jour vint où l'on perça l'enceinte de la Mitidja, où l'on franchit le petit Atlas, où l'on domina les plus hautes régions de l'intérieur, et là encore, on ne vit rien qui ressemblât à ces roches vertigineuses sur lesquelles reposait la voûte cristalline de l'empyrée.

On apercevait bien çà et là quelques crêtes déchirées, quelques pics aigus, s'élançant à plusieurs centaines de mètres au dessus des masses confuses qui les supportaient, mais c'était tout. Et lorsqu'on s'avançait plus loin, on ne trouvait que des plaines verdoyantes, sans limites.

Plus tard, nos colonnes s'élancèrent à travers ces steppes immenses, et elles atteignirent les solitudes redoutables du Sahara, après avoir coupé de part et d'autre un bourrelet de petites montagnes dont les protubérances les plus saillantes rivalisaient à peine de hauteur avec les points les plus élevés que l'on eût encore vus.

Quant au Sahara, il ne répondait à toutes les interrogations, que par la ligne immuable de son horizon pareil à celui des mers.

Dans l'ouest, dans l'est, comme au centre, les résultats avaient toujours été les mêmes, à quelques légères différences près.

Il n'y avait donc pas d'Atlas.

Les anciens s'étaient trompés, et les modernes à leur suite.

Les modernes avaient en effet nourri une singulière erreur, produit d'une érudition imparfaite et de vagues souvenirs classiques.

Les anciens ne s'étaient pas trompés.

Si on les eût consultés, avant de se livrer à ces fallacieuses investigations, conduites avec une persévérance digne d'une meilleure fin, on eût reconnu que le grand Atlas, que le véritable Atlas, n'était pas, ne pouvait être en Algérie, qu'il appartenait à l'ancienne Mauritanie Tingitane, au Marok, et c'est là en effet qu'on l'a retrouvé, digne en tous points de sa fabuleuse renommée.

O. MAC-CARTHY.

Alger, le 25 juillet 1865.

LE CLIMAT.

Toute contrée a son climat propre; tout climat relève de l'astronomie, de la géographie et de l'hygiène ; exposons distinctement à ces trois points de vue le climat de l'Algérie.

Le climat astronomique de l'Algérie se caractérise par sa situation sur la sphère, entre les 32e et 37e degrés de latitude nord, entre le 4º de longitude occidentale et le 6e de longitude orientale, où elle embrasse 5º du nord au sud et 10º de l'ouest à l'est.

Située à la limite méridionale de notre zone tempérée, cette contrée participe des caractères propres aux latitudes chaudes et aux latitudes tempérées ; ainsi, les nuits et les jours y ont une tendance marquée vers l'égalité ; il n'y a point d'aube au matin, point de crépuscule au soir ; deux saisons seulement, l'une sèche, l'autre pluvieuse, y constituent l'année climatologique, comme dans les pays équinoxiaux ; et aux productions de la zone tempérée, elle réunit nombre de celles propres aux zones intertropicales.

Le climat géographique de l'Algérie a pour éléments : Sa contiguïté avec le désert au sud ; sa division longitudinale, en deux parties opposées, par le système atlantique, dont le soulèvement s'étend de l'Océan à travers le Maroc, l'Algérie et la Tunisie jusque dans le bassin oriental de la Méditerranée.

Ces deux parties du territoire algérien se différencient tellement par leur configuration physique, par leur structure géologique, par leurs productions et par leur température, tout africaine sur le versant sud, presque européenne sur le versant nord, qu'elles représentent deux mondes contraires bien qu'adossés.

Les indigènes caractérisent cette dissemblance dans leur langage expressif par les dénominations suivantes :

Le *Sahara*, terre de parcours, pays de la soif et de la faim ;

Le *Tell*, terre de culture, pays de l'abondance.

Ne pourrions-nous pas les dénommer différentiellement, l'Algérie-sud et l'Algérie-nord ?...

Le cadre resserré d'un article destiné à un simple travail de vulgarisation, ne peut comporter l'étude, selon la science, de ces riches éléments de l'hygiène ; en voici donc un simple aperçu, qui, pour être pratiqué, ne s'étendra qu'à l'Algérie-nord, la seule colonisable, la seule qui puisse se prêter à la fusion des deux races longtemps ennemies, et que fidèle à la devise *Gesta Dei per Francos*, Napoléon III, digne continuateur de Napoléon Ier, prend noblement à cœur de réaliser ! !

Le climat hygiénique de l'Algérie-nord, vulgairement connue sous le nom de Tell, dépend essentiellement de la configuration tourmentée du sol, et de son orientation en face de la mer, en face de l'Europe ; en voici les traits les plus saillants :

Sur la rive méridionale de la Méditerranée, et sur une longueur de mille kilomètres, le Tell étale un vaste et splendide amphithéâtre de côtes, de collines, de vallées, de plaines, de montagnes et de plateaux étagés les uns au-dessus des autres, sans régularité.

L'atmosphère est transparente, chaude, humide et lumineuse, presque toujours agitée par la brise de mer, où les vents de la demi-rose nord.

LE CLIMAT.

L'air, plus raréfié ou moins dense que sur le continent européen, fournit à la respiration, sous un volume donné, une moindre quantité de principes vivifiants, d'où la molle langueur des populations et la nécessité de le ventilation ; cette raréfaction de l'air donne lieu à la riche coloration bleu foncé, à la limpidité du ciel d'Afrique.

La chaleur donne en moyenne au thermomètre centigrade, observé sur le littoral :

Pour les trois mois d'hiver......................... 15°22
    —   du printemps............ 20°91
    —   de l'été..................... 26°87
    —   de l'automne............ 19°45

Soit 20°63 pour la moyenne annuelle.

Plus l'on s'élève sur les gradins de l'amphithéâtre *tellien*, moins la température est élevée, ce qui permet de s'y installer sous des températures analogues à celles dont on jouit en Bourgogne, en Auvergne, dans les Sierras espagnoles et dans les Apennins, en Italie.

La moyenne du baromètre est 776 millimètres, avec de rares et faibles changements.

L'hygromètre marque presque toujours le degré maximum d'humidité atmosphérique.

La lumière solaire, fort rarement voilée, est d'une vivacité très-stimulante.

Sous de telles conditions, les productions végétales spontanées sont luxuriantes, partout où la main de l'homme n'a pas détruit ou contrarié l'œuvre de la nature ; la haute végétation arborescente y forme d'immenses massifs en oliviers, chênes, cèdres, lentisques, tuyas, malgré le système de destruction qu'y promène, depuis des siècles, la vie en commun et l'industrie pastorale des arabes.

L'Algérie-nord est une contrée naturellement salubre, fertile et surtout attrayante ; les conditions d'insalubrité, d'infécondité qu'on y rencontre sont toutes locales, passagères, et le résultat de l'incurie séculaire de malheureuses populations, asservies sous un despotisme abrutissant, maintenues dans un communisme démoralisant, réduites à l'ignorance par leur isolement, et les préceptes d'une religion énervante.

Viennent le génie rédempteur de la civilisation chrétienne, viennent les forces industrielles de la société moderne, s'appliquer, avec une sage lenteur, mais avec persévérance à la régénération de ce peuple, de ce sol..., et la France, et l'Europe verront avec bonheur se généraliser le miracle, réalisé localement par les hardis et persévérants colons de Bouffarick, la transformation d'un marais infect et léthifère en une salubre, fertile et riche oasis!!!

Alors on ne taxera plus d'enthousiaste M. J. Duval, cet apôtre dévoué et persévérant de l'avenir algérien, qui écrivait, il y a douze ans, dans un excellent tableau de l'œuvre coloniale en Algérie : « Son climat est l'un des plus beaux, des plus
« agréables qui existent sur la terre ; avec les progrès de la
« culture européenne, avec la généralisation des travaux pu-
« blics d'assainissement, cette contrée deviendra d'une salu-
« brité privilégiée, où tous les riches d'Europe voudront, comme
« au temps de l'empire romain, posséder leur maison de plai-
« sance. »

Les anciens habitants de l'Algérie, soit indigènes, soit européens, s'accordent à reconnaître, dans l'état atmosphérique, des changements notables, déjà la conséquence, sans doute, de plus vastes et de meilleures cultures, et aussi des travaux d'assainissement exécutés.

Par suite, la division de l'année en deux saisons ; l'une sèche, l'été, l'autre pluvieuse, l'hiver, admises et constatées, durant les premières années de notre occupation, ne répond plus à la vérité des observations météorologiques. Il convient donc d'en admettre une intermédiaire, le printemps, qui offre des conditions atmosphériques d'une « suavité inconnue en France, » selon l'expression de M. Périer, membre de la Commission de l'exploration scientifique de l'Algérie faite en 1842.

L'été est incommode, pénible, si l'on veut, pendant les mois d'août et de septembre ; mais plutôt par un état particulier de l'électricité atmosphérique, à la suite de quelques journées de sirocco ; plutôt par la fatigue morale d'un ciel toujours serein, toujours lumineux, et par la fatigue physique de la continuité non interrompue d'une même chaleur, plutôt, disons-nous, que par l'élévation de la température.—Cette température, en effet, ne dépasse que de 2 à 3° celle de la France méridionale ; elle est au même degré que celle de l'Andalousie et du midi de l'Italie durant la même saison. Les chaleurs d'Afrique ne peuvent donc être un épouvantail, que pour ceux qui ne les ont jamais éprouvées ; d'ailleurs, elles sont délicieusement mitigées par la brise de mer, qui, pendant tout l'été, balaie, renouvelle l'air dans le Tell, y faisant l'office d'un ventilateur permanent. — Cette ventilation et l'altitude des premiers gradins de l'Atlas, font aux contrées de Médéa, de Miliana, etc., un été beaucoup moins pénible, qu'il ne l'est en bien des provinces de l'Europe méridionale.

L'hiver comprend les quatre mois de novembre à mars, et durant ces quatre mois ont lieu des pluies torrentielles ; elles versent, en 50 à 60 jours, 79 centim. d'eau, alors qu'à Paris, les 9 à 10 mois pluvieux n'en donnent que 53 centim. ; la neige est rare sur le littoral, elle n'y tient pas.

Il ne pleut jamais plus de trois à quatre jours de suite, et l'humidité du sol disparaît rapidement sous l'influence d'une brise tempérée, d'un soleil radieux, d'une température moyenne de 10 à 12° ; aussi le valétudinaire n'est jamais retenu chez lui plus de cinq à six jours consécutifs, par le fait du mauvais temps.

Cette saison, composée d'une série successive de jours pluvieux et de splendides journées, mérite mieux le nom d'hivernage, que celui d'hiver : ce dernier nom rappelant un sentiment de souffrances physiques pour les corps vivants, une apparence de mort et de deuil projetée sur toute la nature ; ce qu'on ne ressent, ce qu'on ne voit point en Algérie, où une vivace et luxuriante végétation, témoigne de la douceur permanente du climat.

De sérieuses et récentes publications sur la climatologie médicale ont apprécié et signalé toutes ces particularités; quand elles seront plus généralement connues, nul doute que les souffreteux, les valétudinaires et les heureux de l'Europe ne viennent y prendre leur quartier d'hiver ; si l'on a soin de leur préparer des installations confortables, des lieux de promenade où ils puissent à pied, à cheval et en voiture, prendre du mouvement, jouir du soleil, de l'air marin, des émanations balsamiques de la végétation persistante et spéciale aux pays chauds !!!

Il y a mieux encore, 18 années d'exercice sous le climat algérien, et l'épreuve personnelle que nous en avons faite, nous ont donné la conviction que l'acte d'acclimatement développera sur les immigrants venant des contrées septentrionales dans un état habituel d'invalidité, développera, disons-nous, des phénomènes physiologiques qui auront pour conséquence dernière d'améliorer foncièrement, et leur santé et leur constitution. Ainsi, les opérations physiologiques de l'acclimatement, fortifieront les constitutions débiles, les tempéraments lymphatiques, elles aideront les jeunes générations à dominer, à dépouiller même certains vices héréditaires qui bien souvent oppriment l'expansion pubère, ou s'épanouissent plus tard sous forme de l'une de ces graves affections de la poitrine, du tube intestinal, de l'appareil génito-urinaire qui font aux eaux thermales une si nombreuse et si riche clientelle ; elles apporteront toujours soulagement et souvent guérison à cette phalange de goutteux, de rhumatisants, de dartreux, de phthisique et de catarrheux, qui traînent une existence inutile et souffreteuse sous le ciel froid et humide des contrées du nord de l'Europe : les vieillards eux-mêmes, sous ce soleil vivifiant, dans cette atmosphère clémente, jouiront d'une existence plus douce et verront s'y prolonger leurs dernières années. l'Algérie n'est-elle point cette même contrée, dont les romains disaient : « l'on n'y meurt que de vieillesse ou par accident. » Nous n'oserions encore inscrire cette devise sur le fronton de l'Algérie, parce que entre l'occupation romaine et l'occupation française, des hordes barbares ont envahi et ruiné le pays, parce que la possession séculaire du peuple arabe y a laissé dominer les forces physiques et destructives de la nature, que le labeur intelligent et réparateur de l'homme doit maîtriser.

Corroborons tout ce que nous venons d'exposer et de prévoir, sur le climat de l'Algérie, par une dernière citation, empruntée au travail de la commission scientifique chargée, en 1841, d'une enquête officielle sur le présent et sur l'avenir de l'Algérie : « L'Afrique septentrionale, écrit M. Périer, a été le « grenier de Rome et de l'Italie, avant que l'ignorance et la « dégénération de l'homme y eussent suscité la décadence « agricole et l'invasion des endémies ; vienne le jour de sa re- « naissance, après la nuit du moyen âge ; vienne le travail, « viennent les institutions, et nous relèverons l'Algérie de sa « chûte ; car ce sol privilégié possède tous les éléments d'une « fécondité surprenante et d'une complète salubrité. »

La création d'une société de climatologie, pour constater, étudier et préparer les voies à l'amélioration des mille climats partiels, dont se compose le climat algérien, a été une fort opportune inspiration, très judicieusement appréciée d'ailleurs par l'homme fort, l'homme honnête, l'homme dévoué, qui préside parmi nous aux destinées de l'Algérie. Cette création a comblé le trop grand vide que laissaient entre elles les sociétés agricole et médicale !... Sous leurs communs efforts, ces trois sociétés, sœurs par l'intelligence, doivent poursuivre confraternellement, par un labeur distinct, mais solidaire, l'utile mission qui incombe, à chacune d'elles séparément, comme moyen ; mais à toutes trois solidairement, comme but, la régénération et le peuplement du pays.

Dr AGNÉLY,
Membre fondateur de la Société de climatologie algérienne.

M. Charles Desprez, l'aimable conteur, à qui nous avons déjà emprunté la description de la fête donnée au palais de Mustapha, le 9 mai, a publié sur le sujet que vient de traiter M. le docteur Agnély, les lignes suivantes, dans lesquelles il dépeint de la manière la plus heureuse l'attraction que le climat d'Alger exerce sur les étrangers. — O. T.

« Toutes les choses que j'ai désirées et cherchées pendant vingt années de voyage, et qu'il ne m'avait été donné de trouver que séparément, une ici, l'autre là : beau ciel, doux climat, société sympathique, ville pittoresque, logement agréable, environs délicieux et de facile accès, rares motifs pour le pinceau, sujets intéressants pour la plume, liberté, santé, bonheur, Alger me les a données

« Venu dans l'intention d'y passer quelques mois seulement, j'y suis resté tout un hiver.

« A peine de retour en France. je me sentais repris par ce besoin nouveau, étrange, irrésistible, de soleil, de palmiers, d'indépendance et d'aventures, que définit si bien le nom baroque de *nostalgérie*.

« Moins de trois mois après l'avoir quittée, je revoyais la place du Gouvernement.

« Il y aura bientôt quatre ans que j'y demeure.

« Quelquefois, je me dis : C'en est fait ; te voilà décidément africain. Liquide tes affaires de France, attire à toi ce que tu pourras de famille, place tes fonds dans la Colonie, loue à bail un appartement, et mets-toi résolument dans tes meubles…..

CHARLES DESPREZ.

EAUX MINÉRALES DE L'ALGÉRIE.

Considérées au point de vue des provinces sur le territoire desquelles elles sont réparties, les sources minérales de l'Algérie, sont au nombre de 79, dont 23 dans la province d'Alger, 20 dans celle d'Oran et 36 dans celle de Constantine. Elles se subdivisent de la manière suivante :

EAUX SULFUREUSES..	Province de Constantine .. 17 — d'Alger ...... 4 — d'Oran 2	23
EAUX SALINES.....	Province d'Oran ...... 16 — de Constantine .. 13 — d'Alger 12	41
EAUX FERRUGINEUSES.	Province d'Alger ...... 6 — de Constantine.. 5 — d'Oran 1	12
EAUX ALCALINES ...	Province de Constantine .. 1 — d'Oran ...... 1 — d'Alger 1	3
	TOTAL.	79

L'iode et l'arsenic, trouvés dans quelques eaux de l'Algérie, ne semblent pas en proportions assez considérables, pour motiver une catégorie particulière d'*iodurées* et d'*arsénicales*.

A. — Eaux Salines.

6 sources analysées, dont :

2 sulfatées . $\begin{cases} 1 \text{ calcique.} \\ 1 \text{ sodique.} \end{cases}$

4 chlorurées $\begin{cases} 1 \text{ sodique et bicarbonatée.} \\ 3 \text{ solo-magnésiennes.} \end{cases}$

Plus 35 sources non encore analysées.

Total.. 41

1° HAMMAM-RIRA : *Sulfatée-calcique chlorurée*. — Sources connues également sous le nom d'*Eaux-chaudes*, (ancienne *Aquæ calidæ*), à 26 kilomètres de *Milianah*, dans les gorges de l'*Oued-Djer*. Ruines de ville romaine et d'un beau bassin, sur les flancs d'un coteau élevé dont les pieds baignent dans l'*Oued-Hammam*. Site extrêmement pittoresque. Etablissement thermal construit par l'administration de la guerre sur les débris des anciens thermes. La saison thermale s'ouvre du 15 avril au 31 octobre. Un établissement civil est organisé depuis peu. 4 sources : 43 à 46° c. Débit total de 150 litres environ par minute. Composition, d'après M. Duplat :

Chlorure de sodium		0 ^{g} 21600
— de magnésium		0,18512
Sulfates	de soude	0,02800
	de magnésie	0,02400
	de chaux	1,28600
Carbonates	de chaux	0,20000
	de magnésie	traces.
Silice		0,00800
Matières organiques		0,34942
	TOTAL	2,28654

Le Dr Lelorrain, qui a publié cette analyse dans la *Gazette médicale de l'Algérie*, (1856), s'est bien trouvé de l'emploi de ces eaux dans l'eczéma, les névralgies, la sciatique, les affections rhumatismales et articulaires, la goutte, la syphilis constitutionnelle, rebelle aux traitements spécifiques, etc. Les indigènes fréquentent ces thermes surtout pour les affections cutanées.

L'action des eaux d'*Hammam-Rira*, se rapproche beaucoup de celles d'*Encausse*, (Haute-Garonne), d'*Avène*, (Hérault), de *Chaudes-Aigues*, (Cantal) ; elles sont plus actives que celles de *Bourbon-Lancy*, (Saône-et-Loire).

2º MOUZAÏA-LES-MINES : *Sulfatée sodique bicarbonatée*, à 14 kilomètres N. de Médéah. Deux bassins, 18 à 20º c. Débit de 450 litres par jour. Composition, d'après le Dr Millon :

Acide silicique.	0^{g}023
Alumine.	traces.
Oxyde de fer	0,007 à 0,015
Bicarbonates { de chaux	0,342
de magnésie. . . .	0,181
de soude	0,662
Sulfate de soude	1,204
Chlorure de sodium.	0,099
TOTAL.	2,518

Expérimentée par le Dr Négrin, (d'Alger), qui la regarde comme analogue à l'eau de *Seltz* et de *Saint-Galmier*, et convenant dans les maladies du foie, l'engorgement des viscères, la dyspepsie, la chloroze, l'aménorrhée, l'embarras des voies intestinales.

3º BEN-HAROUN : *Chlorurée-sodique bicarbonatée*, à 10 kilomètres environ de *Dra-el-Mizan*, (Kabylie de la province d'Alger). 3 sources : 18º c. Débit de 3 litres à la minute. Composition, d'après M. de Marigny :

Acide carbonique libre	1,2512
Chlorure de sodium.	1,1608
A reporter. . . .	

Report. . . .

Sulfates...	de soude...........	0,9562
	de chaux...........	0,0356
	de magnésie........	0,1588
Carbonates.	de soude...........	0,9040
	de chaux...........	1,2960
	de magnésie........	0,2088
Peroxyde de fer...............		0,0160
Silice gélatineuse libre..........		0,0360
Matière organique.,...........		quant. indét.
Total.........		4,7700

Ces eaux n'avaient pas encore été expérimentées, lorsqu'en 1851, lors des travaux de routes en Kabylie, j'en fis application chez le général P....... : deux litres suffirent pour dissiper tous les symptômes d'un embarras gastro-intestinal fort intime qui avait résisté aux éméto-cathartiques. J'avais déjà constaté en 1850, les propriétés des eaux de Ben-Haroun, tant sur moi que sur quelques indigènes, durant une tournée médicale en Kabylie.

4° HAMMAM-MELOUAN : *Chlorurée sodo-magnésienne*, à 30 kilomètres S.-E. d'Alger et dans une gorge au pied de l'Atlas, à peu de distance du village de Rovigo. Deux constructions, un puisard, un marabout qui couvre une piscine presque carrée de 2 mètres de long. 42° c. Débit de 180 litres par minute. Il existe un établissement très-convenable, quoique restreint, pour les malades qui ne veulent pas loger sous la tente. Composition, d'après M. Tripier :

Chlorure de sodium........,·..	26^{g}0690
— de magnésium......,..	0,4350
— de potassium..........	⎫
— de calcium...........	⎬ traces.
— d'ammoniaque.........	⎭

A reporter. . . . .

Report. . . . .

Carbonates. { de chaux. 0,1350
{ de magnésie. . . . . traces.
Sulfate de chaux. 3,1260
Carbonate de fer 0,0025
Matière organique azotée . . . . ⎫
Silice gélatineuse . . . . ⎬ traces.
Arsenic. . . . . ⎭

                TOTAL 29,5122

Le gaz qui se dégage de la source est composé de :
   Acide carbonique. . . . . , ... 6 parties
   Azote . . . . 94 —

Les eaux d'*Hammam-melouan* sont quatre fois plus chlorurées que celles de Balaruc et Bourbonne, les plus muriatiques de France. — Elles sont très-efficaces dans les douleurs rhumatismales, les affections de la peau, le rhumatisme articulaire, la goutte, les ostéites traumatiques, les anciens ulcères, les engorgements scrofuleux et spléniques.

5° BAINS DE LA REINE : chlorurée *sodo-magnésienne*: à 2 kilomètres d'Oran, sur le penchant d'une colline du littoral. Etablissement spacieux. 4 sources : 45° c. Débit total de 250 litres à la minute. Composition, d'après MM. Soucelyes et Redouin :

    Chlorure de sodium. 5,956
      — de magnésium. . . 4,317
    Sulfate de magnésie 0,420
    Carbonate de chaux. 1,078
    Silice 0,809

              TOTAL. . . 12,580

Ces eaux, reçues dans un bassin creusé dans la grotte, sont employées avec succès dans les affections rhumatismales, l'engorgement des viscères abdominaux consécutif aux fièvres intermittentes, les adénopathies, les lésions traumatiques osseuses et articulaires, certaines dermatozes. Les arabes les préconisent dans les engorgements abdominaux, les rhumatismes anciens, l'atonie des voies digestives. Nous n'avons pas en France d'eau minérale contenant une aussi grande quantité de chlorure.

6° HAMMAM BOU-SELLAM : *chlorurée sodique bicarbonatée :* 41 à 49 degrés centigrades, à une vingtaine de kilomètres sud-ouest de Sétif, dans un vallon très-sain et fertile. 8 sources coulant dans plusieurs bassins naturels. Composition, d'après M. Roucher :

Bicarbonate de chaux		0,144
Carbonate de soude		0,019
Sulfates	de soude	0,306
	de chaux	0,384
Chlorures	de sodium	0,434
	de calcium	0,029
	de magnésium	0,027
Silice		0,060
Matières organiques / Oxide de fer		0,016
Perte		0,014
	TOTAL	1,389

Très-utilisée par les arabes dans les vieilles fièvres intermittentes et les affections rhumatismales.

B. — Eaux alcalines.

Une seule source analysée : Deux sources non analysées.

LE HAMMA : *Bicarbonatée calcique*, à 6 kilomètres de Constantine, dans une plaine remarquable par sa riche végétation, auprès des ruines de thermes romains, un immense bassin reçoit les eaux fort abondamment fournies par plusieurs sources à 31 degrés centigrades. Composition, d'après M. Guyon :

Acide carbonique libre, à peu près la valeur de l'eau.

Chlorure de sodium.	0,195
Carbonates.. de soude	0,115
de chaux	0,436
de magnésie	0,008
Oxydes.. . . de fer.	0,145
de manganèse. . . .	traces
Matière organique combinée avec l'oxyde de fer.	0,033
TOTAL. . .	0,932

Je ne sache pas que ces eaux aient été expérimentées.

C. — Eaux ferrugineuses.

Cinq sources analysées :

3 sulfatées... { 1 sodique.
                  { 2 calciques.

1 carbonatée calique.

1 chlorurée sodique.

7 sources non analysées.

TOTAL. . . 12

1º HAMMAM MESKOUTINE, (province de Constantine). A 1 kilomètre de l'établissement des sources sulfureuses, il existe des sources *ferrugineuses sulfatées sodiques* : 75 degrés centigrades. La principale fournit près de 78 litres à la minute. Composition, d'après M. Fegueux :

Carbonate de chaux.	0,1746
— de magnésie	0,0237
Sulfate de chaux.	0,4292

A reporter. . . .

Report. . . .

Sulfate de soude. . . . . , . . .	0,0528
Chlorure de potassium.	0,0406
— de magnésium	0,0718
— de sodium	0,3504
Oxyde de fer.	0,0500
Acide silicique	0,0125
Phosphate de soude.	0,0202
Iode.	traces
Matière organique . . . . . . Perte.	0,0382
TOTAL. . .	1,2640

2º Teniet-el-had : *ferrugineuse sulfatée calcique:* à 60 kilomètres de Milianah (province d'Alger). Dans la belle forêt de cèdres, voisine de ce poste, plusieurs sources. La plus fréquentée a 12 degrés centigrades, son débit approximatif est de 1,800 litres par jour. Composition, d'après M. Vatonne :

Carbonate de fer	0,024
Sulfate de chaux	0,033
— de soude.	0,013
Chlorure de sodium.	0,032
Phosphate de chaux	0,015
TOTAL. . . .	0,117

Ces eaux, que j'ai expérimentées en 1848, m'ont paru très-avantageuses dans l'œdème et l'engorgement des viscères abdominaux consécutif aux fièvres intermittentes, dans les flux intestinaux chroniques, dans l'aménorrhée, les dartres, les plaies, ulcères, les conjonctivités, les diarrhées et dyssenteries.

Teniet-el-hâd contient plus de sels de fer que Bussang (Vosges), Compagne (Aude), Forges (Seine-inférieure), Mont-Doré (Puy-de-Dôme), Pougues (Nièvre), et enfin autant que la source de Géroutière (Spa).

3° HAMMAM RIRA : près des belles sources salines de cette localité (non loin de Milianah. province d'Alger) : 2 sources ferrugineuses, abondantes : l'une de 69 degrés centigrades, *ferrugineuse sulfatée, calcique*, contient d'après l'analyse faite par M. de Marigny.

Chlorure de sodium.	0,532
Sulfates { de chaux	0,826
de magnésie	0,272
de soude	0,428
Carbonates { de chaux	0,286
de magnésie	0,050
Silice	0,006
Phosphate	0,026
Matière organique.	indét.
TOTAL	2,706

L'autre, *ferrugineuse, carbonatée-calcique*, 17 à 18 degrés centigrades, renferme d'après M. Tripier :

Chlorure de sodium.	0,195
— de magnésium.	0,185
Sulfates { de chaux	0,782
de magnésie / de soude	0,557
Carbonates { d'ammoniaque	traces
de chaux	0,807
de magnésie / de strontiane	0,001
Fer combiné aux acides organiques. Azotés et un peu d'arsenic	0,030
TOTAL	2,557
Gaz acide carbonique.	0¹136
Azote	1,009

Ces sources constituent un auxiliaire très-utile des eaux salines qui se trouvent dans la même localité.

4º AÏOUN SKHOUNA : *ferrugineuse chlorurée-sodique :* à 2 kilomètres d'Alger, dans ce charmant ravin, bien justement nommé frais Vallon ; plusieurs bassins : 17 degrés centigrades : près de 2 litres de débit à la minute. Composition, d'après M. Millon :

Chlorure de sodium.	0,314
Sulfate de soude.	0,046
Bicarbonate de soude.	0,061
— de chaux.	0,099
— de magnésie.	0,075
— de protoxyde de fer	0,007
Silicate de chaux.	0,030
TOTAL. . .	0,632

Le docteur A. Bertherand, mon frère, les a avantageusement utilisées dans les plaies et ulcères dus à des diathèses cachectiques, varigueuses, et surtout scorbutiques, la gastrologie, l'anorexie, la chlorose, la leucorrhée, la dyménorrhée, les dermatozes scrofuleuses, etc. Ces eaux ont autant de propriétés que celles de Châteldon (Puy-de-Dôme), Luxeuil (Haute-Saône) ; elles sont supérieures à celles de Plombières (Vosges).

D. — Eaux sulfureuses.

Une seule source analysée. 22 incomplètement analysées.

HAMMAM MESKOUTINE : *Hydrosulfurée chlorurée-sodique* : à 18 kilomètres de Guelma (province de Constantine), au milieu de débris d'immenses établissements romains. Plusieurs sources pouvant fournir près de 100 mille litres d'eau par heure : 95 degrés centigrades. Quatre grands bassins : bains de vapeur et de boue, douches, etc.

Chlorure de sodium	0,415
— de magnésium	0,078
— de potassium	0,018
— de calcium	0,010
Sulfate anhydre de chaux	0,380
— de soude	0,176
— de magnésie	0,006
Carbonate de chaux	0,257
— de magnésie	0,042
— de strontiane	0,001
Arsenic dosé à l'état métallique	0,005
Silice	0,070
Matière organique	0,060
Fluorure / Oxyde de fer	traces
TOTAL	1,523

Les gaz échappés de la nappe en ébullition, sont formés de :

Acide carbonique	97,00
— sulfhydrique	0,50
Azote	2,50
TOTAL	100,00

Ces eaux, qui ont de grandes analogies avec Bagnères de Bigorre, (Hautes-Pyrénées) et Aix en Savoie, conviennent parfaitement dans les rhumatismes chroniques, les engorgements des viscères abdominaux, certaines paralysies, la scrofule, les dartres, les vieilles blessures, les affections articulaires, les fractures et entorses anciennes, la syphilis, la sciatique, les maladies chroniques des glandes, les ulcères atoniques, etc.

Dr E. L. BERTHERAND,
Secrétaire général de la Société de la climatologie algérienne.

ALGER AVANT LA CONQUÊTE (*)

Les peuples n'ont pas de mémoire. Il ne manque pas de gens en France qui qualifient de spoliation la conquête d'Alger. Les pauvres musulmans sont bien à plaindre; ce sont des Polonais, des Irlandais, des Vénitiens ; une pauvre nation subjuguée. Les Emile de Girardin, les Toulgoët et consorts s'amusent à ces rapprochements malencontreux, et l'excellent public accepte naïvement ces paradoxes de l'esprit de parti.

Nous recommandons à ces défenseurs bénévoles des nationalités absorbées, la lecture de l'intéressant recueil que vient de publier M. Albert Devoulx (1). Ils s'édifieront sur la situation politique et morale de ce peuple intéressant que la France a dépouillé de ses droits légitimes. Ils verront à l'œuvre les Algériens et leurs autorités constituées, depuis le chaouch jusqu'au dey, et s'il ont un peu de cœur à l'endroit où s'attache ordinairement la croix d'honneur, ils rougiront de ce que non seulement la France, mais même la chrétienté entière ait subi, pendant tant de siècles, l'odieuse tyrannie, les insultes grossières, les

---

(*) Cet article n'a pas été écrit spécialement pour notre publication. Il a paru, le 12 mars 1865, dans le *Journal des Colons*, dirigé par M. Alexandre Lambert. Nous avons cru devoir le reproduire ici parce qu'il dépeint d'une manière saisissante les humiliations infligées à la France et aux nations civilisées par le gouvernement des beys, et que ce tableau de la piraterie algérienne est à la fois une justification de la conquête et une démonstration éloquente de la nécessité de ne point restituer l'Algérie aux mulsulmans, ainsi que certains écrivains arabophiles ont osé le proposer. — o. t.

(1) *Les archives du consulat général de France à Alger*. 1. vol. in 8º chez Bastide, libraire, place du Gouvernement, à Alger.

forfanteries sauvages, les exigences inouïes de ces petits chefs de brigands couronnés qui, du haut de la Casbah, présidaient impunément aux entreprises les plus audacieuses de piraterie, de pillage, de dévastation dans toute l'étendue de la Méditerranée.

Il me paraît étrange que des Etats tels que la France, l'Espagne, l'Angleterre n'aient pas vingt fois détruit cette caverne de brigands et se soient toujours bornés à des répressions insuffisantes, dont les deys d'Alger se moquaient lorsque les vaissaux chrétiens avaient tourné leur proue du côté de l'Europe. Pour expliquer cette singulière longanimité, il faut se reporter aux guerres terribles qui ont presque perpétuellement divisé les principaux intéressés. Les luttes des nations civilisées facilitaient l'exploitation régulière de l'Europe par une horde de sauvages. Les petits Etats surtout avaient à souffrir parce qu'ils ne pouvaient pas montrer les dents; et l'on peut assurer que cela n'aurait pas encore cessé si la France n'avait, en 1830, décidé que cela ne pouvait durer plus longtemps.

Quand nous disons que les petites nations avaient plus à souffrir que les grandes, nous citons une opinion de M. Devoulx; car nous ne pensons pas, en vérité, qu'il soit possible d'inventer des vexations plus honteuses que celles qui étaient infligées à la France par les pirates d'Alger.

Pillage de notre commerce jusqu'à deux encâblures de nos ports, réduction en esclavage de nos nationaux, emprisonnement de nos consuls sous les moindre prétextes, bastonnades infligées par caprices aux résidents, exigences répétées de cadeaux, de sommes d'argent, expulsions violentes en cas de refus, violation flagrante des traités les plus solennels le jour même où ils sont signés, menaces de guerres, incendies de nos comptoirs; voilà quelques-unes des petites aménités dont étaient gratifiés par les deys d'Alger les consuls et les résidents français de la régence.

C'était une rude tâche que d'être consul français à Alger. C'est un vrai martyrologe que l'histoire de ces représentants.

Le premier qui fut envoyé, en 1581, fut mis en prison par l'ordre du pacha. En 1683, le père Levacher, consul à Alger, fut attaché à la bouche d'un canon. Plus tard, M. Piolle, en 1688, est arrêté et mis au bagne ; il subit aussi le supplice du canon comme le père Levacher. En 1697, le pacha El Hadj Hamed menace le consul de le faire mettre à la bouche d'un canon. Ce consul prend l'épouvante et s'enfuit d'Alger.

La position des Français était intolérable. Ils étaient menacés sans cesse pour leur vie et leurs biens. Qu'importaient les traités à la soldatesque brutale et sanguinaire qui, sous le moindre prétexte, massacrait les chefs mêmes qu'elle s'était donnés. Les musulmans ne se souciaient nullement du droit des gens. Les chrétiens étaient des ennemis que l'on pouvait tolérer, mais qu'on ne renonçait jamais à humilier et à insulter. En pleine paix des navires français étaient capturés en mer ; la cargaison était vendue ; l'équipage et les passagers étaient mis au bagne.

Les avanies les plus humiliantes étaient infligées à nos consuls. Ainsi, M. Delanne ayant refusé de déposer son épée, lors de sa présentation, le dey menaça de la briser lui-même. Les consuls étrangers baisaient la main de Son Altesse. Un consul envoyé par l'Angleterre ayant déclaré qu'il ne se soumettrait ni au baise-main ni à l'obligation de déposer l'épée, le dey lui fit dire que s'il se présentait l'épée au côté, il la lui arracherait lui-même et la lui casserait sur la tête.

On subissait ces hontes parce que la guerre avec la régence avait toujours pour résultat la ruine et la mort de nationaux, sans amener d'avantages sérieux ni durables.

En 1740, une galère espagnole ayant enlevé un bateau algérien dans les eaux de Toulon, le dey accusa le gouvernement français d'avoir favorisé cette capture. Le consul M. Déjouville fut arrêté et mis aux fers ainsi que le vicaire apostolique et les prêtres de la mission. Le dey fit arrêter les équipages de sept navires français qui se trouvaient dans le port d'Alger, et envoya ces marins, enchaînés deux par deux, aux travaux les plus rudes. Puis il donna l'ordre au bey de Constantine de faire incarcérer tous les Français qui se trouvaient à La Calle.

Le gouvernement français, craignant de compromettre la vie de ses nationaux et des intérêts considérables, céda aux exigences du dey. La France paya 1,650 sequins pour les onze prisonniers génois qui avaient été mis en liberté par suite de la capture du bateau algérien.

En 1744, en pleine paix, le dey fait ravager notre établissement de La Calle et massacrer ses habitants, sous prétexte que nous entretenions des intelligences avec Malte et les Tunisiens. Aucune satisfaction ne fut accordée pour cet acte de brigandage.

En 1753, un navire français est attaqué dans le détroit de Gibraltar. Il se défend; il est pris. Son capitaine traîné devant le dey d'Alger, expire sous le bâton. L'équipage est mis à la chaîne, deux à deux. Aucune satisfaction n'est donnée. Malgré des menaces de guerre, le dey se borne à mettre l'équipage en liberté, *et nous étions la nation la plus favorisée!*

En 1757, le dey Baba-Ali fait dire au consul, M. Lemaire, que désormais il entend recevoir annuellement des présents du roi de France. Cette injonction étant restée sans effet, M. Lemaire est saisi le 11 octobre et mis aux fers avec les esclaves. Un mois après, il fut permis au consul de rentrer dans sa maison, mais à la condition de garder les fers.

En 1760, le consul, M. Pérou, reçoit du dey l'ordre de quitter immédiatement Alger, avec menace d'y être contraint. Redoutant la violence des Algériens à l'égard de nos résidents, il cède et part pour France.

En 1763, sous un prétexte futile, notre consul, M. Vallière, le vicaire apostolique, le chancelier, les missionnaires, les équipages de quatre navires provençaux, en tout 53 personnes sont jetés aux fers, exposés aux insultes de la populace et employés aux travaux publics. Ce n'est qu'au bout d'un mois que M. Vallière obtient sa liberté à force de présents.

La même année, le dey fait arrêter tous les Français établis à Bône et à La Calle. Il interdit à M. Vallière de repasser en France et le garde comme otage. Il fallut une flotte pour mettre à la raison la bête sauvage qui régnait à Alger.

En 1798, le consul M. Moltide, et tous les résidents français sont mis à la chaîne. Ils y restent un mois et demi.

Nous n'en finirions pas à rappeler les actes de brutalité barbare dont les deys d'Alger se sont rendus coupables envers la France.

Les bagnes d'Alger furent remplis de Français jusqu'au dernier jour, et lorsque M. Dubois-Thainville, en 1801, quitta Alger, il n'avait pas retiré moins de 700 Français de l'esclavage.

Cette patience d'une grande nation étonne quand il s'agit d'un petit roitelet, sans armée, sans puissance, presque sans Etats, qui l'abreuve de mépris, et d'insultes journellement, pendant des siècles. Ose-t-on dire en présence de pareils faits, que la conquête d'Alger fut une iniquité ? Nous pensons que pour l'honneur de la France, cette réparation fut bien tardive.

La question la plus importante dans les documents publiés par M. Devoulx, celle qui fut l'objet des constantes préoccupations des résidents, des consuls français et des autorités algériennes, c'est la question des cadeaux, véritable tribu levé par l'avidité des pirates sur la peur qu'ils inspiraient aux gens que leurs affaires obligeaient de séjourner dans la régence.

De la part du dey, chaque petite circonstance de la vie, depuis le premier jusqu'au dernier jour de son règne, était une occasion de recevoir des présents plus ou moins riches de la part de tous les consuls européens sans exception.

L'avénement au trône, occasion de rigueur. Puis les mariages fort fréquents chez ces potentats turcs. Puis la naissance des enfants ; aussi leur circoncision. Le dey avait-il remporté une victoire, il fallait donner en signe de réjouissance ; avait-il essuyé une défaite, il fallait donner pour montrer la part qu'on prenait à son malheur. Revenait-il du pélerinage de La Mecque, il fallait donner encore. Envoyait-il par caprice quelques marins français au bagne, il fallait donner pour les en faire sortir.

Délivrait-il par boutade quelques malheureux esclaves, il fallait donner par remercîments ; faisait-il étrangler son ministre, il fallait donner en manière de félicitation. Il fallait donner toujours.

Ce qu'il y a de singulier, c'est que les nations européennes, se jalousant jusqu'au sein de leur honte, faisaient de leur mieux pour s'éclipser les unes les autres par la richesse des présents, afin d'obtenir les bonnes grâces du tyran. L'Angleterre avait-elle donné un caftan d'argent, vite le consul français assemblait tous ses nationaux pour offrir un caftan d'or, à seule fin de ne pas demeurer en reste de politesse. Le dey encourageait cette lutte de bons procédés en envoyant au bagne ceux dont les cadeaux lui paraissaient insuffisants.

Cette manie de recevoir des cadeaux s'était si bien établie à la cour du principicule algérien, que les serviteurs avaient fini par juger profitable de faire comme leur maître ; si bien que depuis le dernier chaouch du palais jusqu'au premier ministre, toute la bande de la hiérarchie administrative algérienne était, pour ainsi dire, à la solde des consuls étrangers.

Voici la liste de quelques-uns des fonctionnaires auxquels il était d'usage d'offrir, en temps et hors de temps, de l'argent, des caftans, des vestes, des pièces de drap, des armes et jusqu'à des châtaignes ; car ce qui est bon à prendre est bon à garder, avec l'indication des circonstances de ces dons :

Le casnadar parce qu'il doit rentrer demain, après une absence de six mois ;

L'écrivain des chevaux, simplement pour lui faire une honnêteté ;

Sid Ali, neveu du dey ; le cantadar juif ;

Ali, chaouch du casnadar ; l'écrivain de la porte du dey ; les écrivains de la douane ;

Le capitaine dont le vaisseau est en construction ;

Le bouluc-bachy et son vikillar ;

Le vekilargi, intendant de la marine, à cause de son heureux retour de la Mecque ;

Mehemet-Aga, ambassadeur de Constantinople, et les musiciens de Sa Hautesse, qui sont venus montrer leur talent à Alger;

Les commandants des vaisseaux qui doivent aller en course ;

L'amiral de la régence, parce qu'il n'est guère poli de faire un compliment sans y ajouter quelque chose ;

Le capitan à l'occasion de son mariage, etc., etc.

Nous ne voulons pas fatiguer le lecteur de cette nomenclature grotesque. Ces misérables pillards rivalisaient d'insolence avec les deys à l'égard des chrétiens qui étaient à leur merci. C'était une exploitation régulière, dont nul traité ne nous garantissait.

Les deys possédaient une mine inépuisable de recettes. Leur orgueil leur avait si bien persuadé que ce tribu leur était dû par les nations européennes, qu'ils avaient fini par exiger de chacune d'entre elles des sommes payées annuellement, sous peine de voir leur commerce ruiné, leurs rivages dévastés, tout trafic rendu impossible dans la Méditerranée.

Nous en avons dit assez pour intéresser le lecteur à l'ouvrage de M. Devoulx. C'est là un travail vraiment sérieux, vraiment utile, vraiment profitable, non seulement au point de vue scientifique et historique, mais aussi à celui de la saine entente des choses dans le passé et dans le présent. La colonie n'est pas riche en littérature nationale, et les esprits qui s'intéressent à son progrès doivent saluer avec reconnaissance les travaux solides des hommes que la phraséologie ne séduit pas et que l'aridité de la science ne rebute pas.

Que M. Devoulx poursuive avec courage son œuvre historique si nettement dessinée dès le début, et nul ne pourra se glorifier d'avoir contribué plus que lui à l'émancipation intellectuelle de l'Algérie.

ADOLPHE BERTHOUD.

MŒURS ARABES.

Les mœurs sont la manière d'être d'un peuple, sa véritable physionomie ; on pourrait dire, sa photographie morale et intellectuelle. Seulement, dans ce cas, le soleil est remplacé par l'esprit d'analyse, et l'artiste, par un philosophe, c'est-à-dire par un de ces êtres, encore fort rares, que préoccupe uniquement la recherche du vrai et du juste.

Ce n'est pas chose facile que de faire apparaître, au courant de quelques pages, avec sa figure exacte, un peuple quel qu'il soit, et particulièrement le peuple arabe, un des plus insaisissables et des moins connus de la terre. Quel lavage ne faut-il pas, pour le débarrasser des couches superposées, dont les préjugés, les intérêts du moment, politiques et autres, ont obscurci ses traits ? Un bon volume, format académique, y suffirait à peine, et je ne puis, en son lieu et place, offrir au lecteur que quelques lignes écourtées. L'entreprise n'est donc pas sans péril. Mais puisque je l'ai promis, et que ma langue m'a lié par un « oui solennel, » faisons trêve à toute hésitation et entrons immédiatement en matière : Il en sera ce que Dieu voudra.

L'Arabe est bien plus fort que Janus, qui n'avait que deux figures. Lui, en a trois bien comptées. Et encore, je ne parle là que des principales, sans mentionner les secondaires que le défaut d'espace nous oblige de laisser dans l'ombre. Ces trois figures sont : 1º Celle qu'il montre à sa tente, à sa famille ; la figure intime; 2º Celle qu'il montre à ses semblables musulmans, grands et petits, dans ses transactions multiples avec eux ; figure extérieure ; 3° Enfin, celle qu'il nous montre à nous, ses conquérants, qu'il aime comme les étrivières ; figure de circonstance, caméléonienne au dernier chef.

Cette distinction préliminaire m'amène, par une pente naturelle, à diviser mon discours en trois points, ainsi qu'un sermon. Sans penser à mal, je désire qu'il n'ait, avec ce dernier, que cette seule ressemblance. Le lecteur ne sera peut-être pas éloigné de formuler le même vœu.

Suivons notre division.

1ʳᵉ Figure de l'Arabe ;

Celle qu'il montre dans sa tente, et dans la vie intime.

Entendons-nous d'abord, sur l'être dont il s'agit d'esquisser les traits. Quand je parle de l'Arabe et de la figure qu'il montre dans sa tente, il tombe sous le sens, qu'il ne peut être question de celui qui n'en possède pas, du gueux proprement dit. Le gueux est un type surabondamment connu, le même partout, et dont l'identité crève toutes les enveloppes nationales, qui maintiennent les autres types humains. Dans tous les pays, il est ignorant, il est misérable, il souffre et soupire éternellement, après ce minimum que Fourier voudrait lui assurer. Il n'a pas trois figures, le pauvre ! ses moyens ne lui permettent pas un tel luxe. Il n'en a qu'une, immuable à travers les âges et les latitudes, c'est celle que le sphinx antique prenait, quand il posait l'énigme fatale. Et puisqu'elle est la même partout, parlons uniquement de celle de l'homme qui joue un rôle actif dans le milieu social où il s'agite, et n'en est pas une victime directe.

L'Arabe ainsi défini, est en possession d'un coursier, ainsi que le répètent à satiété, toutes les chansons qui parlent de lui. Malheureusement, à ce coursier, se joignent trois ou quatre femmes, généralement beaucoup plus difficiles, je ne dirai pas à monter, mais à conduire que le dit coursier.

L'Arabe peut donc avoir quatre femmes ? assurément, si ses moyens le lui permettent. C'est là une question de douros, et la morale, cette excellente morale, si souple et si commode, n'a pas à s'en effaroucher, attendu que le Koran, livre divin, s'il en fut jamais, le lui permet formellement. Ce merveilleux Koran, qui comme beaucoup de ses confrères, *en divinité*, dit blanc et noir suivant les besoins du moment, l'autorise même, pour peu qu'il soit sultan, prince, ou simplement riche, à en prendre autant qu'il peut en nourrir. De là l'invention du harem, qui dans certains pays musulmans, figure au nombre des institutions de l'empire, qu'il est défendu d'attaquer sous peine du pâl, supplice autrement grave qu'un *communiqué* ou un *avertissement*.

Comment un arabe peut-il vivre avec quatre femmes, quand dans certains pays civilisés, que par discrétion je ne veux pas nommer, un homme a déjà tant de peine à vivre avec une seule ? Rien de plus simple pour lui, car il est le simplificateur par excellence. L'homme qui trouve moyen d'obtenir du blé de la hauteur d'un cavalier, en grattant la terre avec un morceau de bois, attaché à l'aide d'une ficelle, aux flancs d'un bourriquot, ne peut être embarrassé pour si peu. Quand en rentrant chez lui, ses oreilles se trouvent agacées par quelque orage féminin, il saisit un bâton, et le promenant sur le dos de ces dames, le calme se rétablit aussitôt. Ainsi que le lecteur peut en juger, rien de plus efficace qu'une pareille méthode, rien de plus avantageux ; au point de vue du mari bien entendu.

Un mot significatif circule à ce sujet, parmi les dames musulmanes. « Fatma, ton mari t'aime-t-il toujours ? — Hélas ! j'en doute, car l'autre jour il m'a battue avec un couffin, et la pioche était à ses côtés ! » Maintenant, je n'oserai garantir, que ce dialogue proverbial, est l'expression d'un sentiment vrai, mais ce que je puis affirmer, c'est que les filles de Mahomet en rient de bon cœur, quand on leur en parle, et ne songent nullement à le contredire.

L'Arabe de tente aisée, a donc quatre femmes réglementaires, sans compter les négresses, servantes de la maison, sur lesquelles la loi lui donne les mêmes droits que sur les premières. Il semblerait, tout d'abord, qu'avec ce contingent, de *beau sexe*, cet enfant d'Ismaël devrait se déclarer satisfait. Il n'en est rien. Quand l'année est bonne, et que la lune, comme pour narguer la genèse, se refuse à éclairer les nuits, il part, cette fois, sans son coursier, mais non sans ses pistolets, pour courir les aventures amoureuses chez ses voisins, qui, en gens bien avisés, en font autant de leur côté. Il a vu quelque part, en passant au bord d'une fontaine, une autre Rébecca à l'œil de gazelle, qui l'a séduit, et son désir ardent, depuis ce jour, est de la revoir de plus près. Il gagne souvent dans ses tentatives « délictueuses » des balles dans le dos, des coups de sabre sur la tête ; il risque d'attirer sur sa tribu une guerre sanglante, mais que voulez-vous ? quand la bourse est pleine, il faut bien s'amuser un peu.

Notre statistique judiciaire constate que dans notre beau pays de France, les crimes augmentent avec la misère, et diminuent avec elle, et c'est pour le moraliste, une consolation ineffable de penser qu'en diminuant la misère, il pourra, du même coup, atténuer le crime, et l'anéantir un jour au sein de la prospérité publique. En pur pays arabe, ce n'est pas précisément la même chose. Quand la richesse générale déborde, certain crime en fait autant.

Il me souvient encore de mon étonnement naïf, aux premiers jours de ma carrière, quand, dans une année d'abondante récolte, les kaïds m'apportaient la liste des méfaits commis dans leurs tribus. J'y remarquais, avec inquiétude, la qualification de « voleur de tente » répétée bien souvent. Mais, comment, leur disais-je, pouvez-vous avoir tant de voleurs, dans un temps si prospère ? « Sidi, me dit un vieil agha blanchi sous le harnais, ces voleurs de tente, sont tout simplement des voleurs de femmes ; nous les désignons ainsi, uniquement par convenance. »

C'est une chose digne de remarque, que malgré ses mœurs dissolues, l'Arabe est minutieux observateur des règles que la pudeur prescrit. Il met un soin extrême à ne jamais montrer sa nudité, et ne supporte qu'avec contrainte une conversation légère. Le fils disparaît immédiatement, dès qu'on prononce, devant le père, des mots qui touchent à la galanterie, et, quand on n'en est pas prévenu, ces éclipses subites produisent un singulier effet.

Mais pour en revenir à la polygamie, il est facile de voir, qu'elle n'a pas même pour résultat de fixer l'Arabe dans sa tente, en l'empêchant d'aller conter fleurette ailleurs. Cette déplorable institution met donc l'enfer chez lui, l'oblige souvent à brutaliser ses compagnes pour les mettre d'accord, et ne paraît, tout d'abord, le satisfaire à aucun point de vue.

Quelle est donc sa raison d'être ?

Malgré les apparences, elle en a une très solide, et c'est précisément ce qui fait qu'elle tient bon.

Si la polygamie ne satisfait en rien l'Arabe, en ce qui touche le sentiment, elle lui est extrêmement avantageuse, sous le rapport de ses intérêts matériels les plus immédiats.

Nous abordons ici, l'économie pure, et la morale souple et frelatée des religions orientales, n'intervient qu'accidentellement dans le débat.

Les premiers besoins de l'homme, sont ceux qui ont trait à son alimentation, son vêtement, son abri. Or, quand l'industrie publique, c'est-à-dire celle qui sert le public, n'existe pas autour de lui, force lui est de s'en créer une, pour son usage individuel. Ainsi a fait l'Arabe. N'ayant sous la main, dans son milieu flottant, ni boulanger, ni tailleur, ni maçon, il a pris la femme et lui a dit : « tu seras mon boulanger, mon tailleur et mon maçon, » et la polygamie a été faite.

On est pauvre, on prend une femme pour moudre le blé, cuire le pain, et rapiécer le vieux burnous héréditaire ; les affaires vont mieux, on en prend une seconde pour fabriquer des burnous neufs, et ces étoffes qui forment les tentes, dites en poils de chameau, bien qu'elles n'aient de ces poils, que ceux que le vent du désert peut leur apporter; les douros arrivent encore, on en prend une troisième, pour la confection des haïks, gandouras, tapis, etc. ; devient-on enfin riche, ma foi ! on se permet alors la quatrième, pour la haute cuisine et la pâtisserie, car les trois premières peuvent faire une cuisine solide, mais nullement raffinée.

La première peut se passer d'avoir des yeux de gazelle.— Elle peut même être un peu contrefaite.—La seconde les a ou ne les a pas, cela dépend, mais quant à la troisième et surtout la quatrième, elles doivent invariablement en posséder et de la plus belle espèce. Les deux dernières doivent être, en outre, pourvues d'un embonpoint monacal, car l'Arabe aime éperdument la graisse sous la peau. Tous les musulmans partagent ce goût, que les houris du ciel peuvent seules satisfaire complètement. La graisse est d'ailleurs un signe aristocratique. Le gueux a toujours une femme maigre ; le riche, une femme grasse qui, accroupie sous sa tente, roule plutôt qu'elle ne marche. Chacun sait que le grand turc, quand il fait acheter des circassiennes, les demande avant tout d'une vaste rotondité. Je me suis même laissé dire — Que ne se laisse-t-on pas dire ? qu'il y avait dans son harem, une annexe chargée uniquement de l'engraissement des jeunes sultanes qui péchaient par un excès de formes anguleuses. Comme je ne l'ai pas vu, et que je ne voudrais, sous aucun prétexte, me fâcher avec le grand turc, je n'avance le fait que sous toutes réserves.

La loi interdisant à un bon musulman de regarder une femme, à moins qu'elle ne lui appartienne, ce sont ordinairement de vieilles matronnes, qui se chargent, moyennant douros, de rechercher *les yeux de gazelle*, qui sont en vente dans les diverses familles. Le mot de vente est dur, j'en conviens, mais j'ai le regret de ne pouvoir le retirer, ne voulant pas outrager l'auguste vérité.

Le code musulman n'autorise, certes pas, un père à vendre sa fille, mais il lui permet de la céder en mariage, contre échange de douros. Ces douros sont la propriété de la fille et forment sa dot, mais le père, en très-fort logicien qu'il est, déclare que, puisque la fille est à lui, à plus forte raison, ses douros. Et le front serein, la conscience tranquille, il envoie ces derniers, joindre ceux qu'il possède déjà, dans un vieux pot souterrain que les séductions du crédit mobilier n'ont pas encore touché.

Quand l'Arabe est assez riche pour se passer les quatre femmes, que le Prophète a bien voulu lui permettre, il leur adjoint généralement, une demi-douzaine de négresses, et le couronnement de son édifice mobile, se trouve ainsi parachevé. Il se trouve alors, à la tête d'une dixaine de créatures du sexe féminin, sous tous les climats fort peu disciplinables, et au sein desquelles, par conséquent, il fait souvent triste figure.

Telle est en effet celle qu'il déploie généralement dans le cercle intime de la famille.

2ᵉ Figure de l'Arabe ;

Celle qu'il montre dans le commerce extérieur, parmi les siens.

Helvétius assure que c'est l'intérêt seul qui nous guide en toutes choses. Ce n'est pas ici le lieu de discuter à fond cette doctrine, dont le résultat le plus clair, serait de désarçonner définitivement la morale ; d'ailleurs cela nous obligerait peut-être à remonter jusqu'au déluge, et je tiens beaucoup à me tenir en deçà de cet événement. Mais ce que je puis avancer, sans craindre d'être contredit, c'est que Helvétius a parfaitement raison, en ce qui concerne le peuple qui nous occupe. L'Arabe, sauf le cas où le fanatisme religieux l'exalte, n'a pas, en effet, d'autre mobile, que son intérêt le plus immédiat.

J'ajoute aussitôt, pour l'indulgenter et détourner de lui les anathèmes des platoniciens de la morale, qu'il lui serait bien difficile d'en avoir un autre.

La morale est une admirable chose, mais encore faut-il pouvoir la pratiquer ; or, quand le milieu social dans lequel on vit, ne vous offre que des garanties illusoires, on est bien obligé de la mettre un instant de côté, pour s'occuper, avant tout, de la question du salut personnel, dont l'urgence ne tolère aucun retard.

Ce pauvre enfant de Mahomet est soumis au double supplice du tyran et du tyrannisé. Chez lui il est tyran, au dehors,

> Par un juste retour des choses d'ici-bas,

il se trouve subir la tyrannie la plus dure. Comment, entre ces deux fatales oscillations de l'inique, pourrait-il trouver un point de contact avec la justice du bon Dieu ?

Avec ses égaux il a la consolation de pouvoir lutter à armes égales, et de pouvoir par conséquent les duper, aussi souvent qu'il est dupe lui-même. Mais avec ses chefs les conditions sont loin d'être semblables.

Le chef investi d'une autorité difficile à contrôler, lui prend, à l'aide d'une foule de petits procédés consacrés par l'habitude, tous les douros qu'il est possible de soutirer à un homme qui en possède. De là cette idée fixe chez lui, de les dissimuler, d'afficher une pauvreté salutaire, et de ne cesser de gémir sur la dureté des temps, la rareté du numéraire et la cherté des vivres. « Je suis un pauvre homme, craignant Dieu et mon sei- « gneur, » est une phrase stéréotypée, qui sert de réponse à beaucoup de questions.

Le mensonge est donc pour cet arriéré du mouvement, une sorte de bouclier destiné à parer les coups nombreux qui le menacent. Le mensonge, c'est sa garantie sociale, à peu-près la seule sérieuse qu'il ait à sa disposition; comment après cela, oser lui en faire un crime ? Que celui qui est sans péché lui jette la première pierre. Je déclare humblement que ce ne sera pas moi.

L'Arabe le moins corrompu, a toujours sur la conscience quelque méfait qui en trouble la sérénité et double sa dépendance à l'égard de ses chefs. Suivant l'âge, il a plus ou moins détroussé les voyageurs, minotaurisé les maris, vidé les silos du voisin, écorné d'une balle quelque mekrazeni, expédié un ennemi et parfois un ami, envahi un champ sur lequel il n'avait aucun droit, etc., etc., etc. Bien qu'il soit généralement brave, cette situation le rend malgré lui, très craintif, et le philosophe retrouve ici, avec bonheur, les traces de cette morale universelle que Dieu a gravée dans le cœur des humains, bien avant qu'ils aient pu la balbutier dans leurs livres. Il a toujours peur de quelque révélation inopportune qui compromette sa position. Qui se sent coupable, se sent faible. De là sa grande faiblesse devant les chefs qui l'exploitent et dont il n'ose pas trop se plaindre, de crainte d'aboutir à un résultat pire encore. Combien d'accusateurs de chefs, n'ai-je pas vu passer subitement à l'état d'accusés ? Telle est la situation. Un excellent moyen de la dégager, serait de proclamer, de temps à autre, une amnistie complète, pour tous les crimes et délits qui n'auraient pas été constatés officiellement. De quels poids ne soulagerait-on pas ainsi, les consciences de nos administrés musulmans !

La religion est chez eux, d'une extrême commodité, et c'est sans doute pourquoi ils y tiennent tant. Avec cette religion-là, on peut commettre une foule d'actions pendables, se donner à bouche que veux-tu, de toutes les satisfactions humaines et trouver de charmants versets, qui, non seulement vous excusent, mais encore vous promettent le paradis. Après ça, essayez d'aller *prêcher dans le désert*, et vous m'en direz des nouvelles.

Dans ce nouveau domaine le fils du Koran, trouve cependant d'autres chefs, non moins désagréables et non moins exigeants. Quiconque a parcouru l'Algérie, a remarqué sur la cîme des monts, même les plus élevés, des petits points blancs, qui brillent au loin, comme des parcelles de neige oubliées par le soleil. Ce sont des marabouts, c'est-à-dire des tombeaux de saints personnages connus sous le même nom. Ces hommes plus ou moins illustres, mais considérablement embellis par la légende, sont parfaitement inoffensifs, puisqu'ils sont enterrés, mais leurs descendants, en pleine existence, le sont beaucoup moins. L'Arabe a à compter avec eux, encore plus qu'avec ses chefs laïques, car ils sont ses seigneurs de par le ciel, et leur autorité n'est pas de celles qu'on ose discuter. Non moins exigeants que leurs confrères terrestres, ces maîtres célestes enflent leurs budgets indépendants, à l'aide d'une fiscalité irrésistible, qui s'appelle la superstition. Comment ne pas satisfaire un homme qui, d'un coup d'œil, peut vous accabler de malheurs, et finalement vous envoyer au diable, pour qu'il ait à vous griller éternellement ! Le plus intrépide y regarde à deux fois. Aussi quand, par aventure, le marabout est en même temps le chef de la tribu, et joint, par conséquent, le pouvoir temporel au pouvoir spirituel, le meilleur parti à prendre est de plier sa tente et d'aller faire un tour dans le désert, en attendant des jours meilleurs.

Les marabouts et les kaïds, sont certainement fort durs à supporter, mais leurs agents, approbateurs enthousiastes des doctrines administratives de leurs maîtres, ne le sont pas moins

Ceux qui exercent sur l'Arabe, une autorité quelconque, religieuse ou civile, ne l'écorchent pas directement, cela se conçoit, de leurs propres mains ; ils pratiquent cette opération cruelle, à l'aide d'intermédiaires nombreux et variés, connus sous les noms de chaouchs, mekrazenis, mokhalias, mekessa, etc. Je pourrais m'étendre longuement sur le caractère politique, administratif et surtout moral, des fonctionnaires de cet ordre, mais l'espace me manquant, je me contenterai d'expliquer, en quelques mots, le principe invariable qui inspire cette nouvelle classe de tondeurs publics.

Ce ne sera pas long.

Ayant un douro à prélever pour le chef, en extraire un second au bénéfice de son agent, assez adroitement, pour que la victime surtaxée renonce à s'en plaindre.

Nous retrouvons là une nouvelle solution, solution très élégante, comme on voit, de ce magnifique problème économique, que l'Arabe ne cesse de se poser et qu'il énonce ainsi : Dans toutes les catégories de l'activité humaine, se procurer des *maxima* avec des *minima*.

En résumé il serait, je crois, téméraire d'avancer, que la deuxième figure de l'arabe est beaucoup plus gaie que la première.

Voyons si nous serons plus heureux avec la troisième.

3ᵉ **Figure de l'Arabe ;**

Celle qu'il montre à ses conquérants.

Celle-ci a deux expressions bien opposées : L'une charmante, l'autre terrible. La première pour les temps de paix, la seconde pour les temps de guerre.

L'Arabe professe un respect exagéré pour la force qui le subjugue, et dès qu'il se sent bien vaincu, il n'est pas d'adulations, pas de courbettes serviles, qu'il ne prodigue à son vainqueur. Avec ce bout de verset du Koran, qui affirme que toute force vient de Dieu, il suffit de l'étriller vigoureusement pour le convaincre qu'on vient de sa part. Rien n'est plus logique. De là ces compliments soufflés, ces paroles emmiellées, ces baise-mains compromettants, dont est fatigué tout français qui exerce, auprès de lui, une autorité quelconque. C'est à dégoûter des hommages humains, le plus vain, le plus empanaché des souverains de notre espèce.

L'Arabe soumis, c'est-à-dire celui qui, pour le moment a reconnu que la lutte était impossible, est donc pour nous, le plus agréable des administrés. Malheureusement cette situation n'est que transitoire, car ce fils du Koran, saturé de fatalisme, ne considère notre domination que comme essentiellement fugitive. Nous sommes pour lui un châtiment, que le ciel lui inflige pour la purification de ses péchés. La purification obtenue, un envoyé du ciel, un héros surnaturel, arrivera juste à point, pour nous exterminer tous, sans exception d'aucune sorte. Voilà à quel point de vue, se place cet éternel amoureux de miracles, pour juger l'œuvre de civilisation et de progrès, qui doit augmenter à la fois notre gloire et notre richesse.

L'envoyé du ciel, dont il s'agit, porte dans les traditions et les prophéties nombreuses qui parlent de lui, le nom de *Moule-Saâ*; mot à mot le maître de l'heure, le dictateur du moment. Il me semble bien que je suis pour quelque chose dans la découverte de ce personnage mythique, car la première fois que j'en révélais l'existence subjective à l'attention publique, je devins l'objet de quolibets unanimes, signe évident que j'avais mis la main sur quelque découverte, et troublé par conséquent, la douce sérénité des idées reçues. Quoiqu'il en soit, nul ne songe maintenant à mettre en doute le rôle considérable que le Moule-Saâ joue dans l'imagination des Arabes, car les bulletins officiels eux-mêmes, ne se refusent plus à parler de lui.

Le moule-saâ devant nous exterminer tous, ainsi que nos adhérents, on conçoit que ceux-ci, tout en nous accablant de marques de respect et de protestations de dévouement, quand ils sont soumis, c'est-à-dire vaincus, ne nous accordent, au fond, qu'une fidélité douteuse. Comment leur en vouloir? Les pauvres! ils subissent les lois du milieu qui les ont vu naître, et la grande majorité des hommes, en est encore là, puisque les réformateurs sont toujours en minorité, et généralement fort mal reçus partout. Mais sans en vouloir à l'Arabe, de son peu de confiance dans la durée de notre gouvernement, la prudence la plus élémentaire, nous oblige à prendre à cet égard quelques précautions. Ces précautions sont d'une extrême simplicité, et en les énonçant, il me semble répéter le verset final d'une chanson célèbre, mais très-naïve. Elles consistent uniquement, à désarmer les tribus systématiquement, et à leur montrer incessamment des colonnes légères et par suite très-mobiles. Que faites-vous en France, quand vous craignez des rixes dans les rues ? Vous y envoyez des patrouilles, n'est-ce pas ? eh bien ! pourquoi ne le faites-vous pas en Algérie, où les rixes sont plus menaçantes et plus dangereuses ? C'est le vrai moment de me rappeler que les erreurs humaines demandent à être envisagées avec calme, qu'elles sont le tribut inévitable de notre ignorance, et que dans nos âges rudimentaires, le simple et le facile, sont précisément ce que nous comprenons et pratiquons le moins.

La superstition la plus grossière alimente chez l'arabe la crainte — pour les dévots, l'espérance — d'un cataclysme régénérateur. Il a encore ses prophètes, ses thaumaturges, et rien n'est commun dans son pays, comme les miracles et les interventions directes de Dieu dans les affaires. Cette situation d'esprit le rend prompt au fanatisme, et c'est ce qui fait qu'on le voit de temps à autre, croyant l'heure venue, se jeter sur les armes, que nous avons la naïveté de lui laisser, pour cet usage. C'est à ce moment que la figure qu'il tourne vers nous, apparaît dans ses aspects terribles. Tous les crimes, toutes les cruautés lui sont alors possibles, car dans la fièvre sanguinaire qui le possède, il croit plaire à son Dieu, et nous savons, hélas ! de quelles horreurs sont capables, ceux qui s'imaginent avoir Dieu de leur côté.

Ne comptant pas sur notre durée, il semblerait, tout d'abord, que l'arabe ne peut pas être à nous. Il n'en est rien, car si le fanatisme religieux le tient, à notre égard, dans une certaine réserve, l'amour désordonné qu'il ressent pour le douro, le précipite dans nos bras et nous rend cher à ses yeux, par le lien puissant de l'intérêt. Le P. Enfantin n'avait donc pas tout-à-fait tort, quand il enseignait que la chair jouait, dans ce monde, un rôle presqu'égal à celui de l'esprit, puisque, pour la satisfaire, on voit le fanatisme lui-même s'amollir. L'arabe aime donc le douro autant que le Koran, mais comme un amant, entre deux maîtresses également chéries, il va tantôt chez l'une et tantôt chez l'autre. Tel est le dernier mot de l'énigme qu'il nous offre à déchiffrer, tel est le dernier trait de la figure qu'il nous montre.

Un Mot final.

Un de mes bons amis ne manquait jamais, quand il se trouvait à table, avec des convives sympathiques, de poser au dessert, ce qu'il appelait la question philosophique, question qui, comme chacun sait, touche à bien des matières. « Messieurs, disait-il, tout cela est bel et bon, mais je crois le moment venu d'aborder la question philosophique. » Et pour peu qu'il vît son auditoire disposé à l'écouter, il se mettait, en effet, hardiment à traiter la fameuse question.

A l'imitation de cet aimable original, on ne peut me convier à parler des arabes, sans éprouver, au dessert de mon discours, le vif désir de dire un mot de ce qu'on est convenu d'appeler la question d'Afrique, et qui ne fait vraiment question, que pour ceux qui ne la connaissent pas. Je suis donc obligé de faire ici violence à mes tendances naturelles, pour ne pas entamer un tout petit chapitre sur le sujet qui m'est cher, car ni le lieu ni l'espace ne me le permettent.

Mais qu'en échange de ce sacrifice, il me soit au moins permis de dire, en terminant, que cette prétendue question, est tout ce qu'il y a de plus simple au monde, et que, malgré les fautes singulières dont nous l'embarrassons, son succès est assuré, comme tout ce qui est marqué, dans l'enchaînement des lois de Dieu; et que, dans peu, nous aurons devant nous, la plus magnifique colonie dont une métropole puisse s'enorgueillir et tirer profit.

Que ceux qui n'y croient pas, veuillent bien dans 50 ans,

seulement, faire en wagon, le voyage de Bône à Oran, et ils verront si un seul mot est à retrancher, dans l'expression de cette promesse.

En tout cas, je leur souhaite de bon cœur, qu'ils puissent, au jour indiqué, se livrer à cette enquête.

CH. RICHARD.

La campagne, le 2 août 1865.

LA LANGUE ARABE.

Au VIIe siècle de notre ère, un mouvement étrange se manifeste au sein de l'Arabie centrale : un peuple, jusqu'alors ignoré, s'éveille tout-à-coup sous l'impulsion d'une foi nouvelle et marche avec un enthousiasme sans exemple à la conquête du monde. En moins d'un siècle, il subjugue l'Orient romain, la Perse, l'Egypte, toute l'Afrique septentrionale, la Sicile, l'Espagne et une partie de la France. Partout, il impose aux vaincus sa religion, ses mœurs et sa langue. Mais, heureusement pour la civilisation moderne, le drapeau de l'Islamisme ne brille qu'un temps. Ecrasés, en 732, sous la masse d'arme de Charles Martel, les arabes se retirent dès le XIIe siècle vers le midi et l'Orient, leur berceau et, vraisemblablement, leur dernier asile.

« Parmi les phénomènes que présente cette apparition inattendue d'une conscience nouvelle dans l'humanité, dit M. Renan, dans son admirable histoire des langues sémitiques, le plus étrange et le plus inexplicable, est peut-être la langue arabe elle-même. Cette langue, auparavant inconnue, se montre à nous soudainement dans toute sa perfection, avec sa flexibilité, sa richesse infinie, tellement complète, en un mot, que depuis ce temps jusqu'à nos jours, elle n'a subi aucune modication importante. Il n'y a pour elle ni enfance, ni vieillesse ; une fois qu'on a signalé son apparition et ses prodigieuses conquêtes, tout est dit sur son compte. Je ne sais si l'on trouverait un autre exemple d'un idiome entrant dans le monde comme celui-ci, sans état archaïque, sans degrés intermédiaires ni tâtonnements. »

Tout le monde sait que l'arabe forme une des principales branches des langues que l'on nomme *sémitiques* ; que cette langue les a en quelque sorte toutes absorbées et que, malgré la décadence du mahométisme, elle est encore la plus répandue qui soit dans le monde. Maintenant, est-elle plus moderne que l'hébreu et l'araméen ? peut-elle revendiquer une origine commune ou n'en est-elle qu'une dérivation ? En un mot, l'hypothèse d'une langue sémitique primitive est-elle vraisemblable ? Ce sont là des problèmes fort intéressants sans doute, mais dont la solution appartient essentiellement au domaine de la philologie ou de la linguistique.

Dire en peu de mots ce qu'est la langue arabe ; en préconiser l'étude parmi les colons et les fonctionnaires de l'Algérie ; indiquer sommairement les avantages à retirer d'une connaissance peut-être trop négligée jusqu'ici, tel est le but que nous nous sommes proposé.

Composées de pièces de rapport, nos langues modernes ne peuvent donner aucune idée de la régularité systématique qui préside à la formation des mots arabes. Tous, quel que soit le nombre de lettres qui s'y rencontrent, se réduisent infailliblement à trois radicales. Ce travail d'élimination est d'ailleurs indispensable pour se servir des dictionnaires qui ne donnent, dans l'ordre alphabétique, que la racine elle-même. Formée de trois consonnes, cette racine est en quelque sorte le type unique, et comme la pierre angulaire sur laquelle repose l'édifice grammatical tout entier.

Cette particularité, à elle seule, soulève d'importantes questions. On serait tenté de se demander si de pareilles langues sont l'œuvre de l'usage et du temps, ou si, au contraire, elles sont le produit du travail des grammairiens et des savants. L'histoire de l'humanité ne fournit aucun exemple qui permette d'accepter cette dernière hypothèse. Si l'on observe d'ailleurs que dans toutes les langues sémitiques, l'expression des idées métaphysiques appartient toujours par un côté au domaine de la sensation et aux impressions du monde externe, il est permis de croire que ces langues se rapprochent plus qu'aucune autre du langage primitif qui dut être révélé à l'homme au premier âge de sa création.

Le verbe, qui, dans toutes les langues, est réellement l'âme du discours, mérite un examen particulier. Réduit à deux temps seulement en arabe, il rend cependant, à l'aide de quelques particules et de certaines juxtapositions de mots, toutes les nuances du passé, du présent et du futur; mais ce qui doit particulièrement exciter la curiosité, c'est l'ingénieux système des formes, qui permet de modifier, de façonner le sens primitif du verbe, sans l'altérer d'une manière sensible. Ainsi, prenons pour exemple le verbe 'alem (علم) qui veut dire *savoir*; en redoublant la seconde radicale 'allem (علّم) il signifiera *faire savoir*, par conséquent, *enseigner*; en plaçant un alif entre la première radicale et la seconde, nous aurons âlem (1) (عالم) *discuter* avec quelqu'un sur *la science*. Si

(1) Il est extrêmement difficile pour ne pas dire impossible, de rendre avec des lettres françaises la prononciation et le système graphique des arabes. La racine *'alem* ne contient que trois consonnes : la première n'ayant pas d'équivalente en français, nous la représentons conventionnellement par ', la seconde est un *l* et la troisième un *m*; réunies, nous aurions *'lm* et avec l'adjonction d'un alif *'alm*.

nous ajoutons un t devant la première radicale, et si nous redoublons la seconde, nous aurons t'allem (تَعَلَّم) être fait sachant, apprendre. Enfin l'adjonction de la syllabe *est* à la racine, de cette manière : *est'alem* (اِسْتَعْلَم), sert à exprimer le désir, la volonté d'apprendre.

Ce mécanisme fort simple en lui-même, donne au langage un laconisme auquel les langues de l'Europe ne sauraient atteindre sans tomber dans une obscurité invincible. Quel admirable moyen d'éviter les circonlocutions, les mots parasites, les *qui* et les *que* dont le français est parfois encombré ! Aussi ne faudrait-t-il pas hésiter à placer l'arabe au-dessus de la plupart des langues connues, s'il pouvait se produire avec un système graphique complet. Mais un alphabet, composé de 29 lettres, toutes consonnes, à l'exception de trois quasi-voyelles, dites lettres faibles, qui, par leur nature même, donnent lieu aux plus grandes difficultés grammaticales, sera toujours un obstacle sérieux à la divulgation de la langue *littérale*, ou écrite. Que l'on ajoute à cet écueil naturel une prodigieuse richesse de synonimes et une incertitude constante dans le sens vrai des racines ou des dérivés, et l'on comprendra aisément le découragement qui s'empare de la plupart de ceux qui entreprennent l'étude de cette langue.

Il n'en est pas cependant de plus nécessaire en Algérie. Bien des années s'écouleront avant que nous n'ayons amené les indigènes à parler français, et, ce résultat obtenu, nous ne serions pas encore dispensés de nous assimiler leur langue.

Dans un article remarquable, publié par M. Ismayl Urbain (1), on trouve ce reproche un peu sévère, mais que pour notre compte, nous acceptons avec humilité : « N'est-ce pas une honte pour nous, qu'après vingt ans de domination en Algérie, lorsqu'il s'agit de ranger trois millions de musulmans sous

(1) *Revue de Paris*, novembre 1851.

notre autorité, aucun professeur de droit n'ait songé à faire quelques leçons sur la jurisprudence musulmane, sur les lois qui régissent ces peuples ? Nous avons cependant en Algérie des juges français auxquels les arabes ont souvent recours volontairement, ou qui sont chargés de juger leurs procès en appel. La justice peut-elle rendre des arrêts équitables quand elle ignore les éléments les plus essentiels des conditions sociales au milieu desquelles vivent les justiciables ? »

Rien n'est plus juste et plus sensé, si toutefois cette observation critique, prise dans son esprit, s'applique à tous les fonctionnaires de l'Algérie, à tous les agents de l'administration qui, à un titre quelconque, se trouvent en rapport avec les indigènes. Oui, il faut à tout prix que nous connaissions la religion, les lois, les mœurs, les coutumes et même les préjugés des peuples que nous sommes appelés, non pas seulement à dominer, mais encore à transformer et à séduire par les douceurs du bien-être et le spectacle grandiose d'une civilisation dont nous sommes justement glorieux. Or, pour atteindre ce but, l'étude de l'arabe est une nécessité de premier ordre. Sans doute, il n'est pas donné à tout le monde de pénétrer les mystères de la langue écrite : le temps et l'aptitude font quelquefois défaut ; mais il n'est personne qui ne puisse apprendre à parler au milieu des indigènes et avec les leçons d'un professeur tel que M. Bresnier (1).

On a souvent loué avec raison les immenses services rendus par les bureaux arabes. Sans eux, le rôle de notre armée n'eut pas été moins glorieux assurément, mais eut-il été aussi efficace ? Lorsque les vaincus, implorant la miséricorde du vainqueur, consentent à vivre en paix avec les chrétiens qu'ils détestent au fond du cœur, ne faut-il pas déployer auprès d'eux la finesse d'un diplomate, l'habileté d'un administrateur, la

---

(1) M. Bresnier est depuis 30 ans professeur de la chaire d'arabe à Alger. Il existe également de très-bons professeurs à Constantine et à Oran.

sagacité d'un jurisconsulte, et souvent même l'expérience d'un financier? Est-il un seul officier de bureaux arabes qui consentiraient à accepter une pareille tâche, à assumer sur sa tête une semblable responsabilité s'il ne connaissait parfaitement la langue de ses administrés? Non seulement il risquerait de se tromper et d'être trompé grossièrement, mais il n'inspirerait aucune confiance autour de lui. Ses épaulettes elles-mêmes ne le sauveraient ni du dédain, ni de la raillerie. Victime des mille rouerie de ce peuple tout à la fois ignorant et civilisé, il ne saurait ni modérer la rapacité des grands, ni réprimer l'insubordination des petits. La confusion, le désordre et l'insurrection seraient les fruits inévitables de sa funeste imprudence. Qu'on lise les charmantes scènes arabes que le commandant Richard a si bien peintes d'après nature (1) et on comprendra sans peine notre insistance sur l'utilité pratique de la langue arabe.

S'il en est ainsi, pourquoi les fonctionnaires civils de l'Algérie se laissent-ils si facilement dépasser par cette phalange d'hommes éminents, qui ont administré ou qui administrent encore les affaires arabes?

Ce fait regrettable peut être expliqué de diverses manières. Les officiers des bureaux arabes ont trouvé dans l'exercice du pouvoir absolu à l'égard d'un peuple habitué de longue main à la servitude, cauteleux par nécessité, et obséquieux par tempérament, une immense satisfaction d'amour-propre. Souverains dispensateurs aux yeux des indigènes des récompenses et des peines, environnés d'hommes attentifs à leurs moindres gestes, vivant en quelque sorte dans une atmosphère purement arabe, ils ont dû se livrer avec passion à l'étude d'une langue qui est le principal instrument de leurs succès. La mission des fonctionnaires civils a été toute différente. Il semble que l'on se soit efforcé de placer entre les indigènes et eux une

---

(1) Voir les *Scènes de mœurs arabes* et les *Mystères du peuple arabe* par M. Ch. Richard.

sorte de barrière. A peine les bureaux arabes militaires s'étaient-ils retirés du littoral ou des grands centres européens, que les bureaux arabes civils venaient prendre leur place dans des conditions plus mesquines, et par conséquent plus tracassières. Le bureau arabe civil a voulu avoir ses immunités et ses priviléges. Il lui a fallu ses prisons, ses tribunaux, ses cavaliers, ses *fantasias* et tout ce fastueux entourage qui a sa raison d'être en territoire militaire, et qui devient ridicule à mesure que l'importance arabe diminue.

On nous reprochera peut-être de tomber dans les inconvénients d'un cercle vicieux. Les bureaux arabes civils n'ont été créés, nous dira-t-on, que pour suppléer à l'insuffisance des fonctionnaires dans leurs rapports avec les indigènes. Ce raisonnement est plus spécieux que vrai : d'abord les arabes comprennent mieux nos affaires qu'on ne le suppose lorsque leur intérêt leur sert de guide ; ensuite il existe dans les administrations plus de sujets capables qu'on ne pense, si on savait les employer ; enfin, si le même régime se perpétue, qu'on nous indique par quel charme on entraînera des hommes intelligents à surmonter les découragements et les dégoûts qui accompagnent une étude très-lente, très-difficile, et dont le but n'est pas déterminé ? l'appât des récompenses n'est-il pas un stimulant sérieux ? Ah ! c'est ici qu'il est permis de dire que la part n'a pas été égale entre les uns et les autres. Sans compter les faits de guerre qui méritent des faveurs spéciales, combien d'officiers ont franchi rapidement les grades inférieurs pour s'élever aux premiers rangs de l'armée, tandis que les arabisants des administrations civiles demeuraient confinés dans les emplois subalternes, impuissants à utiliser des connaissances acquises au prix de tant d'efforts et de persévérance ! Il est vrai que cette proscription malheureuse paraît toucher à son terme, puisque deux ou trois d'entre eux sont enfin parvenus à de hautes fonctions. Il est également juste de reconnaître que le gouvernement n'est pas resté insensible à un état de choses si nuisible aux intérêts du pays.

Un décret du 4 décembre 1849, accorda une prime annuelle de 200 ou 400 francs, selon leur capacité, aux fonctionnaires et employés de tout grade de l'administration civile de l'Algérie. Le rapport adressé à cette occasion au Président de la république, contenait le passage suivant :

« Les diverses administrations qui ont présidé aux affaires de l'Algérie se sont efforcées de propager dans ce pays, surtout parmi les employés du gouvernement, l'étude de la langue arabe, qui est d'une si haute importance pour nos relations avec les indigènes. Malheureusement les mesures qui ont été adoptées, n'ont produit aucun résultat, et c'est à peine si actuellement quelques rares agents parlent très-imparfaitement cette langue. »

Plus tard, M. le ministre de la guerre actuel fit étendre le bénéfice du décret du 4 décembre 1849 aux agents des services des domaines, des forêts, des contributions diverses, etc.

Dans le rapport annexé au nouveau décret, son excellence M. le maréchal Randon, s'exprimait ainsi : « Le décret du 4 décembre 1849 a eu pour but, en vulgarisant l'étude de l'arabe parmi les agents de l'administration, d'arriver à la suppression des interprètes civils, dont la plupart, sans posséder à fond la langue arabe, n'ont en fait d'instruction générale, que des connaissances incomplètes, et à les remplacer par des employés parlant l'idiome du pays, et aptes en outre à remplir une autre tâche, soit dans le service sédentaire, soit dans le service actif. — En vulgarisant ainsi la connaissance de l'arabe parmi les employés, l'administration trouvera bientôt, je l'espère, un mode de recrutement facile pour les fonctions qui exigent que le fonctionnaire puisse se mettre en communication directe avec les indigènes ; il en résultera que les affaires seront mieux et plus vite traitées, au grand avantage de l'administration et des administrés. »

Dans sa sollicitude pour les intérêts de l'Algérie, M. le comte de Chasseloup-Laubat présenta, en 1860, deux nouveaux décrets à la signature de l'Empereur, accordant les avantages de la prime à la magistrature, aux assesseurs musulmans, aux cadis et à leurs adels.

« Ainsi, disait M. le ministre de l'Algérie, appeler l'attention des magistrats français sur l'étude de l'arabe, exciter les fonctionnaires indigènes à parler notre langue, tel est le double but que nous devons nous proposer, et vers lequel tendent les deux décrets que j'ai l'honneur de soumettre à Votre Majesté.—La magistrature française verra dans celui qui la concerne bien moins un encouragement qu'un moyen de légitimer les récompenses exceptionnelles que doivent lui mériter les nouveaux services qu'elle va rendre.—Dans le second décret la magistrature musulmane trouvera une preuve du prix que le gouvernement attache au développement des connaissances qui peuvent contribuer à l'œuvre qu'il poursuit. »

Loin de nous la pensée de critiquer des mesures qui témoignent d'une grande bienveillance de la part du gouvernement, et d'un véritable désir de bien faire ; mais ces mesures ont-elles été réellement efficaces ? Il ne semble pas que, depuis cette époque, le nombre des arabisants ait sensiblement augmenté. Si l'argent pouvait être en France, ce que nous ne croyons pas, un véritable stimulant, la prime serait évidemment insuffisante : malgré la gratuité des cours, l'étude de l'arabe coûte beaucoup plus qu'on ne pense (1). Mais là n'est pas le principal inconvénient du système rémunératoire adopté : les aspirants à la prime sont dans la nécessité de s'asseoir de nouveau sur les bancs de l'école. Non seulement ils doivent subir des épreuves écrites, mais il leur faut encore justifier oralement de leur capacité devant un jury d'examen. Ce n'est pas tout, ils sont soumis à une révision périodique qui les oblige à affronter jusqu'à trois fois les mêmes périls. Or, quand nous insistons, sur l'indispensabilité des études arabes, nous n'entendons nullement en restreindre la nécessité aux jeunes gens ou aux em-

(1) Le Dictionnaire de Kasimirski à lui seul se vend 105 francs.

ployés subalternes de l'administration : Ce sont les chefs de services, les magistrats, les fonctionnaires de tous rangs qu'il importe de mettre en relation directe avec les indigènes. Pour ceux-ci, les examens sont incompatibles avec la dignité de leur âge et le prestige qui s'attache à leurs fonctions.

Qu'à ceux qui parlent et entendent bien l'arabe, chose très-facile à constater, en dehors des examens, on accorde des distinctions ou des avantages particuliers ; qu'on leur confie des missions honorables, et qu'à mérite égal, on leur donne la préférence sur leurs concurrents, non arabisants, et nous croyons pouvoir affirmer que l'émulation produira en peu d'années des résultats inattendus.

On a toujours paru attacher beaucoup d'importance à ce que les indigènes apprissent le français ; on s'est imaginé qu'avec notre langue nos idées, pénétrant chez eux, parviendraient à détruire leur fanatisme et leurs préjugés. Nous voudrions qu'il en fut ainsi ; mais, sauf un exemple illustre (1), l'expérience nous a démontré que les musulmans pouvaient concevoir de l'estime, de l'attachement, et de la reconnaissance même, pour un français, sans rien abandonner de leur haine pour les chrétiens en général. Avec eux, chacun de nos bienfaits s'est en quelque sorte retourné contre nous. Nous les avons conduits gratuitement à La Mecque, ils en sont revenus plus exaltés ; nous leur avons appris le maniement des armes, beaucoup s'en sont servi contre nous ; nous avons entretenu des écoles religieuses, elles ont enseigné le fanatisme.

Nous serons toujours assez généreux pour n'en pas conserver de ressentiment ; mais si nous ne voulons pas être dupes, apprenons la langue des arabes. En leur donnant cette nouvelle marque de supériorité, nous acquerrons la mesure exacte qui doit régler nos rapports avec eux et le jour où deux mille français, fonctionnaires, militaires ou colons, entendront parfaite-

---

(1) L'émir Abd-el-kader.

ment l'idiome du pays, le gouvernement pourra sans crainte retirer 20,000 hommes de troupes.

Si cette proposition est vraie, le résultat vaut bien la peine qu'on y songe.

F. DUBARD.

Toulon, 10 septembre 1865.

INDEX ALPHABÉTIQUE

DES

NOMS ET DES MATIÈRES.

A.

Abbaye de Staouéli. 51.
Adam, colon. 86.
Agnély (le Dr). ij, 273.
Agriculture. 258.
Ahmed-bel-hadj, cons. mun. 245.
Ahmed Boukandoura, c. m. 8.
Ain-Tédèles. 167, 172.
Akhbar, (le journal l') 24.
Alcantara, cons. mun. 8.
Alger, (province d'). 3.
Alger, (ville d'). 7.
Alger avant la conquête. 286.
Allaman, cons. mun. 213.
Allègre, colon. 176, 180.
Ameur-el-ain. 89.
Ampt, cons. mun. 94.
Antoine, insp. des télégr. 40.
Antoine (Saint). 218.
Arabe, (langue). 307.
Archives du consulat général de France. 286.
Armagnac, (le Vte d') c. m. 176.

Arnaud, cons. mun. 101.
Arnaud, chem. de fer. 39.
Arnould, soc. d'agric. 13, 40, 71.
Astruc, curé d Oued-el-alleug. 74.
Atlas (l'). 265.
Aucour, ing. des P. et Ch. 130, 134
Auger, cons. mun. 8
Augustin, (le R. P.) trapp. 53.
Ausone de Chancel, sous-préfet 103, 107.
Ayme d'Aquin, (le baron). 130.
Averseng, cons. mun. 43, 46.

B.

Barberet, cons. mun. 70.
Barnoin, prés. chamb. de comm. xxi, 191, 197.
Barny, cour imp. 40.
Barrages-Réservoirs. 262.
Barreau, curé à Mostaganem 171.
Bastide, adjoint. 7.
Bastide, colon. 118, 155.
Batna. 200.

BATTANDIER, banquier. 196.
BEAUVAIS, cons. mun. 101.
BELLOT, payeur. 39.
BEN-AISSA-BEN-DJELLOUL, c. m. 74
BÉRARD, secours mut. 70
BERBRUGGER, biblioth. 22, 39.
BERTRAND, colon. 207.
BERTHRAND, (le D^r). 285.
BERTHOUD, ij, 292.
BESSE-DE-LA-ROMIGUIÈRE, juge 156
BESSIERES-DE-LA-JONQUIÈRES, (le colonel.) 81.
BEX, colonel de la milice. 130, 133, 134.
BIDART, cons. mun. 44, 64.
BIZOT. 233.
BISKARA. 208.
BLACHE, (Philibert). 105.
BLASSELLE, adjoint. 7.
BLIDAH. 162.
BOCCA, architecte. 201.
BOISSON, (de) président de la chambre de commerce 213, 214
BOLLARD, maire. 167.
BONFORT (Charles), colon. xix, 110, 129, 142.
BÔNE. 235.
BONNEAU, colon. 172.
BORDENAVE, milice. 133.
BORÉLY-LA-SAPIE, maire. 103.
BOUET-WILLAUMEZ, (le vice-amiral comte). 7, 34.
BOUFFARICK. 68.
BOUGIE. 242.
BOUILLON (Godefroy de) 55.
BOU-REKIKA. 90.
BOURGEOIS, (le comm^t). 215.
BOUTIÉ, colon. 172.

BRESNIER. prof. arabe. 22.
BRESSON, adjoint. 70.
BRÉZOULT. 172.
BRON, (le baron). 205.
BROSSELARD, préfet. 130, 139, 167
BRUGELLI, (Pascal) colon. 219.
BRUN, adjoint. 94.
BRUNET, (J^h). semoules. xiv, 259.
BUGEAUD, (le m^{al}). 6.
BURET, maire. 139, 140.

C.

CAFÉ maure. 18.
CALMELS (Alexandre). prés. du comice agr. 116, 125, 126.
CAMPANG, adjoint. 176.
CANICIO, cons. mun. 176.
CANTON, maire. 244.
CAPMAS, colon. 159
CARITÉ, maire. 121, 130, 133, 134
CARRIOL, cons. mun. 176, 180.
CASTELNAU, (le général). 7, 15, 44
CAUQUIL, conseil général. 126, 130
CAURO, trib. de comm. 197.
CAVAIGNAC, (le général). vii.
CAUZON, maire. 199.
CHABERT-MOREAU, adjoint. 7.
CHAIX, maire. 198.
CHARBONNIER, méd. colon. 90.
CHARLES, (Saint). 222.
CHARNAUX, cons. mun. 74.
CHASSAING, colon. 205.
CHASSÉRIAU, architecte, 6, 16, 36, 37.
CHAUWIN, (le général). 62.
CHÉRAGAS. 41, 48.
CHERCHELL. 91.
CHEVALIER, (le commandant). 7.

CHEYLUT, ing. des télégr. 198.
CHIRAC, cons. mun. 213.
CHOULET, adjoint. 91.
CLAIR, maire. 233.
CLERC, colon, 172.
CLIMAT. 267.
COLONISATION. 251.
COLSON, service topog. 134.
COLSON, adjoint. 44, 48.
COMPTE-CALIXTE, vic. gén. 130.
CONCLUSION. xxij.
CONDÉ-SMENDOU. 232.
CONSTANTINE, (prov. de) 183.
CONSTANTINE, (ville de). 187.
CONTENCIN, (A. de) maire. 187, 190, 194.
CORNISSET, adjoint. 245.
COSTALLAT, sous-préfet. 96.
COUDROY, adjoint. 7,
COURLET, (Mlle). 136.
COURRIER DE L'ALGÉRIE. 38.
COURRIER D'ORAN. 141, 162.
CRIN VÉGÉTAL. 43.
CURSON, colon. 102.

D.

DANGER, cons. mun. 54.
DANGEVILLE, (le commandant). 7.
DANDRIEU, colon. 118.
DÉCUGIS, adjoint. 134, 136.
DELAY, adjoint. 213, 217.
DELACROIX, recteur. 22.
DELANGLE, cons. mun. 70.
DELIGNY, (le général). 130, 134, 137.
DEROSTE, prés. du trib. civil. 40.
DESPREZ, (Charles). 24, 274.

DESVAUX, (le général). 33.
DESVIGNES, cons. mun. 8.
DEVOULX. 286.
DISS, (camp d'El). 219.
DOMPIERRE D'HORNOY, (le contre amiral.) 7.
DOREAU, cons. mun. 74.
DOUAOUDA. 83.
DUBARD, proc. imp. ij, 317.
DUBOIS, maire. 110.
DUCHESNE DE BELLECOURT. 237.
DUCHON, adjoint. 83.
DUCOMMAN. 73, 74.
DUFOURG, colon. 205.
DUPIN, (le baron). 52.
DUPRÉ DE St-MAUR. 116, 125, 128, 130, 162.
DUPOTET, adjoint. 91.
DURAND, avocat-général. 40.

E.

EAUX MINÉRALES. 275.
ECHO D'ORAN, 124, 141.
EL-AFFROUN. 86.
EL-ARROUCH. 227.
EL HADJ ABDERRAHMAN, ambassadeur de l'emp. du MAROC. 131.
ESCADRE FRANÇAISE, 7, 21, 131, 213, 215.
ESCADRE ITALIENNE, 33, 35, 213.
EXPOSITION DES OEUVRES D'ART. 17.

F.

FELIEUX, cantate. 96.
FENOUX-MAUBRAS. 167.
FÉRALI, adjoint. 94.
FERRÉ, colon. 159, 165.

FERRERE, cons. mun. 87.
FERRY-FONTNOUVELLE. 87.
FLEURY, (le général). 7, 15, 44, 155.
FLORET, (Marie). 89.
FOSSENT, cons. mun. 245.
FRANCLIEU, (de) colon xvii, 74, 78.

G.

GABRIEL, (le R. P. dom.) 53.
GANTÈS, (le Vte de) s. préfet. 239.
GARNY, cons. mun. 101.
GASTONVILLE. 226.
GASQ, colon. 64.
GAY, ponts et chaussées. 214, 217
GÉMILLY, adjoint. 213.
GÉRANIUM, (essence de). 42.
GÉRY, maire. 81.
GILLONS, cons. mun. 70
GIMBERT, cons. mun. 8.
GIRAUDET, (cantate). 96.
GLAISE, cons. mun. 94.
GONSARD, adjoint. 70
GOURGAS, adjoint. 213, 214.
GRANGER, ingénieur. ij, 264.
GRASSON, cons. mun. 245.
GREGH, cons. mun. 213.
GUDIN, peintre. 17.
GUÉRIN, journaliste. 38.
GUIGNON, colon. 49.
GUILLOT, adjoint. 44.
GUYOT, (le Cte). 64.
GUYOTVILLE. 64.

H.

HABRA, (la plaine de l') 159.
HADJ AHMED BEL HADJ MUSTAPHA, muphti. 40.

HADJ HASSEIN, cons. mun. 70.
HAIN-COHEN-SOLAL, cons. mun. 8.
HARDY, jardin d'essai, 29, 31.
HENRI (Alexandre). prés. de la chambre de commerce. 40.
HENRY, inspecteur des forêts. 134.
HENSELWOOD, chem. de fer. 133.
HERPIN, secours mutuels 8, 13, 40
HERZOG, filateur. 162.
HIREL DE CHOISY, colon. 176.
HUGO, (le général). 134.
HUMEL, cons. mun. 70.
HUTTER, (mgr). Tunis. 237, 241.

I.

IBRAHIM-B. M. PACHA, cons. mun. 8
INDIGÈNES. 10, 18, 20, 146, 163, 171, 181, 195, 199, 202, 225, 234.
INDÉPENDANT DE CONSTANTINE, (le journal l'). 201, 232, 234.

J.

JACQUES, cons. mun. 176.
JACQUIN, cons. mun. 8.
JACQUOT, adjoint. 89.
JAGERSCHMIDT, adjoint. 74.
JIBBÉ, forêt. 219.
JOANNON, colon. 238.
JOLY DE BRESSILON. 196.
JOUANNE. 193.
JOURAT. 87.
JOURDAN, insp. des douanes. 40.
JOURDAN, cons. mun. 94
JOUYNE, présid. trib. civil. 198.
JUPEAUX, (de). payeur. 134.

K.

KAINDLER, cons. mun. 176.
KANTARA, (EL). oasis. 206.
KOLÉAH. 79.
KHROUBS, (le). 199.

L.

LACOMBE, maire. 237.
LAGIER, colon. 172.
LALANNE, maire. 224.
LALLEMAND, colon. 172.
LAMBERT, (Alexandre). journaliste 72.
LAMBERT, insp. des forêts. 214.
LAMBESA, (ruines de). 201, 206.
LANGUE ARABE. 307.
LAPAINE, secrétaire général du gouvernement. 33, 35, 69.
LAROUSSE, adjoint. 94.
LAVIE, usine. 194.
LAURET, peintre, 17.
LEBASTEUR, insp. des p. et ch. 39.
LEBIEZ, ing. des p. et ch. 29.
LECAT, maire. xiv, xix, 44.
LEFEVRE, secrétaire de la mairie. 8
LE-GÉNISSEL, maire. 91, 100.
LÉGION-D'HONNEUR, 39, 134, 198.
LEGRAND, (le général). 134.
LEGAUY, (cantate). 96.
LE MAUFF, (l'abbé). 40.
LÉPINE, cons. mun. 8.
LESCA, entrep. ch. de f 15, 223.
LIÉBERT, (le général). 96.
LICHTENSTEIN, forêts. 219.
LHOYS (de) P. Trib. civ. 105.
LOSSON, colon. 231.

LORENZO, con. mun. 176.
LOUBIGNAC, adjoint. 86.
LYCÉE d'Alger. 22.

M.

MAC-CARTHY, géographe. ij, 40, 188, 235, 242, 267.
MAC-MAHON (le Mal. de). 7 17, 21, 24, 44, 46, 50, 62, 67, 122.
MALARDEAU, adjoint. 94.
MANENS. cantate. 198.
MARENGO. 100.
MARGÉRIDON, journaliste. 141.
MARGUERITE, adjoint. 44, 64, 94.
MARION, bibliothécaire. 134.
MAROC, (ambas. de l'Emp. du) 130
MARTIN, maire. 92, 94.
MARTIN, ingénieur. 198.
MARTIN, adjoint. 44.
MARTIN, direc. des fortif. 206.
MASQUELIER, colon. 159.
MAUVISE, (le Lt colonel de). 205.
MÉDEAH. 108.
MÉDINGER, con. munic. 44.
MEDI-BEN-MEICHE, cons. mun. 44.
MEGNIL, (de). usine cotonn. 71.
MELCION D'ARC. cons munic. 8.
MERCIER-LACOMBE. xiii, xvii, 138, 257.
MERCIER (Albert). journaliste. 129, 132, 135.
MERLE DES ISLES, maire. 222.
MERS-EL- KÉBIR. 131.
MIGETTE, (Mlle). 180.
MILIANAISE (la), cantate. 96.
MILIANAH. 92.
MINA, (barrage de la). 177.
MIQUEL DE RIU (le command.) 7.

MISSERGHIN. 138.
MŒURS ARABES. 293.
MONITEUR DE L'ALGÉRIE. 38.
MONITEUR DU SOIR. 38. 245.
MONTIGNY, (le baron de). 132.
MORIN, adjoint. 7.
MORRIS, (le général). 107.
MOSTAGANEM. 165.
MORTON PÉTO. 29.
MOATTI, cons. mun. 94.
MOUZAÏAVILLE. 85.
MURAT (S. A. le Prince). 7.
MURATEL (Alexandre). colon. 82.
MUSTAPHA, (le bal de) 24.

N.

NAPOLÉON III. 9, 12, 14, 18, 24, 35. 38, 54, 61, 124, 157, 163, 171, 177, 191, 197.
NAVARO, cons. munic. 70.
NEVEU-DÉROTRIE, ing. p. ch. 40
NIBEL, (Philippe) payeur. 40.
NICOLAS, colon. 238.
NICOLAS, (S. A. I. le grand duc).
NIELLI, cons. munic. 213.
NIOCEL, maire. 245.
NOBELY, (de) adjoint. 213.
NOETINGER, cons. de Préf. 40.
NOUVION, sous-préf. 214, 215, 217

O.

OLIVIER, maire. 159.
ORAN, (province d'). 116.
ORAN, (ville d') 121.
ORPHÉONS. 16, 134.
ORSAND, adjoint. 70.
ORTUNO, consul d'Espagne. 134.

OTTEN, sous-préfet. 167, 169.
OUED-EL-ALLEUG. xvi, 73.

P.

PAGARD, cons. munic. 70.
PALMIER NAIN. 43.
PANIER, adjoint. 176.
PARÈS, cons. munic. 245.
PASCAL, orphéon d'Oran. 134.
PASCHALSKI. xviii.
PAVY, (Mgr.) évêque d'Alger. xii, 10, 22, 39, 53, 56.
PAVY, (l'abbé). vic. gén. 197, 198.
PELISSIER; (le m^{al}.) 6, 41, 47, 65.
PERRIER, journaliste. 141.
PEYRE, maire. 153.
PHILIPPEVILLE. 211.
PICHON, pisciculteur. 94.
PIERRE, cons. mun. 44.
PIERREY, premier présid. xiii, 12, 22.
PIESSE, (Louis) Itin. de l'Algérie. 29, 51, 62, 208.
PIOLLE DE CHAMPFLORIN, contrib. diverses. 198.
PISCICULTURE, 94.
PIZOT. (D^{lle} Anna). 82.
POIGNANT, préfet d'Alger. 12, 39, 44, 69.
PONS, secrét. mairie. 101.
PONS, colon. 64.
PREIRE (l'abbé) 156.
PRIMARD, cons. munic. 213.
PROVOST, adjoint. 176.

R.

RAPHO, général Tunisien. 141.
RANDON, (le M^{al} Cte). 6, 230.

RAYMOND, cons. munic. 101.
RÉGIS, (le R. P.) trappiste. 51.
REGNAUD, (Etienne Pierre). 40.
REILLE, (le colonel, comte). 7. 15.
RÉSUMÉ DU VOYAGE IMPÉRIAL. III.
RELIZANE. 175.
RENARD, chirurg. major. 205.
RIBOULEAU, maire. 69.
RIBOURT, (le colonel). 110.
RICOUX, cons. munic 213.
RICHARD, (le commandant). ij, 307
ROBE, prés. secours mutuels. 13.
ROBINOT-BERTRAND, cons. munic. 8
ROBIET DE CLERY, procureur impérial. 39, 130.
ROBINET DE PLAS, (le commandant). 7, 21.
ROCAS, cons. munic. 8. 40.
ROGER, (Jh.) archéolog. 212, 221.
ROSENCOAT, (le commt. de). 7.
ROUQUIER, cons. munic. 74.
ROYER, (Jh.) adjoint. 137.
RUBOD, prés. com. agricole. 71.
RUISSEAU DES SINGES. 109.
RUSSIE (S. M. l'empereur de). x.
RUZÉ, (de) colon. 195. 198.

R.

SAINT-DENIS-DU SIG. 158.
SAINT-MAUR, (du Pré de). xix, 116, 125, 128, 130, 162.
SAÏSSET (le contre amiral) 7.
SALOM, cons. munic. 245.
SALVATOR, (Daniel) orphéon. 16.
SAMSON, colon. 195.
SARLANDE, maire. 5, 7, 15, 16, 35, 37, 38.

SAUVETON, cons. munic. 101.
SECOURS MUTUELS, (Soc de) 13 39.
SÉNIA, (la). 135.
SEROKA, (le colonel) 202, 204.
SERRY, ing. pts. et chaussées. 29.
SÉTIF. 245.
SIBOUR, colon. 159.
SIDIS-BEL-ABBÈS. 152.
SIDI-EMBAREK. marabout. 79.
SIDI-BRAHIM. 158.
SIDI-FERRUCH. 61.
SI-EL-MEKKI, cons. gén. 198.
SI-HASSEN-BEN BRIMATIS. 41.
SILVESTRE, maire. 175.
SI-TAÏEB, (S. A. le prince), ambassadeur de Tunis. 236, 241.
SOCIÉTÉS DE BIENFAISANCE. 39.
STAOUELI. 50.
SUDRÉ, insp. des domaines. 41.
SURVILLE, (le commt. de). 7.

T.

TAJARI, méd. du bey de Tunis. 241
TEISSIER, (Henri) cons. munic. 213
TEMSALMET. xix, 116, 129, 142.
TELL, (le journal le). 105.
TENGE, cons. munic. 74.
TENLE, cons. munic. 70.
TERRAYL, cantate. 135.
THÉODULE (la sœur) 226.
TOMANN, adjoint. 141.
TIERCE, maire. 227.
TIXIER DE LA CHAPELLE, conseiller à la cour. 41.
TOUPRY, adjoint. 101.
TOURNIOL, pisciculteur. 94.
TOUSTAIN DU MANOIR, (de) préfet. 190, 195, 242.

www.ingramcontent.com/pod-product-compliance
Lightning Source LLC
Chambersburg PA
CBHW050804170426
43202CB00013B/2553